新征程与金融业创新发展

陈四清　著

中国金融出版社

责任编辑：黄海清
责任校对：张志文
责任印制：程　颖

图书在版编目（CIP）数据

新征程与金融业创新发展/陈四清著. —北京：中国金融
出版社，2020.4
ISBN 978－7－5220－0500－3

Ⅰ.①新… Ⅱ.①陈… Ⅲ.①金融业—产业发展—研究—
中国 Ⅳ.①F832

中国版本图书馆 CIP 数据核字（2020）第 032207 号

新征程与金融业创新发展
Xin Zhengcheng yu Jinrongye Chuangxin Fazhan
出版
发行　**中国金融出版社**
社址　北京市丰台区益泽路 2 号
市场开发部　（010）66024766，63805472，63439533（传真）
网 上 书 店　http：//www. chinafph. com
　　　　　　（010）66024766，63372837（传真）
读者服务部　（010）66070833，62568380
邮编　100071
经销　新华书店
印刷　保利达印务有限公司
尺寸　169 毫米 ×239 毫米
印张　18.75
字数　284 千
版次　2020 年 4 月第 1 版
印次　2020 年 4 月第 1 次印刷
定价　72.00 元
ISBN 978－7－5220－0500－3
如出现印装错误本社负责调换　联系电话（010）63263947

新十字路口的中国金融业创新发展

（代序）

改革开放 40 多年来，伴随着中国经济的高速发展[①]，我国金融业发展取得了举世瞩目的成就，在服务实体经济、提高资源配置效率、缓解金融压抑等方面发挥了重要作用，在全球金融体系中的地位大幅提升。但 2008 年国际金融危机以来，国内外经济金融环境深刻变化，世界面临百年未有之大变局[②]，全球经济一体化受阻，全球治理区域化、碎片化突出，贸易摩擦加剧，全球产业链和价值链分工格局正在重构；中国经济处在增长动力切换、经济结构转变和发展阶段更替的关键时期，正在由高速增长阶段向高质量发展阶段迈进，既拥有创新步伐加快、经济体系全面、政策空间较大等有利因素，也面临要素成本上升、新旧动能转换、外部环境趋紧、人口老龄化加快等挑战。突如其来的新冠肺炎疫情还在全球肆虐，全球贸易摩擦还在延续，中东北非地缘政治依然动荡不安，非洲蝗虫、澳大利亚森林大火等自然灾害频发，众多"黑天鹅"和"灰犀牛"扑面而来，世界并不太平。由于国内外环境正在发生深刻变化，我国金融业发展也站在了新的十字路口，机遇与挑战并存。面对新形势、新变革、新挑战，中国金融业需要勇担使命、主动作为、创新求变，开启改革发展的新征程。

[①] 1978—2018 年，中国经济年均增速为 9.5%，远高于其他经济体；自 2006 年起，中国先后超越英国、德国和日本，跃升为全球第二大经济体。2019 年，中国 GDP 总量为 99.1 万亿元，接近 100 万亿元，人均 GDP 70892 元，按年均汇率折算达到 10276 美元，首次突破 1 万美元大关。

[②] 党的十九大后，习近平总书记着眼国际秩序的深刻重塑，多次指出世界面临"百年未有之大变局"，并且强调"纵观人类历史，世界发展从来都是各种矛盾相互交织、相互作用的结果。"

一、 中国金融业发展面临的内外部环境正在发生剧变

国际金融危机以来，全球经济进入分化与博弈新阶段，保护主义、民族主义重新抬头，市场化、一体化遭遇挫折，全球金融治理体系面临新变革，碎片化、双边多边化不断交织，世界贸易组织的地位和作用下降。中国经济正处于动力切换、结构转变和阶段更替的关键期，正在从高速增长阶段向高质量发展阶段转变，下行压力增大。这些宏观环境的深刻变化对我国金融业发展提出了新的要求。

（一）建设现代化经济体系需要与之相适应的现代化金融体系

建设现代化经济体系，就是要实现更高效益的经济水平和经济增速、更高质量的经济增长方式、更平衡的区域和城乡发展格局、更完善的市场经济体制、更全面的对外开放、更完善的现代化产业体系、空间布局结构和协调程度。实现这些目标和任务，都需要现代化的金融体系提供重要支撑。贯彻新发展理念，着力加快建设实体经济、科技创新、现代金融、人力资源协同发展的产业体系是未来经济高质量发展的重要方向。金融业需要围绕实体经济需求，构建与创新、协调、绿色、开放、共享五大发展理念相适应的融资结构、机构体系、市场体系和产品体系，推动形成多层次、多元化、广覆盖、有差异的金融服务体系。

（二）市场化改革持续推进加大金融同业的竞争压力

市场化是我国金融体制改革的重要方向，市场主体多元化，利率、汇率等市场化是金融改革的重要内容。随着利率市场化改革进入深水区，银行业存贷款定价竞争加剧，净息差不断收窄。2018 年中国银行业净息差为 2.13%，较 2013 年下降 0.49 个百分点。金融市场结构正在发生变化。党的十八届三中全会提出"在加强监管前提下，允许具备条件的民间资本依法发起设立中小型银行等金融机构"。近年来银行业竞争程度上升，中小银行份额持续上升，城

商行资产占比从 2013 年的 10% 上升至 2018 年的 13.1%。同时，伴随金融机构综合化经营和直接融资市场的发展，跨行业、跨市场的金融产品不断增多，不同类型金融机构之间的竞争也明显加大。

（三）移动互联网等信息技术快速发展正在重塑金融业态

近年来，以数字化、移动互联化、虚拟化、智能化为主要特征的信息技术创新和应用快速发展，商业形态向全天候、全场景的服务转变，客户消费和交易习惯正在发生深刻变化。这要求金融业围绕客户需求变化创新管理和服务模式，提供"随时""随地""随心""价廉""质优"的服务。同时，科技发展也为金融服务质量和效率的提高提供了新手段。近年来金融与科技不断融合，互联网银行、互联网消费金融公司、网络支付、网络借贷等新型金融业态蓬勃兴起，移动互联、大数据、云计算、人工智能等技术在金融领域的应用也正改变着传统金融经营理念、业务模式，正在重塑金融业态。2020 年初以来突如其来的新型冠状病毒肺炎疫情的暴发和蔓延，使线上金融服务需求再次井喷，各金融机构加快金融业务线上化的模式、流程、产品以及场景的再造。

（四）全面开放新格局需要金融全球化服务能力同步发展

国际金融危机后虽然全球化发展遭遇波折，但全球化发展趋势不会发生根本性改变。中国作为世界第二大经济体、第一大贸易大国，已深度融入全球经济分工体系，未来中国开放的大门不会关闭，只会越开越大。随着中国进入高水平双向开放的新阶段，对金融业跨境服务和参与国际竞争的能力提出了越来越高的要求。一方面，中国企业"走出去"需要金融"走出去"，担当全球资本的整合者、金融桥梁的建设者、目标市场的探路者和抵御风险的护航者。另一方面，中国金融机构的全球化布局、综合竞争力、金融市场的国际化水平以及参与全球金融治理的能力等需要与中国高水平双向开放新格局相适应。这些都将为我国金融机构发展带来更多跨境业务机会，也对金融业跨境服务和参与国际竞争的能力提出更高要求。事实上，我国金融机构"走出去"在机构覆盖面、跨境复杂金融产品提供、配置全球金融资源、全球金融治理参与等方面还存在不小的"短板"。

（五）金融监管趋严加大金融业经营合规压力

现代金融发展呈现出机构种类多、金融新业态蓬勃发展、综合经营规模大、产品结构复杂、交易频率高、跨境流动快、风险传递快、影响范围广等特点，在金融新发展的过程中，金融监管必须跟上，补足短板、避免真空，形成综合、系统、穿透、统一的监管大格局。

国际金融危机后，IMF、FSB、BIS 等国际组织推动国际金融监管标准的修订和各国监管体系改革，提出宏观审慎管理框架，推出更为严格的《巴塞尔协议Ⅲ》。2017 年召开的第五次全国金融工作会议提出把服务实体经济、防控金融风险和深化金融改革作为金融工作的三项任务，紧接着建立了"一委一行两会"金融监管框架，去杠杆和防范金融风险力度明显增大。在加强宏观审慎管理的同时，政府加大了对融资平台、影子银行等问题的治理，不断强化微观审慎监管能力，《关于规范金融机构资产管理业务的指导意见》《商业银行理财业务监督管理办法》等相继发布。监管趋严有助于防范系统性金融风险、促进中国金融业健康稳定发展，但客观上也使金融机构的合规成本有所上升，对金融机构的产品创新、资本补充等提出了更高要求。

二、我国金融业不平衡不充分问题突出，处在转型发展的十字路口

改革开放以来，伴随着中国经济迅猛增长，中国金融业也发生了巨大变化。一是彻底改变"大一统"的格局，金融业市场化和多元化发展发生了历史性变化，形成由银行、证券、保险、基金、金融租赁等构成的多层次的金融市场体系。二是市场规模快速扩大，金融行业总资产比改革开放初期增加了几百倍甚至上千倍。金融业增加值从 1978 年的 76.5 亿元增加到 2018 年的 6.9 万亿元，增长了 901 倍，占 GDP 的比重由 1978 年的 2.1% 提升到 2018 年的 7.7%，提高了 5.6 个百分点。三是发展质量大幅提升。银行业资产不良率从

1996 年的 30% 左右下降到 2018 年的 1.83%，银行盈利能力得以提升，股票市场规范化程度不断提高，融资功能不断增强。总之，经过 40 年的快速发展，中国金融业在全球金融市场中的地位越来越重要，从一个名不见经传的"配角"演变成"主角"，中国银行业已经超过欧元区成为"全球最大规模的银行业"，中国的保费收入位居全球前列，中国是保费收入增长最快的经济体之一，"数字金融"更是引领世界潮流，正在深刻改变着中国人乃至全球人的金融生活，这些无疑都表明中国金融在全球地位的转变。

习近平总书记强调指出，实体经济是一国经济的立身之本、财富之源。金融发展只有与实体经济相匹配，才能有效促进其发展。当前，我国金融发展的不平衡不充分问题依然突出，金融的经营理念、市场结构、创新能力、服务水平还不能适应经济高质量发展的要求，突出表现在以下几个方面。

（一）融资结构不平衡，直接融资发展滞后

长期以来，我国直接融资滞后于经济发展需要，未能充分发挥其在促进创业创新、发现市场价格和丰富投资渠道等方面的独特作用。近几年，在去杠杆和防风险背景下，监管政策加大对影子银行、表外业务等领域的规范和治理，社会融资需求集中向银行转移，银行贷款在社会融资规模中的占比显著上升，非银行融资占比大幅下降，融资结构失衡问题更显突出。比如，2018 年人民币贷款占社会融资总量的比重达到 81.4%，比 2013 年提高了 30 个百分点，我国企业债券和非金融企业股票融资只占社会融资规模的 14.8%，低于金融业"十二五"规划中 15% 以上的占比目标，也远低于美、欧、日等主要发达经济体。直接融资市场内部也存在不平衡，直接融资中股权融资占比较低，同时上市融资的门槛均较高，风险投资处于起步阶段；国债、地方政府债和金融债占比较高，公司债和企业债占比偏低。

（二）普惠、科技、绿色、双创等领域金融供给不足

过去，我国金融资源主要配置于大型企业、基础设施、房地产等领域，对中小微企业、节能环保、创业创新等领域的支持相对不足。这既与传统金融服

务理念和模式滞后有关，还与中小金融服务供给不足等有关。"重资产、重抵押"的传统金融服务模式，难以满足科技型和创业创新企业"高风险、高成长、无抵押"等特点的融资需求。尽管近年来我国绿色信贷、绿色债券等绿色金融有了一定程度的发展，但与"污染防治"攻坚战带来的市场需求相比，我国绿色金融发展还远远不够。

（三）金融机构差异性不足，区域金融供给失衡

目前，我国拥有全球规模最大的银行业。截至 2018 年末，我国银行业资产规模达到 261.4 万亿元，规模远大于欧元区、美国、日本的银行业，全球前十大银行中中国占有四席。但我国银行业"同质化"现象突出，大、中、小银行普遍"求大、求全"。银行业服务对象、金融产品、服务模式高度雷同。从地区来看，发达地区由于经济发展水平高，金融市场主体多元，金融供给相对充分；欠发达地区由于经济发展水平低、金融深化不足，金融供给明显不足，融资成本偏高，金融抑制突出。

（四）金融全球服务能力难以满足我国构建高水平对外开放新格局的需要

近年来我国金融国际化程度不断提升，但与我国经济全球化对金融的需求相比仍存在较大差距。2017 年末中国对外直接投资存量分布在全球 189 个国家和地区，而中资金融机构仅覆盖 60 多个国家和地区。与国际先进银行相比，中资银行国际化程度相对较低，全球资金整合能力不高，海外布局主要集中在港澳地区，欧美市场相对较少，拉美、非洲和亚洲等经济增长较快地区更显不足。中资保险机构国际化服务能力也较弱，海外机构数量少、业务范围窄，难以为海外中资企业提供有效、多样化的保险产品。

（五）新兴金融创新步伐较快，面临监管不足的问题

随着金融市场改革开放步伐加快、信息网络技术快速发展，金融风险的跨市场、跨区域传导速度不断加快，渠道不断增多，需要监管模式的相应调整和完善。一方面，经济金融全球化发展加强了境内外金融市场的联动性，使金融

风险在境内外的传递更加便捷和迅速。另一方面，随着利率市场化进程加快、互联网金融发展，各类金融市场之间的关联性日益加强，各种创新性金融产品和业态在提高金融服务实体经济能力的同时，也加大了金融风险。近些年来，互联网金融、影子银行、比特币等新金融无序创新，民间借贷野蛮发展，大量资金"绕道"流入房地产、产能过剩和融资平台等领域，"e 租宝"事件、校园贷、首付贷、P2P 爆雷潮等问题出现，对金融监管提出了新要求。

三、走中国特色金融发展之路，深化金融供给侧结构性改革

2019 年 2 月，习近平总书记在中央政治局集体学习会上提出，要"走中国特色金融发展之路"，"深化金融供给侧结构性改革"。这为未来我国金融业的健康发展指明了方向，是我们做好金融工作的根本遵循和行动指南。面对新形势、新变革、新挑战，我国金融业发展要有新使命、新担当、新作为，要加快落地金融供给侧结构性改革，补上金融发展不平衡不充分的短板，走中国特色的金融发展之路。

（一）把握金融发展核心，坚持金融服务实体经济

服务实体经济是金融立业之本。习近平总书记多次强调，金融是实体经济的血脉，为实体经济服务是金融的天职，并将金融和经济的关系概括为"金融活，经济活；金融稳，经济稳。经济兴，金融兴；经济强，金融强"。这就要求疏通金融服务实体经济的"血脉"，畅通金融供给渠道，全面提升金融服务效率和水平，把更多金融资源配置到经济社会发展的重点领域和薄弱环节。要加快发展普惠金融，大力支持民营、小微企业，提高金融可得性。瞄准"三农"和精准脱贫等经济社会发展薄弱环节，为我国乡村振兴战略提供金融支撑。

（二）优化金融体系结构，补齐金融供给短板

针对我国金融体系的结构性缺陷，我国金融改革的整体思路要从优化金融

结构入手，补齐金融供给短板。一是优化融资结构，持续提升直接融资比重，建设一个规范、透明、开放、有活力、有韧性的资本市场。二是优化金融机构结构，构建多层次、广覆盖、有差异的银行体系，发展普惠金融和多业态中小金融组织，规范发展互联网金融、小额贷款、融资担保机构等。三是优化金融市场结构，构建风险投资、银行信贷、债券市场、股票市场等全方位、多层次的金融服务体系，形成满足实体经济投融资需求的多元化、互补型金融市场。四是优化产品结构，金融产品创新要切实瞄准与创新、小微、绿色、扶贫等相关的领域，平衡好收益、风险和社会责任。

（三）推动金融创新发展，提高金融供给效率

新时代解决好经济社会发展不平衡不充分的深层次矛盾，实现高质量发展，根本出路在于创新。金融是创新发展的"催化剂"。积极提升科技金融水平，健全支持科技创新创业的金融体系，以高效的金融有效供给推动实体经济的创新创造。借助互联网、云计算、大数据、区块链等新兴技术手段，创新和整合传统业务渠道，驱动金融产品、服务渠道、盈利模式等创新，持续培育金融新业态，增强金融综合实力。同时，针对当前新型金融监管不足的问题，要密切关注金融科技的发展变化和潜在风险，积极研究建立完善金融科技监管框架。

（四）深化金融开放，推动金融供给适应国际形势新变化

我国经济参与全球化竞争需要金融业双向开放。扩大金融双向开放有利于运用好国际、国内两个市场、两种资源，更好服务于对外开放新格局的构建。一是深化资本市场的开放广度与深度。在"沪港通""深港通"和"债券通"的基础上，持续推动资本市场的双向开放，逐步拓展境外机构参与我国资本市场的主体范围和规模。二是提高金融机构的国际竞争力。中资金融机构的全球化布局、全球化服务能力与综合竞争力应与企业"走出去"步伐相适应。三是深化外汇管理体制改革，支持高水平的贸易和投资自由化便利化，完善跨境资本流动微观监管体系，构建跨境资本流动宏观审慎管理体系。四是积极参与

全球经济金融治理，加强宏观经济政策国际协调，建立国家金融安全审查机制，加强跨境监管合作，持续提升人民币在对外开放中的作用和国际地位。

（五）守住风险底线，确保金融供给合规有序

"要注重在稳增长的基础上防风险"，这是习近平总书记在我国经济下行压力较大新背景下，对防范金融风险工作提出的新要求。要做到"稳增长"和"防风险"两促进、两不误。一是在处置风险的过程中，要按照金融风险产生来源的不同、影响大小的不同，分类处置，并在发展中逐步化解。既要把握好防控风险的节奏，防止紧缩效应叠加放大，又要把握好逆周期政策的力度，避免短期强刺激政策产生新的损害长期发展的风险隐患。二是加快金融市场基础设施建设。建立健全金融法律制度和规范，推动修订完善《商业银行法》《证券法》等基础法律，加快制定金融机构市场化退出相关法规，完善互联网金融等新兴金融业态监管法律制度。推进金融市场基础设施改革与互联互通，建立金融业综合统计制度和金融监管信息共享平台。推动征信市场和信用评级规范发展。三是运用现代科技手段等，提高金融监管能力。研发应用金融科技的金融监管平台和工具，提升金融监管效能，降低从业机构合规成本，加强跨行业、跨市场的金融监管，提高风险甄别、防范和化解能力。四是"管住人、看住钱、扎牢制度防火墙"，完善金融从业人员、金融机构、金融市场等制度体系建设，规范金融运行。

习近平总书记指出，"要深化对金融本质和规律的认识，立足中国实际，走中国特色金融发展之路"。当前，世界正在经历百年未有之大变局，中国经济面临高质量发展和稳定增长的双重压力。金融业发展面临的市场环境发生了根本性变化，面临的挑战和机遇都前所未有。未来，金融业要以习近平新时代中国特色社会主义思想为指导，深化金融供给侧结构性改革，把为实体经济服务作为出发点和落脚点，全面提升服务效率和水平，把更多金融资源配置到经济社会发展的重点领域和薄弱环节，助推中国经济高质量发展，为实现"两个一百年"奋斗目标和中华民族伟大复兴的中国梦贡献更大的金融力量。

目 录
○ ○ ○ Contents

第一篇
全球经济金融合作与发展

积极牵线搭桥　支持中意合作[①]

意大利位列西方七大工业国，工业发达、技术先进。意大利也享有"中小企业王国"的美誉，中小企业产值超过国内生产总值的三分之二。中意两国中小企业具有迫切合作意愿与良好合作基础。以家族经营为主要特点的意大利中小企业凭借自身独特管理方法和技术，在时装、皮具、纺织、家具、工业设计等领域创立了数量众多的百年老店。但是，受欧债危机和世界经济复苏缓慢等因素影响，不少具有高品牌价值的企业正面临较大的资金和运营压力，希望通过与中国等新兴市场国家企业合作来摆脱困境。而中国的中小企业正处于快速发展时期，具备一定资金、技术和生产能力，需要进一步提升产品档次和品牌知名度，因此，中国中小企业对意大利投资意愿日益强烈。中国银行本次举办的洽谈会吸引了中意两国众多中小企业踊跃参与。近100位中国企业家来到米兰，与近200家意大利中小企业举行了300多场"一对一"洽谈会，约有70%的企业达成了合作意向。

意大利与中国的商业合作潜能体现在四大领域。第一，中意两国可进一步深化在"一带一路"倡议与"欧洲投资计划"领域的合作。通过有效的基础设施建设投资，为相关国家和地区培育新的经济增长点，共享发展成果。第二，中意两国可进一步深化在经济结构优化过程中的合作。中国在提升传统制

[①]　作者于2015年10月9日接受新华社专访。

造业水平、培育新兴产业、推进城镇化、加强节能环保和生态建设等领域与意大利企业存在巨大合作空间。第三，中意两国可进一步深化中小企业投资与合作。目前，两国中小企业数量均占两国企业总数的 90% 以上，并且两国中小企业具有很强的互补性。未来，两国中小企业可以充分发挥各自优势，不断拓展合作范围。第四，中意两国应进一步深化在人民币国际化领域的合作。欧洲是人民币国际化在亚洲以外的重要增长区域，但人民币结算量在欧盟与中国双边贸易结算中的占比仍不足 10%，发展潜力巨大。随着中国与欧盟国家相继建立人民币清算安排，中意两国企业可以更多使用人民币进行跨境交易和投融资活动，以有效降低汇兑成本和汇率风险，加快支付流程，共享人民币国际化带来的红利。

中国银行作为中国国际化、多元化程度最高的银行之一，始终关注并推动中小企业跨国合作。2012 年，中国银行创新推出全球中小企业跨境投资撮合服务，重点促进具有跨国投资意向的中小企业开展相互投资与合作。目前，中国银行已先后成功举办了中美、中国—中东欧、中德、中国—东盟、中法、中荷等中小企业跨境投资与贸易洽谈会，有效促进了海内外中小企业的互联互通。

去全球化背景下
亚洲金融合作的新思路[①]

截至目前，亚洲金融合作经历了三个发展阶段：第一阶段（1966—1997年）是日本和美国主导下、以减贫为主的金融支持阶段；第二阶段（1997—2007年）是金融危机驱动下的合作起步阶段；第三阶段（2008年以来）是合作深化阶段。但是，对美元流动性的高度依赖、区内金融市场不发达、合作向心力不强等因素仍制约着亚洲金融合作步伐。最后从风险防范、治理结构、市场结构、合作机制等方面对深化亚洲金融合作提出了政策建议，并对中国香港的独特作用以及商业银行如何促进亚洲金融合作进行了分析。

引言

自1966年亚洲开发银行成立以来，亚洲金融合作已经走过了50年的历程。1997年亚洲金融危机和2008年国际金融危机是亚洲各国加强金融合作的重要契机。截至目前，亚洲金融合作的内容包括创建多边金融开发机构和对话平台，建立双边、多边货币互换机制和区域外汇储备库，发展亚洲债券市场，实施政策协调和监督等。当前，世界经济复苏低迷，全球贸易投资活动不振，

---

① 本文发表于《国际金融研究》2016年第8期，文字略有修改。

部分国家民粹主义兴起，"去全球化"态势有所凸显。因此，加强区域金融合作成为促进经济增长、共同应对风险的重要手段。亚洲各国具有紧密的经贸联系，如果能在风险防范、治理结构、市场结构、合作机制等方面实现突破，将全面提升亚洲金融合作的内容与层次。

本文从"去全球化"背景下亚洲金融合作的意义出发，回顾亚洲金融合作的发展历程、阶段特点和现实障碍，对深化亚洲金融合作提出政策建议。

一、世界经济"去全球化"与亚洲金融合作的背景

（一）全球化的利与弊

当今世界，全球化是大势所趋。米什金（2007）[①] 指出，世界经济的全球化经历了两个重要阶段。第一个阶段出现在 1870—1914 年，期间国际贸易和国际资本流动分别以年均 4% 和 4.8% 的速度增长，世界经济达到了前所未有的繁荣。到 1914 年，国际贸易和国际资本流动占全球 GDP 的比重分别从 1870 年的 10%、7% 提高到了 20%、20%。第二个阶段出现在 1960 年以后，世界经济已从第二次世界大战中恢复，开始进入正常轨道。大规模资本流动导致布雷顿森林体系在 1973 年彻底瓦解，从此全球化进入快速发展的阶段。如 1973—2003 年，世界贸易的年均增长速度达到 11%，占全球 GDP 的比重从 22% 增长到 42%；国际资本流动从占全球 GDP 的 5% 增长到 21%。

全球化的积极作用被理论界广泛认可。首先，它促进了生产国际化与资本国际化，提高了世界生产发展水平。全球生产和融资形成了一个有机的整体，为国际分工和跨国投资提供了广阔的市场和充足的资金来源。由于跨国公司的迅速发展和壮大，世界经济一体化趋势不断加强，各个国家国内市场和国际市场日益融合，形成相互依赖的态势，全球的生产要素在一定程度上得以合理流动，生产资源得以优化配置，从而提高了世界生产水平。其次，金融市场一体化使一国的资金余缺能在世界范围内调配，闲置的资金可以转变为盈利的资

[①] 米什金著，姜世明译. 下一轮伟大的全球化 ［M］. 北京：中信出版社，2007：2.

本，一国的经济发展可以不完全受制于国内储蓄和资金的积累。这就为世界经济和社会的发展提供了前所未有的机遇，尤其是为一些发展中国家促进经济增长、提高国民收入创造了机会。许多新兴市场国家在第二次世界大战后实现了经济起飞，离不开国际金融一体化的发展。最后，促进了企业的竞争，提高了生产要素的流通效率，有利于企业降低生产成本和筹资成本，提高产品研发和服务创新，使各国人民享受到更多的福利。

然而在现实中，全球化的一些过程并未如主流理论所解释的那么美好，政治家、非政府组织、企业主、工人甚至经济学家对全球化的指责不绝于耳，反对全球化的呼声时常存在。马斯金（2009）① 等曾对此进行深入的研究。关于全球化的争论，主要集中在两个方面：一是社会贫富差距加大。在全球化发展过程中，作为资本和先进技术的主要拥有者，发达国家总是处于全球化的中心地位。这种相对优势，使它们在价格制定方面具有主动权，在与发展中国家进行交换时获得更多的利益。很多发展中国家只能被动地纳入全球化生产体系之中，面临就业、环境、产业结构、外债等多重压力。而在一国国内，少数精英阶层收入增长远快于中产阶级和低收入人群，贫富分化日益加剧。这不仅削弱了社会凝聚力，也影响了经济增长。二是经济的不稳定性增加，金融危机频发。在全球化过程中，各国经济的相互依赖性空前加强。世界银行的数据显示，世界各国平均出口依存度达到30%，个别国家某些年份甚至超过200%。然而，经济全球化是通过商品、资本、技术、劳务等资源跨国流动实现的。这既是全球资源配置的渠道和纽带，也会带来经济金融风险的扩散和传导。在这样的背景下，经济波动和金融危机的国际传染便成为经常性的而且是不可避免的事情。

（二）"去全球化"背景下亚洲金融合作的意义

近年来，由于世界经济复苏放缓，全球化趋势出现一定程度的倒退。商务

---

① 埃里克·马斯金. 经济全球化带来的不平等问题及其对策［J］. 中国流通经济，2009（8）：7-8.

部（2016）①指出，全球贸易持续多年低于 GDP 的发展，各国再工业化加快和产业转移放慢，贸易保护主义也有加剧趋势，国际投资领域被 3300 多个协定所分割，不利于开展跨境投资合作。各国民粹主义风潮盛行，政治力量此消彼长。英国脱欧暴露了欧盟一体化过程中的收益成本错配，成为近年来"去全球化"风潮的一个典型。

应该说，当前正处于全球化成果与问题的消化阶段。尽管历史上每次经济金融危机都会导致保护主义盛行，但归根结底，保护主义仅仅是表面性的，是危机时自然的政治和社会反应。这并不能影响全球化的趋势，因为各国之间的联系已经超越了传统的国际分工格局，全球化过程逆转对各国来说都是受损的。

截至目前出现的"去全球化"趋势更多是政治情绪的一种发泄，而不是简单的防范危机的手段。相反，金融危机在一定程度上会给区域合作带来新的机遇。面对危机的冲击，新兴市场国家往往会加强与周边国家的一体化趋势，以实现"抱团过冬"。其中，亚洲金融合作得到长足发展，成为世界经济复苏过程中的一大亮点。

二、亚洲金融合作的发展历程与现实障碍

（一）亚洲金融合作的三个阶段及其特点

1. 第一阶段（1966—1997 年）。日美主导下以减贫为主的金融支持阶段，美元起支配作用。

1966 年 11 月成立的亚洲开发银行（Asian Development Bank，ADB，简称亚行）是亚洲金融合作的开端。它是由联合国亚洲及太平洋经济社会委员会赞助建立、面向亚太地区的区域性政府间金融开发机构。亚行成立之初只有31 个成员经济体，目前增至 67 个，其中 48 个来自亚太地区、19 个来自其他地区（包括美国、英国、加拿大及其他欧洲国家）。亚行致力于为亚太地区减

---

① 商务部. 中国对外贸易形势报告（2016 年春季）［R］. 2016：15–19.

贫开发工作提供资金支持，通过贷款、赠款、政策对话、技术援助和股权投资等方式对成员体进行援助。亚行的业务主要集中于基础设施、环境（包括气候变化）、区域合作和一体化、金融行业发展以及教育五大领域。

亚行（1968）[①] 显示，在成立之初，日本和美国均为亚行的第一大股东，双方出资额占比均为 20%，投票权占比均为 17.12%。美元是各国向亚行认缴股份的最主要货币，占亚行股本资金的 50% 左右，日元占比为 20% 左右。而在对外筹集资金或发放贷款时，则基本以美元为主。

由于日本和美国在亚行居于主导地位，两国凭借较大的投票权一直控制着亚行行长职位，从而方便日本通过控制亚行推行有利于自己的亚洲经济政策，同时推动日本企业和国内剩余资金"走出去"。亚行早期贷款对象主要是印度尼西亚、泰国、马来西亚、韩国、菲律宾等日本主要的贸易伙伴。1985 年《广场协议》签署后，日元大幅升值，日本制造企业逐渐把产能转移至东南亚。在此过程中，亚行对于改善当地基础设施、引导日本民间资本转向亚洲发挥了积极作用。

除了设立亚行以外，这一阶段的亚洲金融合作还包括以下内容：

一是开展中央银行对话。1991 年 2 月，中日韩和澳大利亚、新西兰等 11 国组成东亚及太平洋地区中央银行行长会议（Executives'Meeting of East Asia Pacific Central Banks，EMEAP）。这是一个政策对话机制，各央行的副行长每年举行两次会议，首届行长会议于 1996 年 7 月在东京举行，其后每年举行一次行长会议。其目的是通过交流与合作，推动本地区金融体系建设及加深各中央银行和货币当局间的关系。但初期，EMEAP 主要任务是加强地区间信息交流，对于推动实质性的金融合作并未发挥积极作用。

二是推动区域经济一体化。1967 年 8 月，印度尼西亚、马来西亚、菲律宾、新加坡和泰国五国发表《曼谷宣言》，宣告东南亚国家联盟（东盟）成立。东盟最初只是一个保卫自己安全利益及与西方保持战略关系的联盟。20世纪 80 年代后，东亚经济相互依赖程度加深，文莱、越南、老挝、缅甸和柬

---

① ADB. Asian Development Bank Annual Report for 1967 ［R］. 1968.

埔寨相继加入东盟，其活动也逐渐朝着经济合作的方面发展。例如，1992 年，东盟提出建立自由贸易区，力争通过推进贸易自由化提高区域合作水平和经济体一体化建设。

三是推进贸易投资自由化。1989 年，亚洲太平洋经济合作组织（Asia - Pacific Economic Cooperation，APEC）成立，并逐渐发展成为亚太地区层级最高、领域最广、最具影响力的经济合作机制。APEC 主要讨论与全球及区域经济有关的议题，如促进全球多边贸易体制、实施亚太地区贸易投资自由化和便利化、推动金融稳定和改革、开展经济技术合作和能力建设等。例如，1994 年 APEC 通过《茂物宣言》，确立了在亚太地区实现贸易和投资自由化的目标，提出发达成员到 2010 年、发展中成员到 2020 年实现这一目标的时间表，同时也确立了贸易投资自由化和经济技术合作两大支柱作为 APEC 的行动纲领。

2. 第二阶段（1997—2007 年）。金融危机驱动下的合作起步阶段，日元、人民币作用开始显现。

1997—1998 年亚洲金融危机后，亚洲国家普遍认识到，需通过区域金融合作，增进自身风险管理能力，避免危机再次发生，同时保护区域利益，减少对国际金融组织及发达国家的依赖。因此，亚洲各国更积极地推进金融合作。其中，东盟十国和中、日、韩三国（"10 + 3"）成为推动地区金融合作的主要力量，以《清迈倡议》、"亚元"为代表的一系列货币合作和亚洲债券市场建设等成为这一阶段合作的重点。

第一，建立双边货币互换机制。在 2000 年 5 月泰国清迈召开的亚行年会上，"10 + 3"财长就东亚地区财政金融合作，特别是建立"双边货币互换机制"达成共识，并发表联合声明，即《清迈倡议》。其主要内容如下：在亚洲地区发生短期资本剧烈波动时，相互提供干预资金，以应付紧急之需；相互交换经济和外汇方面的信息；建立一个预防再次发生货币危机的监督机构；建立一笔备用贷款基金。《清迈倡议》是亚洲地区第一个具有准机构性质的区域流动性救助机制，在亚洲金融合作历程中具有里程碑的意义。在此基础上，亚洲各国的经济金融合作渐次展开。中、日、韩三国分别相互签署货币互换协议，并与东盟成员国签署双边货币互换协议。截至 2008 年底，"10 + 3"各国共签署了 16 份双边货币互换协议，累计金额达 840 亿美元。

第二，筹建区域外汇储备库。2007 年 5 月，在"10 + 3"日本京都财长会议上，各方一致同意通过建立自我管理的外汇储备库，即各成员国中央银行或财政部分别拿出一定数量的外汇储备，建立区域储备基金，在危机发生时集中使用，协助发生危机国家应对国际收支和短期流动性困难。这项合作安排改变了《清迈倡议》的双边性质，开始向多边机制发展，"10 + 3"决策机制和基金启动机制也从双边安排转向多边安排。

第三，提出"亚元"货币构想。2001 年，"欧元之父"蒙代尔（Robert A. Mundell）在上海 APEC 会议上发表了对未来世界货币格局变化的看法，提出"未来 10 年，世界将出现三大货币区，即欧元区、美元区和亚洲货币区"的观点。2003 年，蒙代尔建议，设立由亚洲地区某一组货币组成的共同货币，争取在每个国家不放弃本币的情况下让一种叫"亚元"的区域性货币在亚洲流通。2005 年 8 月，中、日、韩三国提出建立东亚货币单位的构想，并委托亚行进行研究。亚行仿照欧洲货币单位，研究并提出了建立亚洲货币单位（Asian Currency Unit，ACU）的方案。但 ACU 在包括哪些货币、权重如何分配等问题上存在政治和技术争论。例如，日本坚持日元应在亚洲共同货币中起主导作用，而亚洲其他国家和地区并不认同，也有观点认为中国应起主导作用。"日元先生"榊原英资就主张，中国大陆、中国台湾、日本与韩国等应整合为"汉字经济体"，发明以人民币为主体的"亚元"。此外，日元波动性大、较不稳定，而人民币尚不能自由兑换，两者在当时都难以担当锚货币的角色。此外，美国等西方国家对 ACU 持反对态度。种种因素限制使"亚元"的研究被搁置了。

第四，发展亚洲债券市场。2002 年，泰国提出建设亚洲债券市场，以改变亚洲企业过度依赖银行贷款的局面。2003 年，"10 + 3"提出亚洲债券市场动议（Asian Bond Market Initiative，ABMI），建议亚洲各国联合发债、推动以各国货币或一揽子亚洲货币发行债券、建立区域信用担保机制等。在此过程中，EMEAP 也发挥了重要作用。2003 年，由 EMEAP 牵头成立了总额达 10 亿美元的亚洲债券基金一期（Asian Bond Fund 1，ABF1），这是各国联手发展区域债券市场的第一次行动，但资金只能用于投资 EMEAP 经济体中主权和准主权机构发行的美元债券。2005 年 6 月，EMEAP 正式推出亚洲债券基金二期（Asian Bond Fund 2，ABF2），总金额为 20 亿美元，向私人部门开放，投资方向由八大经济体（中国内地、中国香港、印度尼西亚、韩国、马来西亚、菲律宾、新加坡和泰国）发行的主权和准主权美元债券扩展到主权和准主权本币债券。

可以看出，亚洲金融危机是亚洲金融合作的一个重要转折点，以中日为代表的区域内大国开始逐渐主导金融合作，特别是货币合作进程，日本不会放弃其对亚洲的控制，而中国也发挥着日益重要的作用。由于在亚洲金融危机中的稳定表现，人民币被亚洲国家所认可，为下一阶段的人民币国际化奠定了基础。

3. 第三阶段（2008 年以来）。合作深化阶段，人民币发挥日益重要的作用。

第三阶段始于 2008 年爆发的国际金融危机。危机虽然给亚洲经济带来严重影响，但也使亚洲区域金融合作得到深化。

第一，建立区域外汇储备库。2009 年 5 月，"10 + 3" 财长在印度尼西亚巴厘岛联合宣布将于 2009 年底前建立亚洲区域外汇储备库。同年 12 月，"10 + 3" 财长和央行行长以及香港金融管理局签署《清迈倡议多边化协议》（Chiang Mai Initiative Multi – lateralization Agreement，CMIM）。

亚洲区域外汇储备库于 2010 年 3 月 24 日正式启动，总规模 1200 亿美元。其中，中国、日本分别出资 384 亿美元，占比 32%，借款乘数为 0.5；韩国出资 192 亿美元，占比 16%，借款乘数为 1；东盟出资 240 亿美元，占比 20%，借款乘数分为 2.5 和 5.0 两档。例如，越南出资额为 10 亿美元，借款乘数为 5，这意味着越南借款范围最高可达 50 亿美元。亚洲区域外汇储备库的资金运用要按照 IMF 的贷款条件进行挂钩，"挂钩比例" 高达 80%，"不挂钩比例" 为 20%。2012 年 5 月，"10 + 3" 财长和央行行长会议在菲律宾首都马尼拉举行，会议决定把亚洲区域外汇储备基金规模扩大一倍到 2400 亿美元，并把"不挂钩比例"从 20% 提高到 30%。会议还决定将"不挂钩比例"的期限从 3

个月延长至半年，可以续期 3 次。

第二，加快亚洲债券市场建设。2008 年 5 月召开的"10 + 3"马德里财长会议通过了亚洲债券市场动议新路线图，致力于促进本币债券发行、扩大本币债券需求、完善债券市场监管架构以及改善债券市场相关基础设施等，重点是推动各经济体加快发展各自的本币结算债券市场，从而进一步提升亚洲债券市场。

第三，开启人民币国际化进程。2008 年国际金融危机爆发后，许多与中国有贸易往来的亚洲国家陷入流动性困难。中国央行迅速与韩国、马来西亚、印度尼西亚等国央行签署了双边本币互换协议。人民币的相对稳定为地区金融稳定注入了"正能量"。为满足东盟等贸易伙伴的支付需要，2008 年 11 月，中国政府决定在珠江三角洲、长江三角洲及广西、云南开展与东盟 10 国和港澳地区的人民币跨境贸易结算业务试点。2009 年 7 月，人民币跨境贸易结算试点首先由上海、深圳、广州、珠海、东莞 5 个城市 365 家企业开始，中银香港和中国银行澳门分行成为人民币的境外清算行。2011 年 8 月境内试点范围扩大至全国。由此，人民币在亚洲的使用程度日益提高，在全球范围内对人民币的接受度也逐步提升。

目前，人民币已成为世界第二大贸易融资货币、第六大支付货币和第七大储备货币。2015 年以来，在中国经济增速放缓、人民币汇率机制改革等一系列因素影响下，人民币国际化进程出现节奏性调整，包括境外机构减持境内外人民币资产、离岸市场人民币存款余额下降、离岸市场人民币债券发行规模缩减以及人民币外汇远期交易萎缩等。但从长期来看，伴随着中国经济企稳回升、资本账户可兑换稳妥推进、人民币金融产品和投资渠道逐步拓宽，人民币的国际使用将大幅增加。总的看来，人民币国际化有着巨大市场需求作支撑，未来仍将在亚洲金融合作中发挥重要作用。

第四，建立政策协调与监督机制。2010 年 5 月"10 + 3"塔什干财长会议提出创建东盟与中日韩宏观经济研究办公室（Asean + 3 Macroeconomic Research Office，AMRO），并于 2011 年 4 月正式启动，首任领导人为中国前国家外汇管理局副局长魏本华。AMRO 的职责是对区域宏观经济进行监测，从而为

《清迈倡议多边化协议》的启动提供判断材料和经济数据。

（二）亚洲金融合作存在的障碍

可以看出，亚洲金融合作具有很强的危机驱动特征，每当危机来袭，金融合作就向前推动一步，一旦危机缓和，合作就会停滞不前。这与亚洲金融体系的不完善、亚洲金融合作机制的固有缺陷有很大关系。

1. 对美元流动性高度依赖。

世界贸易组织（WTO，2015）[①] 的数据显示，亚洲出口贸易的一半以上（2014 年占比52%）销往亚洲区域内。北美是亚洲在本地区以外最大的出口贸易目的地，2014 年对北美出口占亚洲总出口的18%。在上述贸易中，美元是最主要的计价和结算货币，这就导致亚洲对美元流动性高度依赖，由此造成的货币错配也是 1997—1998 年亚洲金融危机爆发的重要原因。

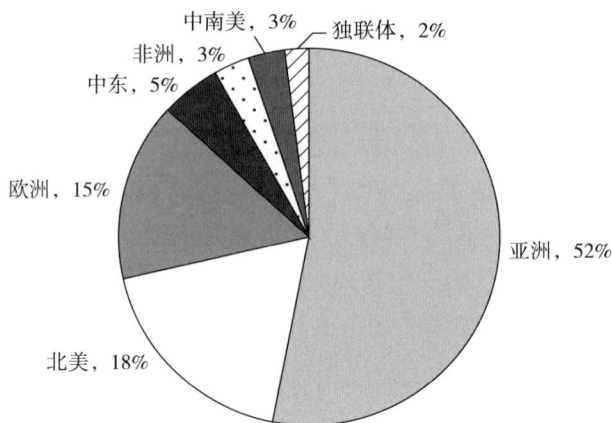

资料来源：WTO。

图1　2014 年亚洲出口目的地分布

亚洲金融危机过后，亚洲各国普遍加强了外汇储备的积累，抵御外部金融风险的能力大幅提高，同时也提高了采用本币进行计价结算的比例，但高度依赖美元流动性的问题仍没有得到彻底解决。例如，2009 年，韩国遭遇资本外

---

① WTO. World Region Export［R］. 2015.

流冲击时，宁愿选择向美联储申请援助，而没有寻求启动《清迈倡议》。近年来，伴随着全球流动性宽裕、美元利率较低，亚洲国家美元融资规模急剧上升。国际清算银行（BIS）的数据显示，截至 2016 年第一季度，亚洲非金融企业发行的国际债券余额为 1484 亿美元，其中 1220 亿是以美元计价的，均较 1998 年第一季度、2009 年第一季度增加了 2 倍和 1 倍；美元计价债券在全部债券余额中的占比达 82%，在近两年来也呈上升趋势。

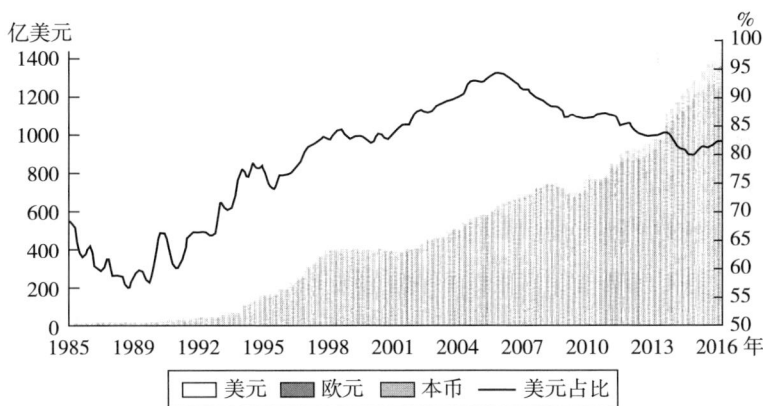

资料来源：BIS Debt securities statistics。

图 2　亚洲非金融企业发行的国际债券余额

2. 区内金融市场不发达，储蓄无法有效转化为投资。

周晴（2010）[①] 指出，长期以来，亚洲国家（地区）存在着所谓的"斯蒂格利茨怪圈"（Capital Doubtful Recycling），即亚洲国家（地区）将本国（地区）企业的贸易盈余转变成官方外汇储备，并通过购买收益率很低的美国国债，回流到美国资本市场；美国在贸易逆差的情况下大规模接受这些"亚洲美元"，然后又以证券组合投资、对冲基金等形式将这些"亚洲美元"投资在以亚洲为代表的高成长新兴市场国家（地区）获取高额回报。博鳌亚洲论坛（2015）发布的《亚洲经济一体化进程年度报告 2015》利用国际货币基金

---

① 周晴. 斯蒂格利茨"资本流动怪圈"背后的深层次原因分析 [J]. 中国货币市场，2010（5）：22 - 27.

组织（IMF）的资产组合投资协作调查数据对这一现象进行了测算。2013年，亚洲10个主要经济体（日本、中国香港、中国内地、新加坡、韩国、印度、马来西亚、泰国、菲律宾和印度尼西亚）共吸收4.24万亿美元资产组合投资，占全球资产组合投资总规模的9%。与此同时，这10个经济体对外资产组合投资的规模达到5.68万亿美元。这表明，亚洲资产组合投资的对外净流出规模为1.44万亿美元。

造成这一现象的根本原因是亚洲区内金融市场的不发达，使剩余资金无法在区内实现自循环。根据IMF的统计，2015年亚洲新兴经济体GDP总量占世界的比重已达到22%，对世界经济增长的贡献高达50%。2015年亚洲整体的国民储蓄率（国民储蓄总额占GDP比例）达到42%，远高于世界26%的平均水平。与自身经济规模相比，亚洲金融体系在规模、深度、效率和流动性等方面还存在较大差距。

一是金融市场的深度和广度还有待提高，无法有效地将储蓄转化为投资。ADB（2015）[①] 的数据显示，亚洲银行信贷占GDP的比例为60%，远低于OECD（Organization for Economic Cooperation and Development）国家的110%；亚洲股票市值占GDP的比重为71%，政府债券余额占GDP的25.7%，私营部门债券余额占GDP的20.4%，也分别低于OECD国家的84.7%、85.3%和57.6%。

二是金融服务的可得性不够，无法覆盖广泛的客户群体。ADB（2015）[②] 引用世界银行的调查指出，亚洲成年人拥有银行账户的比例仅为26.7%，低于世界36.7%的平均水平。阿富汗、孟加拉国、巴基斯坦等国每10万人拥有的ATM数量不足5台。此外，亚洲企业拥有信贷额度或贷款支持的比例仅33%，低于拉美的53.7%和欧洲新兴市场的40.7%。其中，中小企业获得信贷支持的比例甚至更低。

3. 各国经济政治差异巨大，存在集体行动的困难。

尽管亚洲国家在经济周期、贸易与投资等方面的协同性日益增强，但由于

---

① ADB. Financing Asia's Future Growth［R］. Asian Development Qutlook 2015.
② ADB. Financing Asia's Future Growth［R］. Asian Development Qutlook 2015.

各国政治经济体制各不相同，经济管理模式大相径庭，区域金融合作面临诸多难题。

一是区内经济发展水平差异大。这一地区既有发达国家，又有新兴工业化国家，也有以传统农业为主的经济小国；既有像新加坡这种财政稳健的国家和地区，也有像日本一样债务总额超过 GDP 230% 的国家。

二是区内各国缺乏互信，货币合作的顾虑多。第二次世界大战留下的裂痕长期存在。区内国家在历史、文化及政治制度方面的差异，以及一些国家之间领土和领海主权方面的争议，加剧了达成共识的难度。

三是域外合作机制对区内合作的向心力形成干扰。西方国家在亚洲的利益争夺日趋激烈。1997 年亚洲金融危机之后，日本曾提出成立亚洲货币基金的构想，但由于此举将削弱国际货币基金组织的作用，遭到了美国的反对，这一设想并未付诸实施。2005 年亚行提出的亚洲货币单位（ACU）方案也因西方国家的态度有异而搁置了相关研究。近年来，美国又大力推行跨太平洋伙伴关系协定（Trans – Pacific Partnership Agreement，TPP），日本、马来西亚、新加坡、越南、文莱等亚洲国家加入该协定，而中国作为世界第二大经济体则被排除在外。

三、深化亚洲金融合作的政策建议

要保持亚洲经济的活力，需发挥金融合作的力量。目前，亚洲经济面临着外部金融环境变化对区内经济的传染风险，短期来看，风险防范仍将是亚洲金融合作的首要内容。

而从长期来看，要消除亚洲金融合作的障碍，推动亚洲金融合作更上一层楼，还需从治理结构、市场结构、合作机制这三个层次进一步完善。在治理结构上，要发挥中国等主要国家的引领作用，塑造亚洲金融合作新规则；在市场结构上，既要大力发展股票、债券和银行信贷等诸多传统领域，也要广泛引入新的融资方式与技术手段，提高金融服务的覆盖率和服务效率；在合作机制上，发挥中国香港的独特优势，与新加坡、上海、东京、迪拜等金融市场形成合力，共同推动亚洲经济发展。

第一，短期提高金融风险防范能力，抵御外部冲击。

一是加强金融风险识别。各国宏观经济管理部门应建立一套预警系统，以便识别金融危机风险来源和传染渠道，尤其是对跨国界、跨市场和跨行业的风险传染要保持高度警惕。各国之间可以相互借鉴先进经验和做法，共同提高应对危机的水平。

二是强化资本流动管理。各国应加强对政府、企业和家庭的外债管理，确保充足的外汇储备，建立有效的风险缓冲。要采取有效的财政货币政策、宏观审慎管理政策以及资本流动管理工具，防止资本大进大出和市场剧烈波动。加强双边或多边货币互换，充分发挥亚洲区域外汇储备库的作用，在贸易伙伴发生国际收支困难时提供流动性支持。

三是降低对域外货币的依赖。加快推动亚洲债券市场发展，完善本币债券的发行、交易和流通制度，丰富债券期限结构和产品品种，提升亚洲金融市场的规模、深度和效率，实现区内储蓄向投资的转化。提高本币在区内贸易、投资、交易中的使用程度，发挥人民币国际化的作用，降低域外货币波动对亚洲的冲击。发挥全球性国际金融组织和区域性金融组织的作用。

第二，在治理结构上，发挥中国等主要国家的引领作用，塑造亚洲金融合作新规则。

未来亚洲金融合作，要转变以往的危机驱动特征，而应以推动经济发展为出发点，以金融区域化优先为原则，强化主要国家的角色，引领合作方向，塑造合作新规则。

过去几十年的亚洲金融合作，主要是由日本和东盟分别主导和推动的，中国只扮演了参与者的角色。由于亚行的运作方式与世界银行没有太大差别，难以真正满足亚洲发展中经济体的需要。东盟虽然一直在积极推动区域经济整合，但因实力过小，难以形成金融合作的轴心及充当"领头羊"的角色。这就需要更有远见的发展计划和更有实力的经济体来充当引领和推动角色。

当前，中国已是全球第二大经济体，经济规模在亚洲居于首位。无论是承担国际责任的需要，还是提升自身话语权的需要，中国都应在亚洲金融合作中发挥重要作用，从配合参与者向引领塑造者转变。例如，中国可以通过健全"一带一路"倡议下的融资支持体系、大力发展亚洲债券市场、推动人民币区域化与亚洲货币合作等，努力使亚洲金融合作迈上新的台阶。

第三，在市场结构上，要深化亚洲金融体系，既完善股票、债券、信贷等传统领域，又推动小微金融等金融创新。

亚洲金融体系的深化发展，除了要大力发展股票、债券和银行信贷等诸多传统领域，同时还应广泛引入新的融资方式与技术手段，提高金融服务的覆盖率和服务效率。

一是创新基础设施融资方式，推动地区经济增长。亚洲幅员辽阔，区内交通、通信、电力等领域的基础设施建设需求旺盛，有望成为亚洲经济新的增长点。然而，基础设施投资具有额度大、期限长、风险高、收益水平低、不确定性强的特点，单一国家或金融机构可能难以承担。据估计，未来 10 年，亚洲每年基础设施建设资金缺口将高达 4000 亿美元。

应发挥亚行、亚洲基础设施投资银行（亚投行）、金砖国家新开发银行（金砖银行）、丝路基金等多边金融开发机构的作用，为区内基础设施建设提供资金支持。同时，创新融资方式，如大力推动公私合营，采用 BOT、PPP 等方式，吸引更多的社会资本参与基础设施建设。采用银团贷款、发行债券等方式为项目融资，并通过资产证券化等手段提高项目资产的流动性。同时完善配套制度建设，在股权保护、债权转让、项目评估以及法律、会计、税收等方面提供政策支持。

二是发展小微金融，扩大金融服务的覆盖率。大力推广小微金融、信贷工厂等模式，提高金融服务的可得性。如借鉴孟加拉国格莱珉银行、印度尼西亚人民银行的农村银行系统（BRI – Unit Desas）等的经验，向中小企业和农村地区人口提供小微金融产品和服务。

三是利用信息科技手段，提高金融服务效率。结合创新产业、互联网金融的兴起以及金融领域数字化、网络化的大趋势，探讨金融领域整合的方式和途径，降低金融服务的成本。健全亚洲金融市场基础设施，如建立有公信力、市场认可度高的信用评级机构，完善投资者保护、清算结算等制度安排，提高金融服务效率。

第四，在合作机制上，发挥中国香港的独特优势，与新加坡、上海、东京、迪拜等金融市场形成合力，共同推动亚洲经济发展。

亚洲既有全球性的国际金融中心，也有区域内的金融中心。当前和今后有五个重要的中心，包括中国香港、新加坡、上海、东京和迪拜，在全球和区域金融发展中发挥了重要作用。其中，香港规模最大、最有深度，未来很可能是上海。

香港可以利用自身优势，在亚洲金融合作中成为重要的平台。香港作为亚洲的国际金融中心，一直是亚洲金融合作的重要参与者。香港服务业种类多、水平高，在银团贷款、项目贷款、发行基建债券以及基金等领域具有传统优势。香港拥有完备的法律体系，是全球最受欢迎的仲裁地之一。香港也是最大的离岸人民币业务中心，具有广泛的清算网络和高效的流动性管理水平。未来，香港应充分发挥上述优势，为亚洲企业提供国际化和规范化的投融资平台。

一是以金融创新助推"一带一路"建设，为亚洲金融合作提供平台。例如，香港可以牵头为亚洲基础设施等大项目进行融资，促进区域内的资金融通；香港可以搭建支持中国内地企业"走出去"的金融合作平台，为企业提供股权、债权相结合的全方位融资安排；香港可以与亚洲相关国家和地区合作，为经济走廊和产业园建设提供专项融资安排。

二是利用香港离岸人民币市场的核心优势，为亚洲货币合作提供基础。香港可以为亚洲新兴市场提供人民币融资，推动人民币在离岸市场的资金循环和跨境流通；香港可以完善多层次的流动性支持机制，强化人民币市场的风险对冲和投资功能，提供多元化金融产品。完善包括人民币点心债在内的债券市场配套制度，吸引亚洲政府、企业或金融机构到香港发债融资，壮大亚洲债券市场。

三是积极参与亚洲金融合作协会，推动亚洲金融合作取得新突破。香港未来可以为亚洲金融合作协会提供专业支持，积极推动本地金融机构参与协会的工作，逐步把亚洲金融合作协会打造为亚洲版的IMF。香港还可以争取成为亚投行在海外的主要运营中心。亚洲版 IMF 加上亚投行，这些合作机制有望扮演更为重要的角色，超越世界银行和亚洲开发银行对亚洲融资的支持能力，推动亚洲金融合作取得新突破。

四是加强金融人才的培养，为亚洲金融合作输送人力资源。亚洲的高端金融人才依然较为缺乏，香港可以利用自身在高等教育资源、语言、金融实践等方面的优势，加强区域内金融人才在高级技能、金融管理、对外交流等方面的教育培训合作，加快金融人才培养，为提升亚洲金融合作水平打好基础。

第五，发挥中国大型商业银行的积极作用。亚洲金融体系是以间接融资为主导的，商业银行在支持地区经济增长等方面已发挥了重要作用，未来还将在亚洲金融市场完善、区域金融合作中起到积极作用。在此过程中，中国大型商业银行大有可为。

一是加强与多边组织和国际金融机构的合作，强化区域金融合作。目前，亚洲区内既有 APEC、上海合作组织、博鳌亚洲论坛、亚洲金融合作协会等多个国际组织，也有亚行、亚投行、金砖银行等国际金融机构。商业银行应积极参与区内国际组织的各项活动，共商亚洲金融合作大计；加强与多边金融机构的合作，协助其在全球市场筹集资金和开展项目，推进地区基础设施完善和金融市场建设。

二是大力拓展人民币国际化业务，促进区内货币合作。商业银行要积极把握人民币国际化的发展机遇，主动顺应境内外市场变化，充分发挥清算渠道、客户基础、金融产品、专业服务、品牌形象等方面优势，积极推动人民币国际化发展。例如，商业银行可以通过在跨境人民币资金集中运营、跨境投融资、金融市场交易、大宗商品融资等新兴领域积极创新，大力推动人民币与周边货币的交易，研发以人民币计价的证券及衍生产品等，进一步拓展人民币在亚洲地区贸易往来及国际经济金融市场的使用广度与深度，提升人民币的国际地位。

三是提升金融服务水平，促进本地经济发展。亚洲企业在开展跨境投资时，中国大型商业银行应充分利用自身在亚洲的分支网络，加强业务联动，为企业提供从传统贸易融资、流动资金贷款到工程保函、出口信贷、海外项目融资、海外并购贷款等全方位的服务。与此同时，创新业务模式和服务手段，积极利用现代科技，大力发展普惠金融。例如，发展社区银行、手机银行、网络银行等，降低金融服务的准入门槛，为更多的客户提供更有针对性、更加便利的金融服务。积极运用移动智能硬件、移动互联、大数据等科技手段，推进金融产品创新，简化服务流程，提高金融风控水平。

全球化变局中的增长动力

——2017 年全球经济金融回顾与展望[①]

2017 年，世界经济在全球化变局中迎来新转机。中国高举开放合作大旗，先后成功举办"一带一路"高峰论坛、金砖国家峰会，同时积极通过世界经济论坛、G20 峰会、APEC 峰会、中国—中东欧国家合作等平台，提倡合作发展、互利共赢，坚定不移地推进全球化进程与开放的国际贸易体系。在欧洲，德、法、荷等国家选举过程中所充斥的民粹主义、保护主义和孤立主义最终败下阵来，全球化仍是世界范围内的主流民意与基本政策取向。在此背景下，2017 年全球经济金融呈现出多年未有的良好局面，突出表现在"三个转向"。

一是实体经济从长期疲软转向较快增长。预计 2017 年全球生产总值增长 3.6%，国际货物贸易量增长 3.6%，外商直接投资增长 5.0%，明显扭转过去 5 年低迷不振的态势。美国和欧盟经济增长率分别约为 2.2% 和 2.1%，较上年明显加快；以中国、印度为代表的亚太地区经济稳定较快增长，俄罗斯、巴西等规模较大的新兴经济体摆脱经济衰退，全球处于衰退中的国家数量降至 2008 年国际金融危机以来最低。

二是金融市场从动荡不安转向总体稳定。资本市场指数纷纷创下新高，大宗商品价格平稳回升，金融市场波动性指数处于历史较低水平，美元汇率走

---

① 此文发表于《国际金融研究》2018 年第 1 期，文字略有修改。

弱，新兴经济体资本外流的局面得到较大程度改善。

三是货币政策从长期宽松转向逐步收紧。由于经济加快增长和失业率处于历史低位，美联储连续 3 次加息，并启动缩表计划。英国央行和加拿大央行开始加息，欧洲央行缩减资产购买规模。日本经济复苏动能尚不充分，也未摆脱通缩困扰，日本央行维持负利率及量化质化宽松货币政策。新兴市场经济体差异大，货币政策各有不同。总体看，全球货币政策迎来新变局，流动性收紧渐成趋势。

展望未来，全球经济将步入摆脱低迷状态的关键时期。一方面，经过多年困境之后，全球经济复苏正出现可喜的转机，有望迈上新的增长阶段。另一方面，全球增长的长期性制约因素持续存在，如人口老龄化加剧、全要素生产率下行等，全球经济失衡、发达国家债务高企、地缘政治不稳、新兴市场违约风险等仍可能威胁经济增长。要巩固复苏势头，促进全球经济走上更加健康状态，迫切呼唤各国深化合作，同舟共济，寻找答案。

中国共产党第十九次全国代表大会描绘了中国发展的新蓝图，开启了中国前进的新征程。中国经济将继续成为全球经济增长的"火车头"，为全球经济健康发展提供力量源泉、贡献闪光智慧。2008 年国际金融危机以来，中国经济持续较快增长，对全球经济增长的贡献度达到 30% 以上。2018 年乃至未来 5年，中国经济增长有望处于 6% 至 7% 的区间。作为全球经济发展的主动力之一，中国的经验可以为全球发展提供借鉴。

第一，以和平共处营造良好环境。安全稳定的国际环境是经济发展的重要条件，是增强投资与消费信心的基石。中国长期以来秉承"和为贵"的东方智慧，在国际关系中坚持和平共处原则，通过谈判解决国际争端，不干涉他国内政。这种理念成为促进全球稳定和谐的重要法则。

第二，以改革开放促进全面发展。当前各国面临经济困境，部分原因是结构改革不畅，甚至走向保护主义，成为发展障碍。改革开放是中国近 40 年来快速发展的重要经验，本轮国际金融危机以来步伐始终没有停止，特别是近 5年来供给侧结构性改革、利率汇率市场化改革、自贸区建设、金融市场开放、"一带一路"倡议等举措，引领新一轮全球化发展方向。

第三，以科技创新增强发展动力。面对人口增长趋缓和老龄化加剧的挑战，面对危机后金融监管趋严的硬约束，全球经济要实现更快发展，必须以科技创新带动全面创新，提高全要素生产率。当前，中国在创新发展方面表现突出，在新能源、新材料、数字技术、人工智能、移动支付等领域集聚能量，新兴产业对经济的拉动作用不断增强。

第四，以绿色、包容发展提升可持续性。经济发展的可持续性与资源环境的承载能力及社会公平程度密切相关。中国近年来不断推进节能减排与环境治理工作，绿色产业日益壮大，绿色金融在全球居于领先地位。扶贫工作取得巨大进展，普惠金融深入推进。绿色与包容发展将为经济可持续发展奠定坚实基础。

第五，以共享、共治精神推动全球治理改革。全球政经局面复杂多变，呼唤更有力、更有序的全球治理新格局。加强国际合作，推动治理变革，建立人类命运共同体，促进可持续发展，越来越成为世界各国的主流共识。中国发起的"一带一路"倡议深入人心，通过推动设立亚投行、丝路基金、金砖银行等国际多边机构，人民币加入特别提款权（SDR）货币篮子，中国不断为完善全球经济与金融治理作出贡献。

完善全球金融治理
迈向新的可持续增长[①]

现在是经济全球化最困难的时候，同时也是经济全球化和全球治理最有希望的时候。过去 10 年来，新兴经济体对全球经济金融发展、全球治理体系完善发挥了日益重要的作用。

我先与大家分享一组数据。从经济份额来看，按购买力平价计算，2008 年新兴经济体占全球 GDP 份额达 51.2%，首次超过发达国家，2017 年这一比例进一步上升至 59%。从经济增速来看，过去 10 年新兴经济体年均增长 5.1%，比发达国家高出 3.9 个百分点。从对全球的贡献来看，2017 年新兴经济体对全球增长的贡献率已达 80%，成为推动世界经济增长的重要引擎。

尽管新兴经济体经济发展取得了巨大的成就，但由于全球治理体系的缺陷，其仍不可避免受到国际金融市场波动的冲击。今年 4 月以来，随着美元指数超预期上行，阿根廷、土耳其等部分国家和地区出现金融动荡，引发各国对未来风险的担忧。这种缺陷主要表现如下：一是国际金融资源的配置效率较低。过去 10 年，全球流动性泛滥，大量剩余资金在国际市场竞相逐利、大进大出，不仅无法转化为有效的生产力，还引发金融风险的跨境传染。二是发达国家货币政策的负面外溢效应较强。历史上，每当发达国家货币政策开始转

---

① 作者于 2018 年 6 月 14 日在陆家嘴论坛的发言。

向，新兴经济体总是受到冲击。当前，新兴经济体外债水平大幅攀升，偿债货币利率汇率的变化往往成为风险触发的重要因素。三是金融风险的防范机制不完善。近年来，新兴经济体普遍重视积累外汇储备，增强风险缓冲。但一旦外部冲击引发金融市场大幅波动，其依靠自身"工具箱"还无法有效应对相关风险，尤其在当前国际环境处于转折的情况下，其脆弱性进一步凸显。

为进一步改善全球金融治理，助力新兴经济体稳定增长，推动全球经济迈向新的可持续发展，在此，我提出三点建议：

第一，新兴经济体自身要练好"内功"，降低金融脆弱性。当前，新兴经济体人均 GDP 仅为发达国家的 24%，正在加快推进工业化、城市化和全球化进程中，蕴含着巨大的增长潜力。只要新兴经济体保证自身经济的稳健发展，其对世界经济的贡献将进一步提升。一方面，各国要采取有效的宏观经济政策，引导更多资金投向促进经济可持续发展的领域，防止过度泡沫化；另一方面，要保证内外部经济的均衡发展，将债务水平尤其是外债控制在合理的范围，并确保充足的外汇储备，做好应对金融风险的准备。

第二，发达经济体要加强政策协调，减少负面溢出效应。发达经济体在制定经济政策时主要考虑国内目标，往往忽视其溢出效应，对其他国家造成较大冲击，从长远看也不利于自身政策效果的实现。主要国家要担当责任，加强与其他国家的政策沟通和协调，最大限度减少可能的负面溢出效应，努力形成促进世界经济增长的合力。

第三，国际社会要加强金融合作，完善治理体系。当前，部分新兴经济体金融风险有所增加，局部金融危机的苗头开始显现。这迫切需要其有效管理跨境资本流动，完善危机预警和应对"工具箱"。各国要吸取历次金融危机经验教训，完善国际货币基金组织救助机制，充分发挥多边化机制作用，共同筑牢金融安全网，防范系统性金融风险。目前，人民币已被纳入国际货币基金组织 SDR 货币篮子，近年来人民币汇率保持了基本稳定，对于增强国际金融体系的稳定性具有重要意义。

加强金砖合作　破解全球化困局①

十年前，国际金融危机给全球带来了剧烈冲击。作为新兴经济体的代表，金砖国家携手应对危机，完善全球治理，金砖合作机制应运而生。今天，逆全球化现象抬头，保护主义愈演愈烈，全球化进入了比较困难的时期。但综观世界，全球化仍是主流民意，在这个关键时点，金砖国家更应顺应时代潮流，深化务实合作，推动新兴经济体和国际社会实现新的、更好发展。

一、全球化是不可阻挡的历史潮流

从历史规律看，保护主义与自由贸易总是交替出现。保护主义不是新鲜事物。17—18 世纪，在资本主义生产方式的准备期，西欧各国实行强制性贸易保护，重商主义盛行。工业革命后，英国经济实力和竞争力大大增强，转而主张自由贸易。两次世界大战期间，为摆脱大萧条，英国、美国均推行超保护贸易政策（Ultra Protective Trade Policy）。第二次世界大战后，为降低国际关税壁垒、推动自由贸易，美国发起订立关税和贸易总协定（GATT）（即 WTO 的前身），成为世界贸易增长的重要制度保障。1947—2017 年，全球出口金额扩大了 304 倍，这是第二次世界大战后推动全球增长的重要动力。国际金融危机

---

①　本文发表于《国际金融》2018 年第 9 期，文字略有修改。

后，世界经济长期复苏乏力，保护主义再次抬头。据 WTO 统计，过去半年 G20 经济体实施的贸易限制措施高达 39 项，是 2017 年的 2 倍。

从现实后果看，保护主义解决不了各国面临的问题。各国可能出于各种理由推行保护主义。有的国家是由于经济发展阶段处于落后地位，出于维护社会和政治制度安全的诉求；有的是国内经济增长乏力或者出现经济危机，出于转移国内政治压力和迎合选民的需要；此外，还有意识形态和文化等方面的因素。但是，在经济全球化发展的背景下，任何一个国家都不可能独善其身。实施以邻为壑的保护主义政策，必将阻碍全球经济发展，其最终结果损人不利己。中国清朝末年的闭关锁国政策，阻碍了经济发展和技术进步，是近代中国衰落的重要原因。20 世纪 30 年代，美国以加征进口关税应对大萧条，引发全球贸易战，进一步重创美国经济。1929—1934 年，全球出口总额降幅达 66%，美国出口下降了 61%，其中，接近 50% 的降幅是贸易保护导致的。20 世纪 70 年代初，面对美国经济实力和相对竞争力下降，尼克松政府以抬高关税作为威胁要求其他工业国家货币对美元升值，单方面终止美元与黄金挂钩，为全球高通胀埋下伏笔。石油危机后，全球经济增速从 1973 年的 6.5% 连续下跌至 1975 年的 1%，美国经济增速从 1973 年的 5.6% 转为之后连续两年衰退，保护主义和单边主义是不可忽视的原因之一。

从世界大势看，保护主义阻挡不了全球化发展潮流。从 15 世纪末地理大发现开始，经济全球化已有 500 多年历史。尽管历经两次世界大战、20 世纪初经济大萧条、2008 年国际金融危机的破坏，保护主义现象层出不穷，但全球化的车轮一直滚滚向前。全球化通过促进分工，扩大市场，提高生产力，不断创造出新的财富，为经济增长提供了重要的动力源泉。据估算，全球总产出在公元 1000—1500 年增长了 66.1%，而最近 500 年来，则扩张了 1374 倍。在此过程中，各国扩大开放，全球加强合作功不可没。

20 世纪 90 年代开启了新一轮经济全球化，各国广泛参与，在全球实现分工合作，经济相互依存不断加深，全球价值链成为世界经济的显著特征，中间产品出口额占总出口额的比重保持在一半以上，表明全球生产网络已经高度关联。全球化释放出的巨大红利，使世界各国都从中受益。全球贸易、产业资本和金融资本，以及劳动要素的深度融合，大大加快了知识积累、技术创新和劳动力素质提升的全球扩散，提升了科技进步和劳动生产率提高对经济增长的贡献。

二、金砖国家合作是全球化发展的新典范

2001 年，"金砖"一词被提出时，它还只是投资界的一个概念。2006 年，巴西、俄罗斯、印度、中国四国外长相聚一起，开启合作进程。2009 年，金砖国家领导人在俄罗斯叶卡捷琳堡举行首次峰会，发表了联合声明。2010 年，南非加入金砖行列，"金砖四国"变为"金砖五国"。多年来，金砖合作从无到有，实现了从概念到机制的飞跃。2001—2017 年，金砖国家经济整体年均增速达到 7.1%，高出世界经济增速 3.3 个百分点，对世界经济增长的年均贡献达 46%，显示出巨大的活力，为全球经济合作树立了典范。

金砖国家经济互补性强，奠定了坚实的合作基础。能源资源方面，俄罗斯、巴西拥有丰富的油气储量，而中国、印度能源消费需求旺盛，"金砖五国"能源总产量和消费均达到全球的 36%。人力资源方面，金砖国家人口占全球的 42%，印度、南非人口结构年轻，对进入老龄化社会的其他三国正好形成互补。贸易和产业结构方面，俄罗斯、巴西、南非长期是工业制品逆差国，同时又是资源出口国；中国有较大的工业制品贸易顺差，同时是资源进口国；印度长期处于初级产品逆差，同时是五国中唯一的服务贸易顺差国。2009—2016 年，全球贸易投资总体疲弱，而金砖国家商品贸易额从 3230 亿美元增长至 5285 亿美元，年均复合增长率达 7.3%，高出全球商品贸易增速 4.6个百分点，就是这种互补性的体现。

金砖国家增长潜力巨大，催生强大的合作动力。国际金融危机后，金砖国家经济受到冲击，整体 GDP 增速从 2010 年开始持续下滑，2015 年、2016 年甚至跌至金融危机期间水平以下，国际社会一度担心"金砖失色"。这其中既有外部冲击的主要影响，也有各国经济发展的结构性问题。暂时的困难不会掩盖金砖国家的增长潜力，反而凸显了加快金砖合作的重要性。2017 年，巴西、

俄罗斯经济已走出衰退，金砖国家全部实现正增长。

未来，金砖国家的发展潜力，根植于明显的后发优势和巨大的市场规模。目前，金砖国家人均 GDP 仅占发达经济体的 33%，正处于工业化、城市化加快进程。如果金砖国家能够加大基础设施投入，抓住国际产业结构调整的机会，融入全球价值链，将有效激发增长动力，推动各国向更高收入阶段迈进。世界经济论坛公布的全球竞争力指数显示，中国的市场规模在全球居于首位，印度、俄罗斯、巴西等国也位列全球前十。金砖国家通过加强多边合作、促进互联互通，将构筑跨越四大洲的统一大市场，形成经济增长的巨大合力。

三、金砖合作将推动开放、包容、普惠、平衡、共赢的经济全球化

金砖国家为全球治理改革发挥了重要作用。2009 年金砖国家领导人举行首次会晤以来，每次峰会均会就全球治理等重要议题发表意见，积极推动国际组织改革，加强国际宏观政策协调，提高发展中国家在全球治理体系中的话语权。例如，在世界银行、IMF 的改革方案中，发展中国家投票权获得提升，金砖国家排名大幅跃升。2010 年 4 月，世界银行通过了改革方案，发展中国家整体投票权提高 3.13 个百分点至 47.19%，金砖国家的投票权升至 13.1%，其中中国的投票权从 2.77% 升至 4.42%，仅次于美国和日本。2016 年，IMF 份额改革正式生效，约 6% 的份额向新兴市场和发展中国家转移，中国份额占比从 3.996% 升至 6.394%，排名从第六跃居第三，仅次于美国和日本。印度、俄罗斯、巴西份额分别居第八、第九、第十位。

与此同时，金砖国家建立了新开发银行、应急储备安排等区域金融合作机制，对现有国际金融治理机制形成有益补充。2012 年，金砖国家领导人探讨了成立新开发银行和应急储备安排的可能性，并于 2015 年 7 月正式建立。其中，金砖国家新开发银行初始资本 1000 亿美元，运行机制高度体现了互尊互谅、主权平等、民主包容的原则。例如，在出资比例上，各国平均分配；在内部治理上，各国在关键岗位轮流任职；在融资贷款方面，服务对象不仅包括金

砖国家，也可扩展至其他新兴市场与发展中国家。应急储备安排是对当前全球金融安全网的补充和强化，其注册资本 1000 亿美元，中国、俄罗斯、印度、巴西、南非分别出资 410 亿美元、180 亿美元、180 亿美元、180 亿美元和 50 亿美元。在金砖国家出现国际收支困难时，其他成员国可通过应急储备安排向其提供流动性支持，化解潜在的金融危机。金砖国家新开发银行和应急储备安排是金砖合作具有标志性意义的重要成果，有助于打破发达国家在国际融资标准、危机救助条件等方面的垄断，为新兴市场国家提高话语权、制定符合自身国情的金融标准开辟了新路。

金砖合作将为破解全球化困局贡献新的方案。金砖国家来自四个大洲，山海相隔，国情、发展模式各异。五国之所以能够走在一起，是因为从一开始就朝着构建人类命运共同体的方向前行，并实现了三个"超越"：超越了政治和军事结盟的老套路，建立了结伴不结盟的新关系；超越了以意识形态画线的老思维，走出了相互尊重、共同进步的新道路；超越了你输我赢、赢者通吃的老观念，实践了互惠互利、合作共赢的新理念。

在 2017 年的金砖国家领导人厦门会晤上，习近平主席创新提出了"金砖 +"的合作构想，契合了发展中国家希望加快经济增长、重塑国际秩序的普遍愿望，更为解决全球化停滞不前的难题提供了思路。今年的《金砖国家领导人第十次会晤约翰内斯堡宣言》提出建立金砖国家新工业革命伙伴关系，深化金砖国家在数字化、工业化、创新、包容、投资等领域合作，最大程度把握第四次工业革命带来的机遇，应对相关挑战。未来随着金砖国家不断拓展多边经贸关系，推进基础设施互联互通，加强国际产能合作，积极帮助广大发展中国家融入国际资金链、价值链和产业链，金砖合作第二个"金色十年"将取得更多丰硕的成果，为经济全球化朝着更加开放、包容、普惠、平衡、共赢方向发展，实现全球共同繁荣和进步提供不竭动力。

四、中国的发展既受益于全球化，也为全球化作出了积极贡献

2018 年是中国改革开放四十周年。40 年来，中国坚持对外开放的基本国

策，形成全方位、多层次、宽领域开放格局，在实现自身发展的同时惠及其他国家和人民，增进了全球福祉。

全球化为中国实现跨越式发展提供机遇。1978 年，中国进入了改革开放和现代化建设的历史进程。20 世纪 90 年代起，世界各国开始普遍采取降低关税、取消非关税措施、扩大服务业准入、促进贸易投资便利化的措施，经济全球化进程加速。在此过程中，中国扎实推进经济建设，人民付出辛勤劳动和汗水，取得举世瞩目的发展成就。1978—2017 年，中国实际 GDP 年均增速达 9.6%；以人民币现价计算，GDP 增长 224 倍，人均 GDP 增长 154 倍，迈入中高收入国家行列；以美元计价，进出口增长 198 倍，利用外资增长 35 倍左右。2017 年，中国 GDP 占全球的比重达 15.2%，稳居全球第二大经济体；中国商品出口占全球的 12.7%，位居全球第一；中国制造业增加值占全球的比重达 25%，连续 8 年稳居世界制造业第一大国地位，也是全球唯一拥有联合国产业分类目录中所有工业门类的国家。以购买力平价计算，中国对世界经济增长的贡献率最近 5 年稳定在 30% 左右。在融入全球化的过程中，中国逐渐成长为世界经济循环中的重要枢纽和引擎。

中国主动适应全球化，不断为全球化作出积极贡献。从开放初期的简单引入资金、技术和资源，到后来更好地理解和全面拥抱全球化，中国逐步融入世界市场，将自身发展战略与世界发展趋势更加紧密地融合在一起。特别是 2001 年加入世界贸易组织（WTO）以后，中国践行自由贸易理念，全面履行加入承诺，大幅开放市场，坚定维护多边贸易体制。关税方面，大幅降低进口关税，截至 2010 年，关税总水平由 2001 年的 15.3% 降至 9.8%；外贸经营权方面，促进经营主体多元化，激发各类企业开展贸易的积极性，2017 年，民营企业出口占比达 46.6%，成为对外贸易的第一大出口经营主体；服务业方面，在 WTO 分类的服务业 160 个分部门中，中国承诺开放 100 个分部门，接近发达成员平均承诺开放 108 个分部门的水平；知识产权保护方面，修订《中华人民共和国商标法》《中华人民共和国反不正当竞争法》，不断完善知识产权保护法律体系，从 2001 年起，中国对外支付知识产权费年均增长 17%，2017 年达到 286 亿美元。中国为履行承诺付出巨大努力，是多边贸易体制的积极参与者、坚定维护者和重要贡献者。1997 年亚洲金融危机和 2008 年国际金融危机使全球化遭遇重大考验，中国在保持自身经济和金融稳定的同时，积极加强与各国协调合作，参与全球治理改革、危机援助，维护了全球化成果，展现了大国担当。2013 年以来，中国秉持共商共建共享的全球治理观，提出"一带一路"倡议，打造国际合作新平台，构建人类命运共同体，为全球化贡献中国智慧和中国方案。

当今世界正面临百年未有之大变局，经济全球化走到了关键时点。无论是历史趋势还是实践经验均表明，保护主义阻挡不了全球化的发展潮流。各国只有顺应时代潮流，深化开放合作，才能实现共同发展。未来，中国将继续奉行互利共赢的开放战略，积极推动金砖合作与"一带一路"建设，为促进全球共同发展贡献力量。

完善全球金融治理[①]

国际金融危机爆发至今已有十年，全球逐步回到复苏轨道，但风险和不确定性依然存在，世界经济增长动能不足、全球化进程放缓、国际货币体系改革滞后等问题依然存在。今年年初以来，部分新兴经济体出现金融动荡，全球金融治理问题再度引发关注。如何完善全球金融治理，推动世界经济实现新的持续性增长，是各国共同关心的话题。

一、全球化面临的困境及其对全球治理的影响

现在是经济全球化最困难的时候。2008 年国际金融危机以来，全球政治经济格局深刻演变。一方面，各国综合实力对比急剧变化，世界格局向多极化加速推进，国际环境日益复杂；另一方面，部分国家政府债务高企、失业率上升、收入差距拉大等问题突出，导致民粹主义崛起，社会不稳定因素增加。受此影响，近年来国际形势风云变幻，地缘冲突频繁发生，恐怖主义、难民潮等挑战此起彼伏，极大增加了世界经济运行的不确定性，削弱了各国合作的动力和意愿，经济全球化陷入困境。

当前逆全球化风潮突出体现在：一是英国脱欧凸显了欧洲各国的政治离心

---

① 文章发表于《中国金融》2018 年第 15 期，文字略有修改。

力。英国脱欧事件对一直被誉为区域一体化典范的欧盟造成了重大打击，也对全球化进程产生了逆动力。欧洲右翼政党势力壮大，意大利"疑欧派"政党当选引发组阁危机，难民问题持续发酵导致欧洲社会和政治动荡，种种政治乱局阻碍了欧洲经济改革进程，拖累了复苏步伐。二是多边合作机制受到挑战。世界贸易组织多哈回合贸易谈判十多年没有明显进展，一些国家不得不通过双边或小多边贸易安排推进贸易便利化。而强调"美国优先"的特朗普上台后，更是对多边合作体制发起全面挑战，美国先后退出《跨太平洋伙伴关系协定》(TPP)、《巴黎协定》、联合国教科文组织、联合国人权理事会等，试图以单边主义维护自身霸权，进一步加剧了国际政策协调的困难。三是贸易保护主义愈演愈烈。受各国经济复苏以及贸易利益分配不均衡的影响，贸易保护主义层出不穷，世界进入贸易争端的高发期。其中以美国的保护主义倾向最为严重，不仅对北美自由贸易协定（NAFTA）进行重新磋商，甚至利用"232 调查""301 调查"等手段，直接挥舞起贸易保护的大棒。2018 年年初以来，美国与中国、欧盟、日本、加拿大等主要贸易伙伴之间的贸易摩擦不断升级，严重冲击了国际贸易和投资的信心。这股逆全球化的风潮已经成为世界经济复苏的绊脚石。

现在也是经济全球化和全球治理最有希望的时候。这种希望源于新兴经济体的崛起，源于中国进入了新时代。过去 10 年来，新兴经济体对全球经济发展发挥了日益重要的作用。从经济份额来看，按购买力平价计算，2008 年新兴经济体占全球 GDP 份额达 51.2%，首次超过发达国家，2017 年这一比例进一步上升至 59%。从经济增速来看，过去 10 年新兴经济体年均增长 5.1%，比世界平均水平高出约 2 个百分点，比发达国家高出 3.9 个百分点。从对全球的贡献来看，2017 年新兴经济体对全球增长的贡献率已达 80%，成为推动世界经济增长的重要引擎。

在此过程中，中国的作用日益凸显。2017 年，中国 GDP 规模为 12 万亿美元，占全球的份额达 15%，对全球经济增长的贡献率超过 30%。根据我们的测算，2035 年左右，中国 GDP 有望达到 35 万亿美元，位居世界第一，全球份额升至 24%。

中国全球治理的新理念是解决全球问题的良方。在新时代下，中国以共商、共建、共享的原则推进"一带一路"建设，按照构建人类命运共同体的设想推进经济全球化。中国国家领导人积极在多边和双边场合向世界传递中国声音。2017年，习近平主席在出席达沃斯论坛时，针对如何正确认识经济全球化、如何引领世界经济走出困境、如何推动中国经济进一步发展，提出了中国的应对方案，引起了全球的共鸣。在当前逆全球化及贸易保护主义不断抬头的背景下，以中国为代表的新兴经济体积极捍卫自由开放的世界经济体系，维护多边体制权威性和有效性，推动全球治理体系朝着更加公正合理的方向发展，为全球经济发展注入了信心和动力。

二、新兴经济体成为重构全球治理格局的重要因素

G20平台的升级增强了全球治理体系的代表性。每一次重大的危机都意味着全球经济秩序的变革。亚洲金融危机爆发后，在七国集团（G7）的倡议下，G20组织于1999年成立，目的是让有关国家就国际经济、货币政策举行非正式对话，防范类似危机重演，增强国际金融和货币体系的稳定性。G20集团涵盖了全球85%的GDP、80%的贸易和三分之二的人口，在世界经济中具有广泛的代表性。但2008年以前，G20的主要运行机制是召开财长和央行行长会议，且会议议题被G7控制，新兴经济体的发言权和影响力较小，G20作用十分有限。2008年国际金融危机爆发后，发达国家意识到仅靠G7平台已无法有效应对危机，全球政策协调和危机救助必须有中国等新兴经济体参与。2008年11月，G20升格为峰会，代替G7讨论全球危机应对，标志着G20成为全球经济金融治理和政策协调的主要平台。截至目前，G20已成功举办了12次领导人峰会，对抵御世界经济衰退、带领各国走向复苏发挥了积极的作用，并成为引领全球经济治理机制变革的重要力量。

国际金融组织的改革提升了新兴经济体的话语权。在G20框架下，推动世界银行、IMF等国际机构治理结构改革成为重要议题。2010年4月，世界银行通过了改革方案，发达国家向发展中国家转移投票权3.13个百分点，使发

展中国家整体投票权从 44.06% 提高到 47.19%，金砖国家的投票权总额升至 13.1%，其中中国的投票权从 2.77% 上升至 4.42%，成为仅次于美国和日本的第三大股东国；通过了国际金融公司（IFC）提高基本投票权及 2 亿美元规模的特别增资方案，使发展中国家在 IFC 的整体投票权从 33.41% 上升到 39.48%。IMF 改革也在同步推进。2016 年，IMF 份额改革正式生效，约 6% 的份额向新兴市场和发展中国家转移，中国份额占比从 4.00% 升至 6.39%，排名从第六跃居第三，仅次于美国和日本。印度、俄罗斯、巴西也位列前十大成员国。

三、全球金融治理仍存在重大缺陷

尽管新兴经济体经济发展取得了巨大的成就，但由于全球金融治理体系的缺陷，其仍不可避免受到国际金融市场波动的冲击。在美元利率和汇率的双重冲击下，部分新兴经济体的金融脆弱性逐步显现，这暴露出全球金融治理仍存在重大缺陷。

（一）国际金融资源的配置效率较低

好的国际金融治理应促使金融资源跨时期、跨地区优化配置。而当前全球金融治理的制度性缺陷，使金融体系存在明显的资源错配。国际金融危机爆发后，主要央行采取超低利率和多轮量化宽松政策，向全球注入大量流动性。美联储资产负债表规模一度扩张 390%，欧洲央行、日本央行资产负债表规模也分别扩大 220% 和 430%。在全球流动性泛滥的情况下，大量剩余资金在国际市场竞相逐利、大进大出，不仅无法转化为有效的生产力，还引发金融风险的跨境传染。2008—2017 年，全球国际直接投资（FDI）年均增速下降为 -0.98%，远低于危机前 10 年 20.1% 的年均增速。同期，流入新兴经济体的 FDI 年均增速也从危机前 10 年的 12.5% 下滑至 3.3%。这表明大量资金并未真正流入实体经济部门，而是在金融市场套利，催生更多金融风险。过去 10 年，新兴经济体资本流入急剧增加，对外借债规模不断上升，导致通胀压力加大、资产价格泡沫等问题。亚洲新兴经济体外债规模由 1.1 万亿美元增长至 3.3 万亿美元，增加了 2 倍，拉美、撒哈拉以南非洲地区外债占 GDP 的比重则从 25% 左右上升至 40% 左右。在发达经济体消费者物价指数（CPI）仅上涨 17% 的情况下，新兴经济体已累计上涨 63%。

（二）发达国家货币政策的负面外溢效应较强

历史上，每当发达国家货币政策开始转向，新兴经济体总是受到冲击。当前新兴经济体外债水平大幅攀升，偿债货币利率汇率的变化往往成为风险触发的重要因素。究其根本，原因就在于国际货币体系的不平等。布雷顿森林体系解体后，国际货币体系依然维持事实上的美元本位。2008 年国际金融危机后国际货币体系一家独大的局面没有发生根本性变化，美元的国际地位反而有所加强。IMF 数据显示，在全球已披露币种的外汇储备中，美元的占比从 2009 年第四季度的 62.1% 一度上升至 2015 年第一季度的 65.97%。新兴经济体处于国际货币体系的外围，国际贸易、国际投融资依赖国际货币作为媒介，即使不与有关国家发生经济联系，也无法摆脱其货币政策的负面溢出影响。因此，尽管美国货币政策调整是基于其国内经济情况，但每当美联储货币政策收紧、美元走强，新兴经济体资本外流、汇率贬值、偿债负担上升等剧情总是反复上演。

（三）金融风险的防范机制不完善

亚洲金融危机以后，新兴经济体普遍重视积累外汇储备，完善风险缓冲的手段。但一旦外部冲击引发金融市场大幅波动，其依靠自身"工具箱"还是无法有效应对相关风险，尤其在当前国际环境下，其脆弱性进一步凸显。

一是缺乏对国际资本流动的有效管理。国际资本流动表现出较强的顺周期性，新兴经济体经济金融环境变化，跨境资本大进大出，往往引发信贷被动扩张收缩，资产价格暴涨暴跌，经济过度波动甚至引发金融危机。为防范全球跨境资本流动风险，亟须通过建立资本输出国、输入国共同参与的资本流动管理框架，约束发达经济体资本过度流出，防止新兴经济体过度借债及脆弱性不断积累。

二是金融风险的识别和预警机制不健全。现有 IMF 等全球和区域性经济组织在危机预警方面效果不佳。在 1997 年亚洲金融危机和 2009 年欧洲主权债务危机中，IMF、欧盟都未能提前发现问题并及时预警。受数据收集、人力、财力所限，全球和区域经济组织无法对各国微观经济金融运行情况进行高频率跟踪，从而对风险进行早期识别。国际评级机构也不能满足金融危机预警要求。全球三大评级公司是以盈利为目的的私人商业机构，不仅在评级公正性等方面存在道德风险，而且往往在问题暴露后下调评级，放大市场悲观情绪，加剧危机冲击。

三是国际金融危机的救助机制不完善。目前全球层面的危机救助机制主要依靠 IMF，而历史上 IMF 贷款的使用条件苛刻、效果不佳。亚洲金融危机期间，IMF 为韩国、泰国、马来西亚等国开出的救助条件十分严苛，包括大幅紧缩财政、国企私有化、汇率自由浮动、开放金融市场等，没有考虑危机国的现实情况，某种程度上加剧了危机。今年 3 月以来，阿根廷爆发汇率危机，在政府与 IMF 达成救助协议后阿根廷比索汇率反而继续贬值，反映出市场对 IMF 救助效果存疑。此外，尽管亚洲、金砖国家等部分经济体也对区域危机救助作出了安排，但全球、区域、双边和各国自身外汇储备等各层次危机救助安排之间缺少协调，救助资源还有待进一步整合。

四、完善全球金融治理，推动全球经济可持续发展

当前，经济全球化正处于最困难又最有希望的关键历史时点，国际金融危机的阴霾逐渐散去又未曾远离。在这种时候，更加需要完善全球金融治理，维护金融市场稳定运行，有效防范化解金融风险，推动全球经济迈向新的可持续发展之路。作为一个有机整体，全球金融治理从微观到宏观可以划分为四个层次：金融机构内部治理、国家金融治理、区域金融治理、全球金融治理。完善全球金融治理，也需从这四个方面协同推进。

（一）完善金融机构内部治理，夯实金融体系微观基础

金融机构内部治理是全球金融治理的基石，特别是系统重要性金融机构的

内部治理关系整个金融体系的稳健性。为此，要完善金融机构公司治理模式，业绩考核和激励机制要引导经理人关注企业和股东长期利益，优化风险管理方法，增强风险识别能力，提高信息披露透明度，完善金融机构内控制度，建立良好的公司治理机制，多措并举，共同夯实全球金融体系平稳有效运行的微观基础。

（二）完善国家金融治理，健全宏观审慎金融监管

随着金融全球化、金融创新不断发展，信息科技与金融深度融合，混业经营趋势深入演进，原有金融监管架构和治理体系已无法适应新形势的要求，亟待改革完善。一是建立综合监管框架。加强监管协调，减少监管缺位，消除监管套利，实现对各个金融市场、机构和产品的监管全面覆盖。二是加强宏观审慎监管。国际金融危机后，各方认识到个体机构稳健不等于整体金融稳健。要在继续做好微观审慎监管的同时加强宏观审慎监管，从系统性、逆周期的角度防范风险的积累和传播。三是加强对系统重要性金融机构的监管。优化对系统重要性金融机构的识别和分类方法，分别适用不同的业务准入、监管和退出标准，遏制金融机构贪大求规模的动机，完善系统重要性金融机构处置机制，解决"大而不能倒"问题。四是完善监管规则。结合各国实际情况，稳步推进《巴塞尔协议Ⅲ》实施，增强金融机构抵御风险能力。

（三）完善区域金融治理，强化地区金融救助机制

区域金融治理是全球金融治理和多边金融合作的重要组成部分。亚洲金融危机发生以来，在东亚地区，《清迈协议》、《亚洲债券市场发展倡议》（ABMI）、亚洲债券基金等相继登上历史舞台，为维护地区金融稳定起到重要的推动作用。拉美区域金融治理合作进展相对缓慢，但也有《共同支付和信贷协定》《临时流动性赤字互助多边协定》等前期基础。未来要加强东亚、拉美等重点地区的区域货币与金融合作，继续完善清迈倡议多边化（CMIM）协议、东亚及太平洋地区中央银行行长会议组织（EMEAP）、拉美外汇储备基金等合作机制，增强地区的风险抵御与互助能力，弥补现有国别和全球层面金融治理体系

的不足。

(四) 完善全球金融治理，构建合理稳定的制度框架

要改革国际货币体系和国际金融组织治理，为全球货币事务和金融活动开展构建稳定、有韧性的制度框架。一是要推动 IMF 治理改革。推动第 15 次份额总检查如期完成，提高新兴经济体份额和代表性，尽早打破美国一票否决权。二是要加强国际宏观经济政策协调。在全球经济一体化背景下，任何国家都难以独善其身。新兴经济体自身要练好"内功"，降低金融脆弱性。当前，新兴经济体人均 GDP 仅为发达国家的24%，正在加快推进工业化、城市化和全球化进程，蕴含巨大的增长潜力。要采取有效的宏观经济政策，引导更多资金投向促进经济可持续发展的领域，防止过度泡沫化，降低债务水平。有关发达经济体要担当责任，摒弃"自我优先"的战略，减少政策负面溢出效应。三是要推动人民币国际化。要继续降低国际货币体系对美元的依赖。当前人民币在全球外汇储备中的占比仅为 1.39%，人民币国际化道路任重道远。四是要优化应对国际金融危机的一揽子方案。当前，部分新兴经济体金融风险有所增加，局部金融危机的苗头开始显现。这迫切需要其有效管理跨境资本流动，加强危机预警，完善危机应对预案。各国要吸取历次金融危机经验教训，完善国际货币基金组织救助机制，充分发挥多边化机制作用，共同筑牢金融安全网，防范系统性金融风险。

全球经济进入分化与博弈新阶段

——2018 年全球经济金融回顾与展望①

2018 年是全球金融危机 10 周年。10 年前，国际金融危机发端于美国，席卷到全球，给各国带来了巨大冲击。10 年后，全球经济依然脆弱，不仅危机的深层次影响尚未消除，保护主义又卷土重来，给全球经济带来新的压力。一方面，世界经济没有延续上年的快速增长态势，由美欧同步复苏转向区域明显分化，主要经济体增速接近触顶，部分新兴市场国家出现金融动荡。另一方面，美国针对光伏、钢铝、汽车等产品在全球发起多轮贸易争端，世界范围内逆全球化兴起、民粹主义抬头、地缘政治冲突不断，对经济运行形成很大干扰。在此背景下，2018 年全球经济出现了新特征，呈现出明显的分化与博弈。

一是分化。2018 年 4 月以来，在全球贸易摩擦、美联储收紧货币政策、美元升值、全球美元流动性趋紧等因素影响下，全球经济扩张的均衡性开始下降。从经济增长方面来看，发达国家中美国经济"一枝独秀"，欧洲经济陷入疲软，新兴经济体中亚洲保持较高增长，其他地区增速放缓；从金融市场表现来看，发达国家总体稳定，波动率虽有所上升但仍低于历史水平，新兴经济体则出现货币贬值、资本外流、股市下滑、偿债压力上升等风险，阿根廷、俄罗斯、土耳其等国货币危机引起全球关注。

---

① 本文发表于《国际金融研究》2019 年第 1 期，文字略有修改。

二是博弈。全球化与逆全球化的博弈更加白热化。美国政府奉行单边主义和"零和博弈"思维，在全球范围内掀起频繁"退群"、加征关税、重谈双边协定等行动，以"破"促"立"，引发国际关系的失衡和贸易摩擦犹存，而G7、G20、WTO、APEC 等国际合作平台无法对美国保护主义形成有效制约，全球多边协调机制受到严重冲击。根据 WTO 统计，2018 年 5 月 16 日至 10 月15 日，G20 国家新出台了 40 项贸易限制措施，平均每个月 8 项，创 3 年来新高，其中，进口关税所覆盖的贸易规模高达 4810 亿美元，是上一个记录期间（2017 年 10 月 16 日至 2018 年 5 月 15 日）的 6 倍以上。与此同时，各国内外部政治力量的博弈加剧，引发经济社会矛盾，俄罗斯、伊朗受到美国制裁，英国脱欧波折、意大利预算困局、法国"黄背心"运动、卡塔尔退出 OPEC 等事件频繁爆出，增加了全球经济金融运行的不确定性。

展望未来，全球经济可能在 2019 年小幅回落。经济增长的上行动力依然存在。全球制造业仍在扩张，就业状况持续改善，通胀率温和上升，有利于企业扩大生产和提高薪资水平，推动投资消费增长。与此同时，经济下行风险日益加大。全球外国直接投资流量连续 3 年下滑，其中，2018 年上半年同比减少 41%，降幅创国际金融危机以来新高。全球贸易增速明显下降，过去长期以来担当经济增长重要推动力的贸易恐将成为经济发展的拖累。初步预计2019 年全球 GDP 增速为 3.1%，较 2018 年回落 0.1 个百分点。

2018 年也是中国改革开放 40 周年。过去 40 年，中国立足自身国情，依托自身优势，积极融入全球化，大力推动改革开放，在保持经济快速增长的同时，也为世界经济发展作出了重要贡献。

40 年来，中国经济年均增长 9.5%，增长速度和持续时间都在全球范围内名列前茅。中国成为世界第二大经济体，国内生产总值从不足 3700 亿元人民币增长到 90 万亿元人民币，增长超过 240 倍，占世界经济的份额达到 16%。2008 年国际金融危机发生以来，中国对世界经济增长的贡献已超过 30%，日益成为推动世界经济发展的强劲动力和稳定之锚。

40 年来，中国成功抓住了国际产业分工深化的历史机遇，工业化进程突飞猛进，成为全世界唯一拥有联合国产业分类中全部工业门类的国家。1990

年中国制造业占世界的比重仅为2.7%，居世界第九位，2010年占比提高到19.8%，跃居世界第一，自此连续多年稳居第一位。中国在全球产业链、价值链和供应链的角色正在发生改变，从"代工生产"走向"自主生产"，从"世界工厂"走向"世界市场"。

40年来，中国坚持改革开放，积极拥抱全球化，与世界各国的经贸联系日益深化。从"引进来"到"走出去"，改革开放为中国和世界打通了双向合作、互利共赢的发展之路。目前，中国是世界第一大货物贸易国，是全球130多个国家最大的贸易伙伴。2018年，在全球投资大幅下滑的情况下，中国吸引外资逆势增长，成为全球最大的外资流入国。中国不仅成为世界经济全球化的重要参与者，并逐步成长为世界治理格局中的积极贡献者和秩序引领者。

当今世界正处于百年未有之大变局。2018年，面对错综复杂的国际环境和艰巨繁重的国内改革发展稳定任务，中国坚持稳中求进的工作总基调，经济运行保持在合理区间，总体平稳、稳中有进的态势持续发展。但我们也看到，中美贸易摩擦犹存，在去杠杆和防风险大背景下，股市、汇市、债市、楼市波动增大，P2P"暴雷潮"涌现，经济增长下行压力有所增大。当前，世界经济复苏有放缓迹象，中国经济处于新旧动能转换的关键时期。我们应保持战略定力，坚定不移办好自己的事。2018年12月18日，习近平总书记在庆祝改革开放40周年大会上再次重申，必须坚持扩大开放，不断推动共建人类命运共同体。中国的发展得益于改革开放，未来还将坚定不移地沿着改革开放的道路走下去，与各国共同营造自由、开放、包容、有序的国际经济大环境，推动建设开放型世界经济，促进全球治理体系变革，为世界和平与发展不断贡献中国智慧、中国方案、中国力量。

第二篇
金融业开放发展与创新转型

围绕客户需求 创新银行模式^①

关于未来银行之路，我认为可以概括为 24 个字：拥抱变革、努力转型、持续创新、管控风险、面向客户、服务实体。有些内容我在不同的场合讲过，这里就不重复了。今天重点就银行变革、客户需求以及持续创新，和大家分享几点看法。

一、拥抱变革：银行业不变的基因

银行业作为知识、人才和技术密集型行业，从诞生以来就是在持续变革中获得发展的。花旗银行为了适应专业化服务的需要，在 20 世纪 60 年代推出事业部制，开启了银行业组织变革的序幕。汇丰银行为了适应综合服务的需要，从 20 世纪 80 年代加快了综合化经营步伐。为了适应金融自由化浪潮，花旗银行在 1961 年推出第一张大额可转让存单。为了提高客户服务效率，英国巴克莱银行在 1967 年推出了第一台电子提款机。这些变革每一次都使银行业迈上一个新台阶。回顾现代银行业的发展历程，可以说拥抱变革是其与生俱来的一个基因。

当前中国银行业正面临"四化同步"的趋势，如何变革成为各方关注的

① 作者于 2014 年 7 月 8 日在银行业发展论坛的演讲。

焦点：一是竞争主体多元化。民营银行、小额贷款公司、第三方支付公司、社区银行等新兴机构层出不穷，证券、保险、信托等行业对传统银行业务不断渗透，银行业竞争日趋白热化。二是利率汇率市场化。市场化改革进程加快，给银行业的成本控制、产品创新、风险管控带来更大挑战。多层次金融市场快速发展，越来越多的企业选择直接融资，"金融脱媒"趋势加快。三是人民币国际化。人民币成为企业全球贸易和投资活动的新选择，正在深刻改变世界的金融版图，为中国银行业参与国际竞争提供了历史性机遇，对银行业提升国际竞争力提出了新要求。四是金融服务网络化。随着宽带传输技术的革命性突破和移动互联网的广泛应用，信息技术已经成为一种生产力引擎，渗透到生产和生活的各个领域。以数字化、移动互联化、虚拟化、智能化为主要特征的信息技术创新，极大地改变了人们特别是年轻人的金融行为，必将深刻影响银行业的发展模式。

"四化同步"的挑战是空前的。但中国银行业从来就不缺乏开放的心胸和变革的勇气，再加上雄厚的人才优势、专业优势和系统优势，以及强大的资金和资本实力，中国银行业有信心、有基础、有能力在变革中突出重围、赢得未来。

二、服务客户：银行业永恒的主题

客户是银行赖以生存的基础，但实事求是地说，银行服务距离客户需要还有不小的差距。根据统计，截至 2014 年 3 月末，全国小微企业的贷款覆盖率仅有 20% 左右。也就是说，还有近 80% 的小微企业没有获得银行的资金支持。这表明，银行服务覆盖的广度、深度还远远不够，还存在巨大的服务空白。

同时还要看到，随着市场环境的变化和网络技术的发展，客户需求正在发生深刻变化。这种变化主要体现为 8 个字：随时、随地、随心、价廉。

第一，随时。随着电子商务的普及，商业形态从间歇性服务向全天候服务转变，客户消费和交易习惯也随之变化，需要银行业顺应"永远在线型社会"的潮流，提供 7×24 小时的金融服务。

第二，随地。在年轻一代看来，银行就是手机或者平板电脑上的应用，这需要银行深挖"移动"特性，利用各种新技术为客户提供"始终在你身边"的全场景金融服务。

第三，随心。客户需求越来越多元化，需要银行灵活快速地提供差异化、个性化、综合化产品和服务，根据客户的需要定制服务，实现"所见即所得，所想即所得"。

第四，价廉。客户要求获得银行服务的准入门槛越来越低，对于成本的控制也越来越严，需要银行尽可能提供低成本的服务。这与普惠金融的理念也是相通的。

市场竞争，得客户者得天下。面对客户不断变化的需求，银行必须始终坚持以客户为中心，将客户至上的宗旨体现在每一个产品、每一项业务、每一个环节之中，真正让客户享受到随时随地随心的低成本服务，在客户满意中获得持续发展的动力。

三、持续创新：银行业通向未来之路

要想在变革中赢得未来，关键在创新。银行业必须突破旧有的思维定式，以打造最佳客户体验为目的，积极探索和创造新的服务模式。

一是提升智能化水平。银行要通过渠道协同，实现线上线下的打通与互动，创造一致的客户体验。通过信息技术与金融服务的深度融合，使银行服务化繁为简，做到"一点接入、全程响应"，随时随地满足客户的需求。

二是打造服务枢纽。银行要通过建立开放式平台，构建广泛的合作联盟，稳步发展多元化业务，满足客户的全方位需求。以客户的需求为导向，从金融到泛金融，实现金融和相关产业的深度融合，打造服务枢纽，围绕生产生活的各方面提供全方位服务。

三是突破时空限制。银行要通过延伸服务半径，实现金融服务的广覆盖，加大对中小微企业、"三农"以及乡镇等欠发达地区的金融支持，填补传统金融服务的空白领域，普惠大众，切实担当社会责任。

四是打破疆界束缚。银行要以国家"走出去"战略和人民币国际化为契机，提高全球服务能力，统筹好海内海外两个市场。要积极跟随国家发展战略，整合产业链与服务链资源，为海内外融合发展搭建有效平台，为"走出去"企业提供信息咨询、交易撮合、资金结算、风险控制等综合服务。

五是促进客户自主成长。银行要借助兴趣聚合和高速传播的特点，为客户及合作伙伴提供平台、建立机制、明确规则，由客户与合作伙伴根据自身需求和利益定制个性化产品与服务，支持客户自主成长。

当前，中国银行正在按照"担当社会责任，做最好的银行"的战略要求，结合自身在全球化、多元化与智能化方面的独特优势，积极探索未来银行的新业态。一方面，中国银行正积极顺应银行网点智能化、网络化、互动化与综合化的发展趋势，加快网点升级改造。另一方面，中国银行全力推进网络金融，以互联网模式推进银行的创新与转型，利用大开放与大合作的方式打造网络服务平台，通过跨界融合的方式重构商业模式与业务流程，为客户提供更公平、更高效、更便捷、更安全的金融服务。

新常态下的中国金融业发展[①]

当前，中国经济进入新常态，中国金融业的发展环境和条件正在发生巨大而深刻的变化，中国金融业将进入一个平稳发展的新时期。借此机会，我想以"新常态下的中国金融业发展"为题，和大家分享几点看法。

一、新常态：金融业面临新环境

改革开放三十多年来，中国经济发展取得了举世瞩目的成就，年均增速达到 10% 左右，人均 GDP 由几百美元增加到目前 6800 多美元，贸易规模和外汇储备跃居世界第一。近年来，随着外部环境、内部条件和要素禀赋的改变，中国经济逐渐进入新常态：一是经济增长由高速增长转变为中高速增长；二是经济增长动力由投资和出口拉动向以消费驱动为主转变；三是发展模式由要素投入型、粗放型向创新型、集约型转变。

中国经济进入新常态，为金融业经营带来了新的挑战：

一是经济增速放缓，影响金融业潜在增长率。在新常态下，GDP 不再维持过去三十多年的增长速度。金融业作为顺周期性行业，其经营往往随经济波动而波动，资产规模增长、盈利水平以及资产质量将面临重大挑战。

[①] 作者于 2014 年 12 月 2 日在中国国际金融学会学术年会的主题演讲。

二是工业和投资增速下降，传统金融业务面临转型压力。我国工业增加值增速过去一直保持在15%以上，但近期开始明显放缓，2014年前10个月工业增长仅为8.4%。与此同时，投资增速也在减缓，前10个月增速低于去年同期4个百分点，制造业、房地产和基础设施三大投资同步减速。传统金融业以大企业、工业和投资项目为主的业务面临挑战。

三是市场化改革深入，考验金融机构定价和风险管理能力。利率市场化将允许更多金融机构自主定价，激烈的市场竞争将更加考验金融机构的定价方式、定价策略和定价能力。同时，受利率波动幅度加大等因素的影响，金融业面临较大的利率风险和流动性风险。

当然，新常态也蕴含着金融业新的发展机遇：

第一，经济结构转型，蕴藏金融新需求。中国正在推进新型工业化、信息化、城镇化、农业现代化，不断改善需求结构、优化产业结构、促进区域协调发展。在此背景下，居民消费、农业、服务业、战略性新兴产业以及区域金融服务的需求将快速增加。

第二，利率市场化以及直接融资发展，为非传统金融业务提供了广阔空间。利率市场化增加了企业和个人的融资和投资风险，刺激了风险管理需求的增长，直接融资发展带来了非牌照类投行业务、交易业务、金融衍生品以及综合化经营的巨大潜力。

第三，互联网等信息技术变革，金融业机遇明显。互联网等信息技术为金融业提供了强大工具。金融业不仅可以凭借大数据处理能力和低廉的服务成本提供更好的金融服务，而且可以依托信息平台拓宽管理的时空半径。

二、新定位：金融业需要实现五大转变

面对中国经济新常态，中国金融业发展需要重新定位，加快实现"五大转变"，以应对新形势和新挑战。

第一，经营目标从注重自身盈利为主向更好地支持实体经济转变。"百业兴则金融兴"，离开了实体经济的发展，金融业就是无源之水、无本之木。总

结这次国际金融危机的教训，深层次原因正是金融领域和实体经济领域的长期失衡。我国经济走向新常态，要实现经济和金融的新跨越，要求金融和实体经济相辅相成，金融业以支持实体经济发展为使命，通过不断创新产品和提升服务水平支持实体经济发展，实现与实体经济"共生共荣"。

第二，金融结构从单一化向均衡化转变。当前，我国金融结构不平衡性比较突出。从融资结构来看，间接融资占绝对优势地位，2014年前三季度，以企业债券以及股票融资为代表的直接融资占比为16.7%；从金融机构来看，2013年末，银行业资产为151.4万亿元，占全部金融机构资产的比重超过70%；从金融产品来看，传统的存贷汇、保险、投行、基金管理等业务和产品占主导地位，资产证券化、金融衍生产品以及服务小微企业、消费信贷的创新性业务还处于发展之中。随着我国经济走向新常态，增长动力将更加多元，要求金融结构也更加多元，实现直接融资、间接融资协调发展，不同类型金融机构协调发展，以及金融产品和服务的多元化发展。

第三，增长模式从外延粗放型向质量精细型转变。传统金融业增长模式的一般特征是外延粗放，主要表现为以资产规模的增长带动盈利能力的提升。以银行业金融机构为例，2006年到2013年的8年间，净利润增速高达28.5%，同时总资产规模由44万亿元快速上升至151.4万亿元人民币，年均增速高达19.3%，对净利润增长的贡献率高达90%以上。随着我国经济走向新常态，资金来源增长放缓，定价机制更加市场化，金融业不能再依靠规模扩张来获得收益，向内挖潜、向管理要效益、质量精细型增长模式成为必然选择。

第四，服务领域从以国内为主向内外协调发展转变。过去几年，中国金融业在国际化发展上取得了较大的发展，但与实体经济的需求尚不匹配，一个重要表现是，目前中国已经是全球第一大贸易国、第二大吸引外商投资国，对外投资也迅速增长，但是中国金融业的国际化水平依然较低，海外金融服务与产品的丰富性、复杂度与人民币国际化、资本开放的要求不匹配，特别在投资银行、外汇衍生品、全球交易银行服务方案、资产管理等方面，中国金融业还有较大的提升空间。随着我国开放型经济新体制不断完善，人民币国际化进程持续推进，将显著加快"走出去"和"引进来"步伐，带来巨大的跨境金融服务需求。如何利用好境内境外两个市场、两种资源，将成为中国金融业的必修课。

第五，驱动因素从"拼"资源向"比"创新转变。随着我国经济走向新常态，市场活力进一步释放，金融业要想在变革中赢得未来，关键在创新，突破旧有的思维定式，积极探索和创造新的服务模式。当前，随着电子商务、移动互联的普及，商业形态从间歇性、固定区域的服务向全天候、全场景的服务转变，客户消费和交易习惯正在发生深刻变化，要求金融业提供"随时""随地""随心""价廉"的服务，这要求金融业不断提升智能化水平，创建全方位的服务枢纽，突破时空限制，打破疆界束缚，充分满足客户需求。

三、新战略：面向未来转型发展

新常态下，中国金融业要加快实施主动转型战略，把握新机遇，迎接挑战，实现持续稳健发展。

一要紧紧围绕实体经济，加快结构调整。加大对棚户区改造、"三农"、小微企业、水利、环保等国民经济发展薄弱环节和领域的金融支持。加大对先进制造业、电子商务、战略性新兴产业、文化创意等领域的信贷支持。建立多层次资本市场，进一步拓宽市场主体的融资渠道。放宽市场准入，大力发展和规范民营金融，发展多元化的金融结构。

二要践行国家"走出去"战略，拓展国际化经营。目前，全球价值链正在重塑，全球区域经济金融合作方兴未艾，国家大力推进"一带一路"建设，越来越多的中国企业和个人"走出去"，为中国金融业"走出去"提供了历史性机遇。中国金融业要积极跟随国家发展战略，统筹好海内海外两个市场，加快整合产业链与服务链资源，提高全球服务能力，为海内外融合发展搭建有效平台，为"走出去"企业和个人提供信息咨询、交易撮合、资金结算、风险控制等综合服务，用金融的力量搭建起中国企业和个人走向世界的桥梁。

三要顺应科技发展趋势，积极介入互联网金融。在网络和大数据时代，金融业应以技术创新为引领，更加主动拥抱互联网金融变革。要以客户需求为导向，按照全新的商业模式特征和用户行为习惯提供全流程、全链条的综合金融服务解决方案，同时加快渠道协同，实现线上线下的打通与互动，使客户"所见即所得，所想即所得"，打造最佳客户体验。

四要加快人民币国际化进程，谋求与经济地位相适应的货币体系地位。目前人民币已成为全球第七大支付货币、第九大交易货币和第二大贸易融资货币，但与我国作为全球第二大经济体和第一大贸易国的地位仍有一定差距。未来人民币国际化要继续围绕"走得出、海外留得住、回得来"这三个环节重点布局，加快人民币在对外投资、对外援助中的使用，并适时加快资本账户开放，培育人民币离岸金融市场。

五要在依法治国的大背景下，完善金融法律体系，加强金融业合规经营。要进一步加快《中华人民共和国商业银行法》等法律法规的修订，使金融业运行在更加健全的法律制度框架下。金融业自身要强化法治理念，将法治思维融入金融业经营决策和管理的各个环节，始终坚持依法合规经营。要加强社会综合治理，动员各方力量形成合力，加大对各类金融违法犯罪的打击力度，为金融业发展营造良好的氛围。

适应经济发展新常态
开创贸易金融新空间①

刚刚过去的 2014 年，全球经济形成分化格局，中国经济运行保持在合理区间，进入新常态。展望 2015 年，全球经济增速有望加快，中国政府将狠抓改革攻坚，突出创新驱动，主动适应经济发展新常态。面临国内外环境的新变化，贸易金融的发展会出现新的机遇和新的空间，我想就此谈几点想法。

一、新常态下我国贸易金融环境面临新变化

近年来，随着外部环境、内部条件和要素禀赋的改变，我国经济逐渐进入新常态：一是经济增长由高速增长转变为中高速增长；二是经济增长动力由投资和出口拉动向以消费驱动为主转变；三是发展模式由要素投入型、粗放型向创新型、集约型转变。在此背景下，我国对外贸易从高速增长转向中高速增长，贸易金融环境面临以下几方面新变化。

第一，对外贸易结构不断优化。2013 年，中国超过美国成为全球第一大货物贸易国。在贸易规模扩大的同时，对外贸易结构也不断优化，中国高技术产品出口在出口总额中比重高达 30%。2014 年前三季度，服务进出口总额达

---

① 作者于 2015 年 1 月 23 日在第四届中国贸易金融年会的主题演讲。

4305 亿美元，比上年同期增长 10.2%，高于货物贸易增速 6.9 个百分点。同时，对外贸易更加便利化，京津冀、珠三角、长江经济带等区域全面启动通关一体化，大幅度节省企业通关成本。

第二，"一带一路"和自贸区助力外贸发展。"一带一路"将坚持经贸先行，结合沿线国家产业特色，一国一策发展特色产品贸易、生产加工和基建合作。2014 年，我国与"一带一路"沿线 64 个国家贸易额接近 7 万亿元人民币，占同期外贸总额的近四分之一；同比增长 7% 左右，增速高于同期外贸总额 3.6 个百分点。相信随着"一带一路"建设的深入推进，贸易规模还将进一步提升。

我国双边和多边自贸区建设进程加快。2014 年 11 月，中韩、中澳自贸协定完成实质性谈判。截至目前，我国已签署 12 个自贸协定，涉及 20 个国家和地区。这些对外自贸协定的签订，必将有助于我国外贸稳定较快发展。

第三，人民币国际地位有望继续提升。过去几年，人民币国际化取得了长足发展。目前，人民币已成为全球第七大支付货币，未来几年人民币国际化将继续快速推进，并且将进入经常项下和资本项下同步推进的新阶段，实现由跨境循环逐步向离岸循环的跨越。我们有理由相信，再过 10 年，人民币或将成为与美元、欧元并列的国际货币体系中的重要一极。

二、新形势下贸易金融面临新机遇

新形势下，商业银行贸易金融业务也将迎来全新的发展机遇。

第一，对外贸易新格局拓宽贸易金融市场区域。随着我国贸易规模的扩大和贸易结构的升级，我国与世界经济特别是与亚太、拉美、非洲等新兴市场的互动融合不断增强，中国企业"走出去"的规模、层次和水平也不断提升，银行将面临更广阔的市场区域和更广泛的客户群体，在跨时区、跨国家、跨币种等维度上的国际结算、贸易融资和担保等服务需求也随之增加，这将带动利率汇率风险规避、跨市场投资理财等贸易金融产品的创新。同时，这也为中资银行获得大量海外企业和个人客户资源、打入海外主流市场提供有利条件。

第二，"一带一路"激发贸易金融业务新活力。作为我国新一轮对外开放的战略支点，"一带一路"是扩大开放、加强合作的重要举措。随着我国与"一带一路"沿线国家合作的进一步推进，相关贸易规模和对外投资将进一步提高，将为贸易金融在助推跨境贸易和投资合作方面注入新的活力。

第三，人民币国际化趋势引领贸易金融发展新方向。随着人民币在境外流通量的增长、被境外主体接受程度的提升和多个离岸人民币中心的形成，跨境人民币结算量快速增长，2014年全年，我国跨境人民币结算量达7.6万亿元人民币，同比增长47%。这意味着与人民币相关的贸易金融服务需求在增加，中资银行可以通过人民币服务获取大量的离岸客户，进一步带动相关贸易金融产品的创新。同时，国际大宗商品交易领域将有可能引入人民币计价，这为中资银行深度参与国际大宗商品交易创造条件。人民币国际化的进一步推进将对我国商业银行贸易金融业务的发展产生积极而深远的影响。

三、开创贸易金融发展新空间

我国经济发展进入新常态和重要战略机遇期。未来，贸易金融将依托我国强大的贸易规模和地位，发挥与实体经济紧密结合的特点，以"一带一路"、人民币国际化等战略为契机，开创发展新空间。

第一，支持"一带一路"建设，促进贸易金融服务升级。"一带一路"是我国未来较长时期构建开放型经济新体制的重要立足点。我国商业银行要扩大对"一带一路"建设的融资规模，促成沿线产业和贸易合作；积极介入标志性合作项目，关注"走出去"企业及其境外的交易对手，做好全交易流程的结算、融资、担保、风险管理等服务；与沿线国家金融同业建立全面代理行关系，加强在汇兑、结算、融资等领域合作，并在此基础上创新更加便捷高效的支付工具和方式，促进服务升级。

第二，以人民币国际化为契机，加快相关产品创新。在人民币国际化进程加速的背景下，商业银行应加快开发人民币跨境贸易与投融资产品、外汇交易产品与人民币跨境现金管理产品；积极参与离岸人民币市场建设，推出更多的人民币直接交易品种，拓宽资金来源和运用渠道。同时，发掘大宗商品人民币计价结算、套期保值等业务机会，推动人民币进入国际大宗商品计价交易体系。

第三，加强各类风险防范，实现贸易金融稳健发展。商业银行要始终坚持"了解你的客户""了解你的业务"的基本原则，加强贸易背景的真实性调查和审查；要顺应监管导向，合理设计交易流程，确保资金流向实体经济领域；要重视跟单信用证、保函等传统贸易结算工具的风险缓释功能，以此弥合新市场中交易双方的信任缺口；要提高风险管理的前瞻性，从单一客户、单笔交易的风险管理转向综合性和系统性的风险管理。同时，还应制定完备、规范的贸易金融业务操作规程，实现风险管理的各司其职、分工制约。

第四，加强相关环境建设和监管协调，助力贸易金融科学健康发展。从多个方面尝试开展信用环境、政策环境、金融运行环境的建设。例如，设立多样化的"走出去"风险分散机制，分担商业银行的后顾之忧；加强监管机构之间的沟通，实现本币与外汇政策、银行与非银行业务监管原则的协调；建立贸易违约信息沟通机制，为制定有关标准和优化监管政策提供有益参考；等等。

贸易金融业务是经济发展的助推器、商业银行积极践行国家战略的重要抓手和改革攻坚促进经济转型的重要手段。贸易金融业务的发展要在坚持习近平总书记提出的"稳中求进"的工作总基调的基础上，主动适应"新常态"，这是我们今年乃至今后一段时期努力的目标与方向，这也需要社会各方的共同努力。

新常态下的银行经营管理①

2014 年，习近平总书记提出并深刻阐述了经济新常态的理念。对于我国银行业而言，充分认识新常态下行业发展的特点和规律，主动转变经营理念，加快推动转型发展，将成为当前和今后一个时期经营管理的核心逻辑。

一、新常态下银行业呈现新的特点和规律

（一）进入高风险、低回报的新阶段

随着经济减速换挡，银行业将进入一个高风险、低回报的发展阶段。一是增长速度逐步放缓。根据经验数据，我国名义 GDP 每增长 1%，需要贷款增长 1.75% 左右，再考虑到直接融资占比的上升，未来 3 年，我国银行业信贷平均增速将由过去 10 年的年均 18% 下降到 10% 左右。二是风险成本和资金成本"双升"。随着经济周期的下行，不良贷款趋势性上升，商业银行需要计提更多风险拨备，风险成本明显上升。同时，在利率市场化背景下，存款分流、监管加强，商业银行吸收资金的成本也不断上升。三是利息收入增速下降。目前，我国银行业收入 80% 以上来源于存贷款利差。随着利率市场化推进，过度依赖利息收入的业务模式将难以为继。

---

① 本文发表于《中国金融》2015 年第 6 期，文字略有修改。

（二）竞争主体更加多元

随着中国经济转型升级和金融改革深化，以间接融资为主的金融体系面临改变，未来银行竞争将呈现主体多元、边界模糊、程度加剧的新特征。一方面，多层次资本市场建设将加速推进，证券、保险、信托加快发展，预计未来5年银行贷款在社会融资总量中的比重将从目前的65%左右下降到60%以内。另一方面，更多民营资本将进入银行体系，小额贷款公司、第三方支付公司、社区银行等新兴机构层出不穷，互联网金融对银行的跨界渗透也将不断深入。此外，商业银行传统的资金中介业务将面临直接融资市场的更大挑战，支付结算、托管、理财、投资银行、信用卡等非利息业务也将不断受到非银行金融机构的挤压。

（三）发展动力更加多样

一是跨境金融迎来"新蓝海"。"一带一路"倡议出台、亚太自由贸易区启动，将为商业银行带来巨大的跨境金融服务机会。人民币国际化深入推进，为我国银行业参与国际竞争提供了历史性机遇。二是经济结构转型蕴藏新需求。我国消费金融发展潜力巨大，老年储蓄、投资理财产品、倒按揭等养老金融业务将加快发展。同时，我国产业结构升级调整速度加快，农业、服务业、战略性新兴产业等的金融需求将不断涌现。三是金融市场化改革带来巨大潜力。利率市场化、汇率形成机制改革将给商业银行加快产品创新带来机遇。直接融资市场快速发展也将给非牌照类投行业务、交易业务、金融衍生品业务以及综合化经营带来巨大的机会。

（四）金融风险更加复杂

在我国经济新旧常态交替之际，多重金融风险交织，风险传染性更强。一是信用风险面临巨大压力。相关研究表明，未来3年，银行不良贷款率可能逐渐增至2%左右。二是流动性风险上升。随着同业业务的快速发展以及影子银行规模的不断扩大，资金将更频繁地在银行间、银行体系和货币市场、债券市场、证券市场间流动，这将加大金融体系的流动性风险，也使这些市场之间的风险传染性增强。三是操作风险、声誉风险等的管理难度加大。理财产品和同业业务快速发展，微博、微信等新媒体大量涌现，对商业银行合规经营、操作风险管理提出了新的课题，也加大了商业银行声誉风险管理的难度。

（五）银行监管更加严格

国际金融危机以来，全球金融监管环境发生了深刻的变化。IMF、FSB、BIS 等国际组织提出各国必须对原有的监管理念和工具进行反思，提出了宏观审慎管理框架，推出了更为严格的《巴塞尔协议Ⅲ》等。我国建立起了以金融监管联席会议制度为主要载体的宏观审慎监管框架，并实施了比国际同业更为严格的监管要求。在加强宏观审慎管理的同时，监管机构也加快了对融资平台、影子银行等问题的治理，不断强化微观审慎监管能力。总的来说，监管环境日趋严格加大了商业银行的合规成本，也对商业银行的金融产品创新、资本补充等提出更高要求。

二、新常态下商业银行必须主动转变经营理念

（一）由"求大"向"求好"转变，追求内涵式发展

在经济新常态下，商业银行必须从提升核心竞争能力和盈利能力出发，全面提升资本、成本、流程、风险、定价、客户、人才等方面的管理水平，真正实现内涵式发展。要加快推动内部业务流程改造，实现渠道交付网络化、客户管理精准化、产品研发灵活化、风险管控系统化、运营保障弹性化、决策支持数据化、综合管理自动化。要以经济资本等风险管理工具为核心，推动资本管理、风险管理和资产负债管理的协同和融合。

（二）由"求全"转为"求新"，追求差异化经营

经济新常态将导致我国银行业竞争更为激烈，但是也给商业银行带来更大的经营灵活性和自主创新空间。不同类型的银行必须形成多层次、差异化的竞

争格局，细分客户、找准主要的客户定位，充分发挥自身比较优势。例如，资本雄厚、技术先进、具有全球性服务网络的大型银行，应该在全球范围内向客户提供包括商业银行、投资银行、保险公司等在内的综合金融服务；在某些业务上具有优势的银行，应集中精力和资源发展该领域业务，不断提高运营效率。

（三）由"求快"转为"求精"，追求精细化管理

要进一步加强资本约束在经营管理中的引领作用，促进业务结构持续优化，走规模与效益并重、风险与收益相平衡的资本节约型发展道路。精细化管理最终体现在精准定价上。首先，定价目标要服务于经营目标，统筹兼顾实现利润最大化、抢占市场份额、完善风险控制、优化客户服务等子目标。其次，要健全定价决策机制，采用丰富的定价工具，完善定价信息系统，建立专业规范的定价政策。最后，强化高效的定价执行与后评价，建立快速反应的价格审批机制，定期检查分析定价结构，提高定价执行效率。

价值观和理念是一个企业经营的灵魂。无论经济形势、经营环境如何变化，银行担当社会责任、服务实体经济的理念和价值观不能变。在经济新常态下，商业银行更应把发展融入国家经济发展和社会进步的整体格局之中，始终站在国家层面谋划事业、推进发展。要顺应时代潮流，努力抓住全球化、信息化变革带来的机遇，努力成为在全球化进程中优势领先的银行、在科技变革中引领生活方式的银行。要高度重视对股东、员工和社会的责任，夯实银行业长期发展的基础。

三、新常态下商业银行必须牢牢把握发展机遇

银行业金融机构应当以高度的敏感性和主动性，把握新机遇，实现新发展。

（一）要牢牢把握国家战略机遇

一是做人民币国际化的高速引擎。中资银行在人民币业务领域具有天然优

势，人民币国际化正是中资银行提升国际地位的大好时机。要积极地向海内外市场推介跨境和离岸人民币业务，推进人民币基础设施建设，不断创新离岸人民币存贷款、资金产品、衍生产品与大宗商品服务，积极参与人民币定价机制培育，借人民币国际化机遇，努力拓展新业务、争揽新客户、培育新领域，提升中资银行在国际金融市场中的影响力。二是做"一带一路"的金融大动脉。商业银行应当密切跟随"一带一路"蓝图规划，做好中国对外投资及产业转移的对接；充分发挥信贷资金的支持作用，为重大项目提供融资保障；充分发挥信用中介的撮合作用，在参与者之间发掘更多合作机会；充分发挥金融机构的专业优势，为各国深化经济往来提供一揽子金融服务。三是做京津冀协同发展和长江经济带建设的引水渠。商业银行要深刻领会两大区域规划顶层设计的要义，根据区域功能定位，提高专业化、针对性的金融服务能力，保障产业转移和承接过程中资金支持的连贯性，做好区域间金融服务对接，确保资金链服务于产业链。

（二）要牢牢把握重大项目机遇

在"走出去"项目方面，近年来，中国企业"走出去"的步伐不断加快。跨国投资涉及迥异的监管与经营环境，在资产估值、市场评价、时机把握、融资安排等关键环节，商业银行在海外的经营经验都可以起到重要作用。商业银行应积极通过资金支持、顾问服务、关系引荐等方式，扶植中国企业在海外扎根立足，提升中国企业的国际竞争力。在"引进来"项目方面，银行海内外分支机构要加强信息收集与交流，通过海内外联动和集团协作，第一时间接洽海外高科技、高附加值的项目，帮助符合产业转型升级要求的优质项目在国内成功嫁接，助推我国产业转型升级。在国内产能转移方面，商业银行要从战略高度认识产能转移的重要意义，充分发动国内外各方力量，利用银团贷款、项目融资、助力收购兼并等多种形式，推动国内产能向国外转移。在基础设施建设互联互通方面，基础设施互联互通不仅是中国区域平衡发展的重要举措，也是亚太合作提速的重大抉择。商业银行要充分发挥主观能动性，运用债券融资、资产证券化等多种手段，加快基础设施建设，提升经济发展后劲。

（三）要牢牢把握优质客户机遇

大力营销全球 500 强企业客户。目前我国部分大型银行已经具备了和国际先进同业竞争全球 500 强客户的实力。应充分借助国家战略和重大项目机遇，进一步满足全球 500 强客户的个性化需求，不断提升专业化、定制化、综合化服务水平，提高业务合作深度及中资银行业务份额。大力拓展高端个人客户。伴随着居民收入的持续增长，居民对财富管理的需求大幅提升，消费信贷的前景也非常广阔。商业银行应贴合市场需求，加快设计研发专属产品，搭建健全的产品体系，在客户细分基础上，量身定制高质量的咨询顾问和综合性产品方案，满足客户个性化需要，通过优化客户资产配置来做大资产规模和收入。大力扶持新兴产业、服务业以及具有市场活力的小微企业。目前，服务业也已经超过第二产业成为我国经济增长的最主要动力，小微企业在技术进步和社会职能中也将发挥越来越重要的作用。商业银行要改变传统的单一抵押贷款模式，推出针对小而散、轻资本融资的信贷管理模式，并相应调整风险管理和资产负债结构管理方法。

（四）要牢牢把握高端产品机遇

在公司金融方面，企业融资方式选择越多元，对于金融服务要求就越专业、越综合，要着力打造具有高技术含量的复合金融产品体系，从依靠贷款规模竞争转向依靠技术实力竞争。在个人金融方面，伴随着个性化、多样化消费渐成主流，银行于客户而言的"存在感"将至关重要。商业银行要改变等待客户上门的"坐商"模式，加快多渠道多形式的产品创新，打造能够真正融入客户日常生活的产品，打造每天都与客户亲密接触的"天天银行"，加强系统大数据架构设计和客户行为精细化分析，提前介入客户消费计划。在金融市场方面，多层次资本市场的加快发展及金融风险的复杂化，将催生更多、更高端的金融市场业务需求。商业银行应当加快培育专业队伍，着力打造全球资金交易、汇率风险管理、黄金与大宗商品融资、人民币衍生品等具有较高技术含量的产品体系，加强海内外债券承分销、代理跨境投资、资金托管等服务能力，提高金融市场业务贡献，把技术含量高的业务做大做强。

四、新常态下商业银行必须积极探索新的发展模式

（一）要探索全球银行模式

一是积极构建全球化的服务网络。要加快通过设立机构、建立代理行关系、建设全球一体化的信息科技系统等方式，构建在时间和空间上连续服务的物理网络和虚拟网络，以全球服务网络为依托，形成面对国内外企业的多地点、多时区的一站式闭环服务网络，提高企业跨国经营的便利性。二是不断打造全球化的产品服务。能否提供全球化的产品服务是全球化银行的根本判断标准。商业银行要重点提高全球现金管理能力，只有能够帮助客户开展跨境资金运作、实现全球账户统一管理的银行，才有可能成为跨国企业的业务主办行。同时，商业银行要加快培育个人跨境产品与服务体系，加强与国际金融同业合作，不断扩展产品覆盖面，满足日益增长的个人跨境金融需求。三是持续提升全球化的管理水平。商业银行要加快提升市场分析与规划能力，及时捕捉国际金融市场动态，科学制订区域发展规划和战略决策。要加快提升全球化风险管理能力，不断完善对国别风险、汇率风险等与全球化经营紧密联系的风险识别与分析系统，加强全面风险管理。要加快提升全球化资源配置能力，做好资金跨区域、跨国境的统一调配，降低资金来源成本，提高资金运用收益。

（二）要探索综合经营模式

要充分发挥存量资源优势，拓展收入来源。在利率市场化和金融脱媒的大背景下，商业银行传统的存贷业务空间受限，但短期内仍然拥有其他金融企业无法比拟的存量客户资源和渠道资源优势。商业银行必须紧紧抓住业务转型窗口期，整合保险、基金、证券、租赁、信托等多种行业资源，实现"一个窗口、多种产品"，充分发挥交叉销售带来的成本节约优势，成为各类金融服务的集散地和整合者，弥补传统存贷业务发展缺口。通过集团协同、跨业合作，让综合经营成为商业银行开展金融创新、优化收入结构、提高风险资产收益率

的重要支撑。要完善公司治理和防火墙制度。综合经营要防止风险的"多米诺骨牌效应"，防止风险过度集中。商业银行应加快建立与综合经营相适应的全面、垂直的风险管理体系，确保风险可控。严格按照法律规定和监管要求，做好责任确认和风险隔离，做好对客户的宣传教育工作，保障金融系统安全稳定运行。

五、新常态下商业银行必须积极运用现代科技

（一）要加快开放平台建设，构建金融生态

一是要加快开放的技术平台建设，包括金融应用商店、服务接入平台等，向社会提供安全、稳定、简洁的金融接入服务，吸引广泛的合作伙伴、客户进行应用的混聚，将金融基础服务和客户自身应用逻辑进行融合，催生新的业务模式；二是要以平台化思维与开放的心态，不断完善规则，建立广泛合作联盟、构建金融生态。

（二）要夯实标准化基础，满足个性需求

要将过去在实体网点通过柜台销售的基金、证券、理财等产品与服务融入网络平台，不是简单地从线下迁移到线上；要解构传统银行产品和服务流程，形成标准化的产品和服务要件，逐步建立网络银行的服务基础；要深度分析客户行为、消费习惯、风险偏好等，智能识别客户需求；要有将标准产品、服务要件快速组装的能力，为客户提供个性化的贴心服务。

（三）要挖掘海量数据，做好小微交易

银行要沉淀业务开展过程中的结构化数据与非结构化数据，整合跨行业信息资源；要建设基于网络的资信评估与风险识别的模型，准确掌握小微企业及个人客户的信用，并对客户资信进行在线跟踪；要建设客户行为分析模型，研究不同客户细分群体产品分布，寻找客户趋势特征，帮助小微企业及广大个人客户在线获取服务、达成交易。

（四）要推进跨界融合，发展跨境电子商务

网络银行建设将充分融合中国银行的百年历史沉淀与互联网的本质，依托全球业务布局与多元化平台的独特优势，建设跨境电子商务平台，整合服务链与产业链资源，为"走出去"企业提供一站式服务，进一步提高企业开拓国际市场的能力。

（五）要把握移动互联，推进移动支付

随着移动互联网带宽的迅速增长，移动互联网的实时性、交互性、低成本、个性化、位置感知能力成为移动用户迅速增长的服务需求。要利用移动互联重塑银行的产品与服务体系，将银行主要产品与服务快速推向移动端，做到传统银行随身携带，随时、随地提供服务；要广泛开展对外合作，构建安全、互信、开放、全程的移动金融基础服务平台，不断丰富移动支付产品，创新发展 O2O 业务模式，在为客户提供更加丰富多彩的选择的同时，实现从"跟随潮流"到"引领潮流"的转变。

六、新常态下商业银行必须管好新的金融风险

（一）要加强信用风险管理

商业银行要提高对各类信用风险的识别和计量能力，建立起以信用风险为基础的定价策略和定价模型，提高金融产品定价的科学性，改进风险与收益的匹配。随着商业银行盈利空间和扩张速度的不断降低，金融发展模式及产品的创新将日益增多，因此要有效防范通过信用衍生产品转移信用风险。要进一步规范绩效考核结果导向。在新常态下，盲目地追求资本与规模的扩张，必将加大引发大规模信用风险的可能性。因此，发展目标科学实际、管理手段清晰明确、激励措施赏罚分明的绩效考核导向，在信用风险防范中将发挥重要作用。

（二）要加强流动性风险与市场风险管理

提高对流动性风险和市场风险管理重要性的认识，正确处理好安全性、流

动性和盈利性的关系，将流动性风险和市场风险控制作为一个动态管理过程，加强最高管理决策层防范、控制和化解风险的决策意识，并将流动性风险和市场风险控制提升到银行发展的战略高度。要进一步优化资产配置，拓宽融资渠道，完善监测与预警体系建设。

（三）要加强操作风险管理

新常态下，商业银行的操作风险呈现多发趋势，内外部欺诈案件数量不断增多。商业银行现有的管理层次是传统管理—认识—监控—量化—整合的过程。随着经济新常态下商业银行运营不确定因素的增多，一方面，要从分析内、外部影响因素入手，构建有效的操作风险评估机制；另一方面，要通过审计监督手段实施扎实有效的内部审计，不断揭示银行业务不足及管理缺陷，从而达到降低操作风险的目的。

（四）要加强声誉风险管理

新常态下银行风险的不确定性加强，其他风险转化为声誉风险的概率大大增加。面对声誉风险的不确定性，金融机构自身的内部管理和市场纪律约束力将是防范风险的根本，客户对商业银行体系的信任和信心是商业银行体系稳健运行的关键。此外，要进一步建立多层次的沟通渠道，提升危机公关能力，不断树立正面、积极的经营形象。

七、新常态下商业银行必须加快完善新的经营机制

（一）要加快完善综合定价机制

利率市场化后的一段时期内，价格竞争将成为商业银行竞争的主要内容。商业银行必须建立完善的成本约束机制，健全利率定价机制。商业银行需要按照风险与收益对称的原则完善利率定价的各个环节，遵循贷款利率覆盖资金成本与管理成本、满足风险溢价和资本回报要求等的定价准则，全面梳理并健全资产风险定价、风险成本定价、管理成本定价、内部资金转移定价等各方面的

定价制度，以及与之相关的绩效考核制度。

（二）要加快完善产品创新机制

在经济快速增长期，商业银行产品创新呈现模仿较多、客户体验不佳、结构不合理、技术含量低等特点。在新常态下，简单粗放的创新模式将难以为继。为此，商业银行必须完善创新体系和流程，健全业务创新组织管理体系，按照新颖性、适用性、完备性和效益性原则加大激励力度，同时进一步优化业务创新流程，建立从客户发现、客户需求到业务创新和反馈的一整套操作规范，形成从了解客户到满足客户的完整循环。要更加注重创新产品的风险管理，建立完整、有效、合理的风险管理体系与内控机制，完善全过程、动态跟踪的管理体系，积极而又稳健地开展产品创新活动。

（三）要加快完善科技管理机制

要建立有效的科技安全管理制度。当前银行业网络安全和信息化建设还存在核心技术受制于人、网络安全威胁加剧等风险和挑战，信息科技治理机制还不顺畅，"重建设、轻管理，重开发、轻运维"的不平衡问题还比较突出，互联网环境下技术和业务模式的快速变革对银行业科技创新提出新的要求，发展转型迫在眉睫。商业银行要处理好安全与自主、替代与转型、风险与创新三方面的关系，切实做好顶层设计，加强战略谋划，实现"从封闭向开放""从粗放向精细""从失衡向平衡"三个转变，不断提升信息科技治理能力现代化水平。

（四）要加快完善人力资源机制

商业银行间的竞争实质是人力资源的竞争。在经济新常态下，进一步完善人力资源机制，在人力资源方面充分地"挖潜"和"整合"，有利于提高商业银行的整体竞争力。要进一步提升对人力资源的认识，加快培养专业型人才，充分做到才尽其用。要进一步整合业务流程，充分释放人力资源潜力。

提升商业银行国际化水平①

魏革军：感谢您接受《中国金融》杂志的采访。伴随着我国企业"走出去"和人民币国际化进程的推进，我国银行业不断加快国际化步伐，在全球金融舞台的作用日益重要。您怎样看待目前的银行国际经营环境？其对银行的海外业务发展带来哪些影响？

陈四清：当前，全球经济整体处于复苏态势，预计全年增长有望达到3%，但不同地区的经济走势存在明显分化态势。受货币政策仍将宽松、能源价格低位运行以及楼市、股市等资产价格上升等因素影响，美国经济增长力度有望增强，但美联储有可能加息的预期将对全球资本流动、大宗商品价格乃至经济增长产生重大影响。欧元区和日本经济将继续受益于QE政策、汇率走弱以及能源价格下行，预计2015年将分别增长1.5%和1.2%，但是，希腊债务问题久拖不决可能对欧洲经济带来不利影响。在新兴市场，亚太地区经济增长最为强劲，中国和印度预计全年将分别增长7%和7.5%左右，东欧和拉美地区分别受到俄罗斯和巴西陷入衰退的影响，经济增速较为低迷。中东和非洲地区受到大宗商品价格低迷、地缘政治不稳和外部需求疲软的影响，增长相对缓慢。

与此同时，国际金融监管环境也日趋严格。《巴塞尔协议Ⅲ》的实施，强

---

① 作者于2015年9月1日接受《中国金融》杂志的采访。

化了对银行资本金数量和质量的要求，扩大了资本监管的风险覆盖面，大幅度提高了商业银行参与复杂业务的成本；流动性监管标准的加强压缩了西方大型银行在短期负债和长期资产之间实现套利的空间，推动商业银行回归传统业务模式。

经济环境和监管环境的变化对银行海外业务产生了较大影响，大型银行纷纷收缩海外业务，海外资产、员工数量和机构数量增速均出现了不同程度下滑，部分银行更是将业务重心回归本土。同时，大型银行也纷纷进行业务条线的"瘦身"，压降高风险业务条线，如固定收益、外汇及大宗商品交易业务（FICC）、投行和资本市场业务等。此外，从区域布局来看，大型银行对网点设立及并购决策更加审慎，退出了一些盈利能力较低、风险较大的市场，区域布局不断优化。

大型银行海外策略调整对其风险吸收能力和盈利水平产生了一定影响。截至 2014 年末，30 家全球系统重要性银行的资本充足率为 15.98%，较 2009 年提高 1.54 个百分点；不良贷款率为 3.24%，较 2010 年下降 0.14 个百分点；净息差水平为 1.63%，较 2009 年下降 0.08 个百分点。

当前，世界经济复苏进程仍然曲折，中国经济发展进入新常态，银行经营环境发生了巨大而深刻的变化。综合来看，中资银行仍然处于重要的战略机遇期，国家"一带一路"倡议实施、亚太自由贸易区启动、人民币国际化进程加快，为中资银行参与国际金融竞争、重塑世界金融格局提供了历史性机遇。

魏革军：国际金融危机后，美国、英国等国家对外资银行的监管趋严，对我国商业银行是否带来一定影响？对此应如何应对？

陈四清：国际金融危机后，美国、英国等国监管机构出台了一系列监管法规和措施，加强对银行的监管。例如，2010 年，美国政府颁布了最全面、最严厉的金融改革法案——《多德—弗兰克法案》，全面加强对金融消费者合法权益的保护。2013 年，美国财政部出台外国账户税务合规法案实施细则，要求外国金融机构向美国申报美国客户的账户信息，同年还出台了《多德—弗兰克法案》下的"沃尔克规则"，限制金融机构的自营交易和高风险衍生品交易。2014 年，美联储、美国货币监理署分别提出了强化审慎监管规则和强化监管指引，对大型银行风险管理框架、风险管理文化和能力等方面提出更高的要求。同年，欧盟各成员国在清算机制、恢复计划、存款担保等方面实施了统一监管法案。

国际监管环境的变化将对银行风险管理理念、制度、内容等方面带来深刻的影响：一是监管理念不断深化，要求银行风险管理理念由局部风险管理向全面风险管理发展，由注重单一风险管理向加强系统风险管理发展。二是日趋严格的监管要求促使银行进一步完善政策制度和管理流程，提升自身风险管理的集约化和精细化程度，有效提高风险管理能力。三是国际监管持续强化反洗钱、金融消费者权益保护、资本监管等领域，促使银行重新检视这些领域的管理机制。

此外，反恐压力增加、欧美制裁政策升级等，也使国际化金融机构面临更加严峻的形势。近几年，境外监管力度不断加强，尤其是美国司法和监管机构对国际银行的反洗钱处罚力度明显加强，巨额罚款从几千万美元到数十亿美元不等。巨额处罚对银行声誉和经营业绩产生了较为严重的负面影响。

中国银行是国际化水平最高的中资银行，海内外机构众多、业务结构复杂，面临的海外合规风险比国内同业更大。面对海外经营和发展带来的挑战与影响，中国银行一直秉承"做最好的银行首先要有最好的风险管理和内部控制"这一风险管理理念，将严控风险作为可持续发展的基石。中国银行全面主动跟踪关键国家和地区以及关键领域的监管动态，与海外监管机构保持顺畅的沟通，深入开展海外重大监管新规的分析评估并推动落实。

经过持续努力，中国银行已经建立了一套符合沃尔克规则、外国账户税务合规法案等国际监管条例的合规机制。特别是在反洗钱方面，中国银行持续完善海外合规风险管理组织体系，强化管控机制建设，重检和明确相关业务的集团合规标准，并制订和执行反洗钱管理三年规划。未来，中国银行将通过完善治理架构、IT 系统和控制流程，强化检查监督，开展全员培训，建立与 G－SIFIs银行地位、战略相匹配的反洗钱管理模式和运行机制，实现反洗钱管理的"专业化、集中化、自动化"，全面提升集团整体合规水平。

魏革军：您认为在当前的国际形势下，我国银行业海外经营还面临哪些挑战，比较突出的问题是什么？

陈四清： 近几年来，中国银行业海外业务进入历史上最快最好的发展时期。虽然我国银行业"走出去"取得较大进展，但仍面临诸多挑战，主要体现在以下三个方面。

第一，如何提供全天候、全方位的金融服务。当前，中国与全球近200个国家和地区有贸易和投资往来。由于地理位置和时差的原因，"走出去"客户的金融需求可能随时随地发生，中国银行业要为之提供服务，就必须做到全天候、全方位的覆盖。虽然近年来中国银行业海外机构拓展步伐不断加快，但是截至目前网点覆盖国家和地区的数量也仅为50多个，远远低于国际大型跨国银行的水平。而且，网点主要集中在发达国家和国际金融中心，在不发达国家和地区的布局还比较薄弱，已有的分支机构服务能力也有待提升，无法充分满足客户在各个国家和地区的服务需求。

第二，如何满足多元化的金融需求。随着对外开放进程的持续推进，中国同其他国家的经贸往来已经发生量与质的飞跃，企业和个人"走出去"日益频繁，跨境金融需求的多元化程度不断提升。中国企业日益从采购、销售全球化发展到投资、生产全球化，金融需求不仅仅局限于存、贷、汇等传统服务，相关的投行、保险、融资租赁等需求不断涌现。同时，个人出境旅游、置业等金融需求快速增长，对相关跨境产品和服务提出更加差异化的要求。但我国银行业的多元化服务能力仍存在一定的提升空间：一方面，参与主体不够丰富，主要依靠政策性银行和大型国有商业银行，多元平衡的参与主体格局还有待完善；另一方面，多元化的产品和服务体系仍在建设之中，一定程度上导致境外业务收入单一。2014年五大行境外收入中，非利息收入占比不到15%，远低于同期境内收入中的非利息收入占比。

第三，如何加强和完善全球风险管理。国际化经营是银行业务向境外市场的延伸和拓展，风险因素具有跨境和跨系统的特征。由于世界各国在经济发展阶段、金融体系、商业模式等方面存在差异，风险甄别难度增大、相关数据有效性降低，信用风险、市场风险、操作风险的量化管理面临巨大挑战。同时，中国银行业还要面对部分难以量化的风险因素，比如地缘政治因素、宗教文化因素、社会治理程度等，对风险防控提出了很高要求。此外，海外金融监管环境差异很大，对合规与反洗钱、流动性管控、资本充足率的要求更加严格。如何有效控制风险将成为中国银行业国际化稳健发展的重要课题。

魏革军：商业银行服务企业"走出去"过程中，如何统筹境内外两个市场，提升全球一体化的服务能力？我们看到，近年来中国银行在产品服务、组织架构方面都作出了调整，您能否介绍一下这方面的具体措施？

陈四清：商业银行服务"走出去"企业是一项长期性、系统性的工程，重点是要善于把握境内、境外两个市场，善于利用境内、境外两种资源，善于控制境内、境外两类风险。

一是强化营销统筹，建立全球一体化的营销服务体系。"走出去"企业群体是一个比较优秀、有一定实力的大型跨国企业群体。随着经营足迹遍布全球，大型"走出去"企业往往要求商业银行能够在全球范围内提供一致、高效的金融服务。为此，商业银行需要统筹集团境内外的各项资源，在全球范围内打造"一点接入、全程响应"的一体化服务体系，满足"走出去"企业在跨国经营中的金融服务需求。

二是强化产品统筹，建立全球一体化的产品支持体系。为满足"走出去"企业日益多元化、复杂化、高效化的金融产品需求，商业银行要充分利用"境内＋境外""商行＋投行"的模式，为"走出去"企业提供商业银行、投资银行、保险、股权投资、基金、融资租赁等在内的一揽子金融服务。在产品拓展方面，要形成总行主导、海外区域中心辐射型的全球一体化产品支持体系，提升产品推送效率，降低业务运营成本。

三是强化风险统筹，建立全球一体化的风险管控体系。近年来，随着中资企业"走出去"范围的扩大、涉足领域的扩展、在国外经营的深入，一些国别风险、地缘政治风险、外汇管制风险等事件不断出现。作为商业银行，既要积极支持"走出去"企业正常经营、投资过程中的金融需求，也要发挥自身的专业性，通过提升海外机构风险管理信息化水平，加强国别风险、监管风险的研究和分析，充分利用外部风险缓释工具，增进境内外机构的信息交流，强化联动业务的合规审查等手段，积极打造全球一体化的风险管控体系。

作为支持国家"走出去"战略的金融中坚力量，中国银行长期以来在"走出去"业务方面保持着同业领先地位。近年来，中国银行采用"境外业务境内做，境内业务境外做"的方法，在产品服务和组织架构等方面重点推进了以下几项工作。

一是构建全球营销服务体系。近年来，中国银行打造了公司金融客户全球服务平台，加快建立以客户为中心的客户分层管理体系，在全球范围内推广全球客户经理制及全球统一授信体系。通过这些平台和制度的建设，境内外机构既可以共享信息，也可以相互支持，同时有效分工，高效协作，为企业提供全球统一的金融服务。

二是发挥全球区域中心优势。近年来，中国银行充分发挥在香港、新加坡、伦敦、法兰克福、纽约、上海等全球金融中心的区位优势，设立亚太、欧非和美洲三大海外银团中心，已初步成为具有统筹营销能力和核心竞争实力的区域银团专业化运作平台，成为提升环球融资服务能力的重要抓手。利用新加坡、伦敦、上海、纽约大宗商品交易枢纽的地理优势，构建四家大宗商品业务中心，极大地提升了中国银行大宗商品业务的专业化经营水平。积极推动打造香港、伦敦、新加坡等海外债券发行中心和外汇交易中心，提升了中国银行在全球债券市场和外汇交易市场的地位。

三是打造特色产品服务品牌。近年来，中国银行紧跟国家战略，重点打造了跨境并购贷款、项目融资、人民币国际化、大宗商品融资、海外发债等多个"走出去"业务品牌。中国银行成功叙做了中交国际收购澳洲 John Holland 等一批有市场影响力的跨境并购项目，成功支持赞比亚曼巴火电站等融资项目，将人民币服务嵌入境外铁路基建、工程承包、能源开发与贸易投资，为国家电网、宝钢、中船、三峡等一大批企业发行境外美元和欧元债券进行融资，有力地支持了企业"走出去"战略的实施。

四是创新海外工作机制。为强化海外重点项目营销服务，中国银行选派业务骨干组成了重点项目营销海外工作组，以境内业务准备和海外短期工作相结合的方式，从营销拓展、项目分析、授信发起等方面支持海外市场拓展，为推动海外重大项目实施创造了有利条件。

魏革军：我们注意到，今年年初以来中国银行组织了一系列中外中小企业撮合对接活动，取得了很好的效果。能否请您介绍一下这种服务模式？

陈四清：中国银行全面推动中小企业跨境撮合服务，通过"一对一"的商务洽谈模式，帮助海内外中小企业直接对接商务需求，将国外优质的中小企业与国内中小企业对接，帮助国内中小企业引进发达国家的先进技术、资金和管理经验。通过撮合服务，既支持中小企业提升技术水平、扩大市场、转型升级，又帮助企业提升抗风险能力，实现了海内外中小企业的互联互通。

中国银行的跨境撮合服务彻底改变了以往"专家台上讲、客户台下听"的传统论坛模式，根据中小企业跨境合作的特征，事先开展大量准备工作，经过多重筛选挑选出行业对口的目标企业。通过搭建信息库、客户配对、网上"相亲"、对接面谈、现场考察"五步走"的服务方式，保障了企业的顺畅交流与合作洽谈，提高了撮合成功率。中国银行还秉承与客户共成长的服务理念，根据跨境投资进展情况，为企业定制个性化的全生命周期金融服务方案，为企业在招商引资期、投资建设期、企业初创期、发展壮大期等不同发展阶段提供包括商业银行、投资银行、保险等在内的全生命周期金融服务。

跨境撮合服务自推出以来得到了各方的好评，主要有两点原因：一是有助于解决国内中小企业"融资难、融资贵"问题。中小企业融资难是世界性难题，发达国家中小企业虽拥有先进技术，但市场饱和；而我国中小企业拥有广阔市场，但技术水平相对落后，且能耗高、污染大，产品缺乏市场竞争力，双方具有很强的互补性。通过跨境撮合服务不仅能够引进外国的先进技术和管理经验，提升中小企业的生产技术水平和产品竞争力，而且有利于引入海外低成本资金，扩充直接融资渠道，降低中小企业债务成本。二是契合国内外政府及企业的实际需求。国内外政府高度关注中小企业的生存与发展，特别是在经济下行期，中小企业不仅能解决社会就业，也是税收的主要来源。此外，发达国家中小企业基本是家族式企业，拥有积淀几十年甚至上百年的专利技术，由于后代不愿承继而面临失传。而中国大众创业、万众创新正在蓬勃兴起，越来越多的外国企业愿意把技术有偿转让给中国的中小企业。

魏革军：国际化早已根植在百年中国银行的血脉中，面对新形势，中国银行在国际化布局方面有哪些新的构想？目前多家银行都在加快海外布局，您怎样看待这样的竞争态势？

陈四清：今年年初以来，全球经济温和复苏，美元走强、国际金融市场及大宗商品价格波动较大。中国经济进入"新常态"，金融市场化改革全面加速。"一带一路"、亚太自贸区、中非合作等国家战略逐步推进，资本和产能的输出进一步提速。总体来说，国内外市场环境的变化有利于中国银行发挥国际化、多元化优势。面对新形势，中国银行将重点从以下几个方面推动海外业务的发展。

一是完善全球网络布局。目前，中国银行在全球除中国大陆以外的 42 个国家和地区设立了 600 多家经营性分支机构，下一步将以"一带一路"地区为重点，完善国际化布局。坚持金融服务"一带一路"国际经济合作走廊和运输大通道建设的基本原则，加大对南亚、中亚、中东欧、西亚和北非等"一带一路"沿线重要战略支点地区的机构布局，提升网点覆盖密度，争取成为当地主流机构，加强深度参与的能力。

二是优化境内外协同的综合化金融服务。坚持"境外业务境内做，境内业务境外做"，加强内外联动。强化总行、境外分行的业务对接与协作，做好大型"走出去"企业联动营销，重点关注国际产能合作、高端装备制造、海外工程承包、能源资源引进等行业龙头企业，持续开展对"世界 500 强"海外客户的拉网式营销。灵活运用并购贷款、杠杆融资、高收益债券、夹层融资等跨境并购融资产品，以 RQFII 为重点联动营销跨境托管业务。完善海外工作组机制，推动重点项目落地。

三是充分抓住人民币国际化机遇。目前，人民币国际化进程不断加快。中国银行作为人民币国际化业务的主渠道，将重点攻坚三个领域：其一在跨境贸易领域，灵活运用境内外两个市场的不同特征，为客户提供全交易链条的综合服务方案，拓展跨境人民币资金集中运用业务；其二在跨境投融资领域，抓住人民币资本输出机遇，推动人民币在项目融资中的运用，利用好区域性金融创新政策，支持企业开展跨境人民币及国内外借款，推动个人跨境人民币结算及投资业务。其三在金融市场领域，加快研发推广货币互换、利率互换等离岸市场衍生品，推进人民币债券二级市场交易发展。

四是强化海外业务的风险管理。加强海外信贷资产质量检测和重大风险事项管理，做好国别风险管理及限额管控。强化海内外联动业务信用风险管控，防止风险在境内外机构之间传染和转移。加大对境外分行资产业务的支持力度，提高资金使用效率。加强对附属公司市场风险和流动性风险的管控。利用多边组织担保增信工具、跨境担保机构等多种手段缓释风险。完善海外机构内控评价体系和操作风险监控平台，做好跨境联动业务合规审查，强化反洗钱工作。

当前，我国银行业的国际化发展面临历史性机遇，抓住海外市场这片蓝海成为中资银行的战略选择。国内金融同业纷纷加快了海外网络布局步伐，给中国银行的国际化业务带来越来越多的竞争和挑战。作为一家深耕海外的百年老店和国际化发展的先行者，中国银行在跨境服务能力、国际化人才储备、海外机构运营等方面仍具有明显的优势。未来，中国银行将继续紧跟国家战略，围绕"担当社会责任，做最好的银行"的战略目标，加大在"一带一路"的资源投入和机构布局，同时在已设立分支机构的国家进一步提升网点密度，争取进入当地主流银行之列，形成在海外持续健康发展的高效运转模式，谱写中国金融业海外发展的新篇章。

坚持四个着力　实现稳中有进[①]

党的十八大以来，以习近平同志为核心的党中央一直高度重视金融工作。今年7月召开的全国金融工作会议进一步明确了做好金融工作的指导思想、重要原则和重点任务，为我们做好银行工作提供了根本遵循和行动指南。会议召开后，中国银行迅速将思想和行动统一到中央对金融工作的决策部署上来，以"四个着力"为主抓方向，着力加强党的建设，着力服务实体经济，着力强化风险防控，着力深化改革创新，确保将全国金融工作会议精神落到实处，促进中国银行各项事业稳中有进，为实现中华民族伟大复兴的中国梦作出新的更大的贡献。

一、着力加强党的建设

习近平总书记指出，做好新形势下的金融工作，要坚持党中央对金融工作的集中统一领导，扎扎实实抓好金融企业党的建设。中国银行将进一步提高政治站位，更加牢固树立政治意识、大局意识、核心意识、看齐意识，始终在思想上、政治上、行动上同以习近平同志为核心的党中央保持高度一致，认真落实全面从严治党要求，确保各项工作始终沿着正确的方向前进。

---

① 本文发表于《金融时报》2017年9月19日第001版，文字略有修改。

一是进一步增强抓好党建工作的使命感和责任感。牢固树立"抓好党建是最大的政绩"的理念，坚定理想信念，坚守共产党人的精神追求，坚持党建工作和经营管理同谋划、同部署、同考核。进一步强化各级"一把手"党建工作的主体责任，做到重要工作亲自部署、重大问题亲自研究、重点环节亲自协调、重要事项亲自督办，层层抓牢抓好党建工作。

二是加强各级领导班子建设。牢牢抓住领导干部这个"关键少数"，深刻领会落实习近平总书记提出的"对党忠诚、勇于创新、治企有方、兴企有为、清正廉洁"的国有企业领导人员基本要求，扎实做好各级领导班子配备，持续优化班子结构。加强对各级领导班子尤其是"一把手"的管理监督，促进机构业绩长期可持续发展，防止隐性风险和短期行为。大力加强后备干部储备培养，加快建立数量充足、结构合理、梯次完备、面向未来的高层次人才储备培养体系。

三是扎实推进"两学一做"学习教育常态化制度化。认真抓好"两学一做"学习教育，在抓常、抓细、抓长上下工夫，确保教育取得实效。积极创新党建工作的方式方法，充分用好"复兴壹号"党建工作平台，让党建工作更富活力、更具吸引力，推动党建工作融入业务、融入基层、融入人心。切实加强党员日常教育管理，严肃组织生活，加强思想教育，充分发挥基层党组织的战斗堡垒作用和共产党员的先锋模范作用。

四是持续狠抓党风廉政建设。认真落实党风廉政建设"两个责任"，切实把全行党风廉政建设继续向纵深推进。认真落实中央八项规定精神，驰而不息反对"四风"，严肃查处顶风违纪案件，坚决防止不良作风反弹回潮。加大巡视监督力度，抓好巡视问题整改。要通过党风廉政建设带动全行内控案防工作，通过全面从严治党带动全面从严治行，通过全面从严治行带动中国银行竞争能力和综合实力的全面提升。

二、着力服务实体经济

习近平总书记强调，金融工作要回归本源，服从服务于经济社会发展，把为实体经济服务作为出发点和落脚点。金融是实体经济的血脉，为实体经济服务是金融的天职，是金融的宗旨。中国银行将继续发挥自身优势，主动作为，不断为实体经济注入"源头活水"。

一是落实稳健货币政策，积极破解企业融资难、融资贵问题。认真落实监管要求，坚决执行稳健的货币政策，保持信贷平稳适度增长，既有效支持实体经济，又避免"大水漫灌"，防止因信贷过快增长带来的风险隐患。充分发挥国际化经营优势，积极利用外币和海外低成本资金支持国内资金需求，切实降低实体经济融资成本。

二是大力支持供给侧结构性改革。认真贯彻创新、协调、绿色、开放、共享的新发展理念，不断优化金融供给水平，注重存量重组、增量优化、有保有压、有进有退，把更多金融资源配置到经济社会发展的重点领域。积极支持先进制造业、战略性新兴产业、现代服务业等，大力促进消费结构升级和民生改善，严格控制产能过剩行业贷款，完成好去产能、去库存、去杠杆、降成本、补短板的重点任务。

三是积极服务国家重大战略实施。按照"紧跟国家战略、坚持商业原则、资源配置先行、风险防控到位"的思路，积极推进"一带一路"金融服务创新，大力支持京津冀协同发展、长江经济带发展、雄安新区建设、粤港澳大湾区建设，支持新型城镇化建设和城乡发展一体化，持续支持冬奥会基础设施建设，为国家重大战略实施提供长期、稳定、可持续、风险可控的金融支持。

四是大力发展普惠金融。2017年6月，中国银行成立了普惠金融事业部。下一步将以此为抓手，聚焦小微、"三农""双创"及扶贫攻坚等群体，整合集团资源，加快建立城市村镇全覆盖的普惠金融服务体系。持续推广"全球中小企业跨境撮合服务"，推动中小企业不断释放发展活力，加快融入全球产业链、价值链。认真落实中央关于扶贫攻坚各项要求，继续通过扶贫贷款、项目引进、公益捐赠等多种形式，为困难群众早日摆脱贫困提供全方位金融支持。

三、着力强化风险防控

习近平总书记指出，防止发生系统性金融风险是金融工作的永恒主题，要把主动防范化解系统性金融风险放在更加重要的位置。中国银行将自觉从国家安全大局和经济社会发展全局出发，将风险管理工作作为重中之重，既防"黑天鹅"，也防"灰犀牛"，坚决守住不发生系统性风险的底线。

一是进一步强化全面风险管理。牢固树立风险思维和底线思维，主动增强忧患意识和责任意识，自觉把防范化解风险放在更加重要的位置。不断完善与集团业务发展相适应的全面风险管理体系，积极应对外部环境变化，切实提高整体防范风险能力，使中国银行的风险管理始终与经济新常态相适应，与监管新要求相适应，与中国银行集团"跨境、跨业、跨界"经营的模式相适应。

二是进一步强化重点领域风险防控。严密防控信用风险，提高风险管理的前瞻性和敏感性，及早识别风险，提前预警风险，科学防范风险，确保信贷资产质量稳定。加强对授信资金流向的监控，严防资金"脱实向虚"。严密防控流动性风险，加强流动性监测和管理，确保流动性安全。严密防控各类风险的交叉传染，强化集团风险管控，加强集团信息共享，防止风险交叉蔓延。针对中国银行国际化、多元化经营的特点，强化穿透式管理，打造与集团发展相适应的并表风险管理能力。

三是进一步强化内控合规工作。积极适应金融监管改革的新形势，严格落实监管新要求，依法合规开展各项业务特别是各类创新业务，确保依法合规经营。积极适应国内外反洗钱要求，大力推进反洗钱体系建设，持续强化内控案防，筑牢基层机构案防工作的制度防线，稳扎稳打、步步为营，促进业务依法合规发展。

四、着力深化改革创新

习近平总书记强调，要坚定深化金融改革。深化金融改革是金融发展的根本动力，也是提高金融服务实体经济、防范金融风险的根本途径。中国银行将立足国有大型商业银行定位，积极推动内部改革，深化体制机制改革创新，为持续发展提供源源不断的动力。

一是完善公司治理机制。认真落实国有企业党的建设工作会议部署，将党的领导贯彻到公司治理全过程，充分发挥党建引领和公司治理的双重优势，积极探索国有大型商业银行公司治理新模式。进一步完善现代金融企业制度建设，建立有效的激励约束机制和风险内控机制，不断增强自身活力、影响力和抗风险能力，全面提升综合竞争力。

二是深化业务转型。坚持长期稳健经营的方针，积极转变经营理念，聚焦主业、强化服务，坚持价值创造导向，强化资本约束要求，加快推进业务结构、客户结构、收入结构和区域结构的战略性调整，实现以效益和质量为中心的可持续发展。

三是坚持科技创新引领。积极运用互联网手段，努力提高服务实体经济质效，切实增强防范金融风险的能力。加快推动网点转型，提高网点智能化服务水平。积极探索人工智能、区块链等技术的应用，不断提升金融服务的水平和效率，让客户享受随时、随地、随心的金融服务。

四是深度参与金融对外开放。继续发挥深耕海外、布局全球的优势，积极服务国家对外开放的大局，持续推动我国金融业双向开放发展。主动顺应人民币国际化的新形势，扎实做好清算网络建设、离岸产品开发等基础工作。巩固扩大自贸区业务优势，推进区域金融改革先行先试。利用在多个国际金融组织担任职务的机会，积极参与规则制定，在全球金融治理领域发出"中国声音"，贡献"中国力量"。

为夺取新时代
中国特色社会主义伟大胜利贡献力量[①]

党的十九大概括和提出了习近平新时代中国特色社会主义思想，作出了中国特色社会主义进入了新时代等重大政治论断，深刻阐述了新时代中国共产党的历史使命，确定了决胜全面建成小康社会、开启全面建设社会主义现代化国家新征程的目标，对新时代推进中国特色社会主义伟大事业和党的建设新的伟大工程作出了全面部署，绘就了夺取新时代中国特色社会主义伟大胜利的宏伟蓝图。中国银行作为中管金融企业，要切实把学习宣传贯彻党的十九大精神作为当前和今后一个时期的首要政治任务，统一思想行动，汇聚磅礴力量，以永不懈怠的精神状态和一往无前的奋斗姿态，拥抱新时代，践行新思想，展现新作为，为夺取新时代中国特色社会主义伟大胜利作出应有的贡献。

一、强化"四个意识"，坚定不移地用习近平新时代中国特色社会主义思想武装头脑、指导实践

新时代呼唤新理论，新理论引领新实践。党的十九大把习近平新时代中国特色社会主义思想确立为我们党必须长期坚持的指导思想并写入《中国共产

---

① 本文发表于《金融时报》2018年1月3日第001版，文字略有修改。

党章程》，实现了党的指导思想的又一次与时俱进，这是党的十九大最重大的历史性决策和最重要的贡献，体现了我们党在理论上的高度成熟、高度自信，反映了全党共同意志和全社会共同意愿。实践充分证明，习近平新时代中国特色社会主义思想是推动党和国家事业发展的强大思想武器和行动指南，为实现"两个一百年"奋斗目标、实现中华民族伟大复兴中国梦指明了方向。我们要把学习宣传贯彻习近平新时代中国特色社会主义思想，作为学习宣传贯彻党的十九大精神的重中之重和中心环节，认真学习领会，全面贯彻落实。

一要真学深学、学懂弄通，让习近平新时代中国特色社会主义思想入心入脑。自觉用习近平新时代中国特色社会主义思想武装头脑，以强烈的使命感和高度的责任感，认真学习、全面学习、系统学习、深入学习，带着责任学、带着感情学、带着问题学，深刻认识这一伟大思想的时代背景、科学体系、精神实质、实践要求，深入领会这一伟大思想的政治意义、理论意义、实践意义、世界意义，自觉用这个时代真理观察问题、分析问题、解决问题。

二要坚定不移、衷心拥戴，坚决维护以习近平同志为核心的党中央权威和集中统一领导。牢固树立"四个意识"，严守政治纪律、政治规矩，始终在政治立场、政治方向、政治原则、政治道路上，同以习近平同志为核心的党中央保持高度一致。

三要指导实践、推动工作，以习近平新时代中国特色社会主义思想引领改革发展。提高学习本领、政治领导本领、改革创新本领、科学发展本领、依法执政本领、群众工作本领、狠抓落实本领、驾驭风险本领，认真梳理习近平新时代中国特色社会主义思想提出的一系列新任务、新要求和新举措，自觉贯彻落实到中国银行改革发展的全过程，体现到全行工作的各方面，用新思想引领新实践、谱写新篇章，努力创造经得起实践和历史检验的新业绩。

二、提升"八种能力"，坚定不移地在全面建设社会主义现代化强国的新征程上发挥更大作用

党的十九大科学概括了我国发展新的历史方位，作出"两步走"建设现

代化社会主义国家战略部署，对新时代坚持和发展中国特色社会主义作出了全面部署。我们要提高政治站位，理清发展思路，找准金融服务的切入点和立足点，做到与党的十九大的决策部署同频共振，完成好中央赋予的新任务新使命。

一要围绕供给侧结构性改革，提升服务实体经济能力。牢固树立新发展理念，紧紧围绕"去产能、去库存、去杠杆、降成本、补短板"，注重存量重组、增量优化，有保有压、有进有退，把更多金融资源配置到经济社会发展的重点领域和关键环节。

二要围绕国家重大战略实施，提升服务国家战略能力。紧跟国家对京津冀、雄安新区、粤港澳大湾区、长江经济带、自由贸易港等区域发展的战略安排，积极创新业务模式，服务好西部开发、中部崛起、东北振兴等战略。

三要围绕国家安全稳定大局，提升防范和化解风险能力。牢固树立风险思维和底线思维，扎实做好重点领域风险防范和处置，有效防控不良资产，加大处置力度。严格控制地方政府融资平台授信，积极协助化解地方政府信用风险。进一步强化各级机构合规经营意识，坚决打击非法集资等违法违规行为。着力抓好风险的总量控制和重点客户、重点行业、重点领域的风险管控，牢牢守住风险底线。

四要围绕构建对外开放新格局，提升国际化发展能力。进一步完善全球服务网络，加快建设海外客户体系、产品体系、制度体系、风险管理体系，加强海外机构的资本配置、人才队伍建设、党风廉政建设，推动国际化发展迈上新台阶。按照"紧跟国家战略、坚持商业原则、资源配置先行、风险管控到位"的原则，继续打造"一带一路"金融大动脉。

五要围绕人民对美好生活的向往，提升普惠金融服务能力。紧密结合"幼有所育、学有所教、劳有所得、病有所医、老有所养、住有所居、弱有所扶"要求，打造与人民群众工作和生活息息相关的医、学、住、行、游、养、娱等金融产品和服务生态场景，为满足人民日益增长的美好生活需要提供有力的金融支持。

六要围绕建设美丽中国的新要求，提升绿色金融发展能力。提前布局绿色金融，加大对节能环保产业、清洁生产产业、清洁能源产业的金融支持力度。在绿色债券、绿色基金、绿色资产证券化、碳金融等创新型绿色金融服务方面积极尝试、大胆创新，营造绿色可持续发展文化，积极推进"中银绿＋"计划，做绿色金融的坚定先行者。

七要围绕创新驱动发展战略，提升变革创新能力。努力构建新科技、新金融、新生态"三位一体"协同发展模式，实现数据价值创造、生态场景融合、产品模式创新、技术架构转型、体制机制变革"五个突破"，建设领先的数字化银行。

八要围绕脱贫攻坚的目标，提升精准扶贫能力。全面落实中央打赢脱贫攻坚战的部署要求，围绕"精准"用力，统筹抓好金融扶贫与定点扶贫工作，聚焦产业扶贫，聚焦教育、医疗、养老等民生领域，聚焦深度贫困村，为贫困地区打赢脱贫攻坚战贡献力量。

三、注重"五个加强"，坚定不移地用最好的党建引领最好的银行建设

党的十九大统揽伟大斗争、伟大工程、伟大事业、伟大梦想，提出新时代党的建设总要求和八个方面重点任务，为推动全面从严治党向纵深发展提供了基本遵循。我们要全面贯彻落实新时代党的建设总要求，坚持用最好的党建引领最好的银行建设，抓好党建"述评考用"工作，推动管党治党政治责任的落实，统筹推进党的建设各项工作，真正使全行的党建工作严起来、实起来、硬起来，为中国银行改革发展提供强大的政治保障、思想保障和组织保障。

一要加强党的政治建设。坚持以党的政治建设为统领，加强党章学习教育。加强党性锻炼，完善和落实民主集中制的各项制度。在各级党组织建设中进一步突出政治功能，坚决维护以习近平同志为核心的党中央权威和集中统一领导，自觉在思想上政治上行动上同以习近平同志为核心的党中央保持高度一致、不打折扣。

二要加强党的思想建设。坚持把思想建设作为党的基础性建设，把坚定理

想信念作为党的思想建设的首要任务，扎实推进"两学一做"学习教育常态化制度化，认真开展"不忘初心、牢记使命"主题教育，带动全行党员、员工更加自觉地为实现新时代党的历史使命不懈奋斗。

三要加强干部队伍建设。坚持党管干部、党管人才的原则，强化正确选人用人导向。要在突出政治标准的基础上，注重培养干部队伍的专业能力和专业精神，培养选拔一支政治过硬、本领高强、适应新时代中国特色社会主义金融工作需要的高素质专业化干部队伍。

四要加强基层组织建设。以提升组织力为重点，突出政治功能，把基层党组织建设成为宣传党的主张、贯彻党的决定、领导基层治理、团结动员群众、推动改革发展的坚强战斗堡垒。持续提高基层网点独立党支部、网点党员负责人的比例，将发展党员计划向基层一线倾斜。积极探索加强海外机构党建工作，加强海外机构领导班子建设，提高海外机构负责人抓党建的能力。

五要加强党风廉政建设。严格贯彻落实《中共中央政治局贯彻落实中央八项规定的实施细则》精神，在总行机关认真开展"创建最好的部门、创建最好的条线"工作，坚持以上率下，持之以恒维护党的纪律，持之以恒正风肃纪，持之以恒发挥巡视利剑作用，巩固拓展落实中央八项规定精神和反"四风"成果。加强对权力运行的监督制约，以永远在路上的坚韧和执着，将全行党风廉政建设向纵深推进。

举旗定向谋发展，学思悟行见成效。我们要更加紧密地团结在以习近平同志为核心的党中央周围，高举中国特色社会主义伟大旗帜，解放思想，改革创新，锐意进取，埋头苦干，担当社会责任，做最好的银行，以钉钉子精神全面抓好党的十九大各项决策部署落实，推动中国银行不断开创新局面，在全面建设社会主义现代化强国的新征程上再立新功。

新时代中国金融的新使命①

2017 年 10 月胜利召开的党的十九大，作出了中国特色社会主义进入新时代的重大政治论断，开启了全面建设社会主义现代化国家的新征程。未来 33 年，在全面建成小康社会的基础上，中国将推进"两个阶段"的战略部署：到 2035 年，基本实现社会主义现代化；到 2050 年，建成富强民主文明和谐美丽的社会主义现代化强国。

一、新时代开启新格局

进入新时代，中国金融将见证和参与一系列大变革、大调整。一是中国经济持续发展，全球经济重心向东方转移。据测算，2035 年左右，中国 GDP 有望达到 35 万亿美元，位居世界第一，全球份额升至 24%；2050 年左右，中国 GDP 有望达到 60 万亿美元，全球份额升至 26%。二是新一轮科技与产业革命接踵而至、渐次展开，信息化、网络化、智能化将更加深刻地改变世界，重塑金融业态。三是全球化不断加深，中国将更加广泛、深入地融入全球体系，"一带一路"将成为引领全球发展、构建人类命运共同体的重要驱动力。四是全球金融治理规则将发生重大变革，新兴市场话语权显著提升，人民币国际化

① 本文发表于《国际金融》2018 年第 1 期，文字略有修改。

取得突破性进展，人民币成为全球最重要的国际货币之一。五是经济发展不可能一帆风顺，世界经济仍会有起伏和波折，经济金融风险的外溢效应、交叉传染会持续存在，所带来的挑战不容忽视。

二、新时代赋予新使命

纵观古今中外发展史，经济强必然要求金融强，大国崛起必须有强大的金融体系作支撑。新时代中国特色社会主义的宏伟蓝图，赋予了中国金融新的使命：加快自身发展，实现金融现代化，建立完善的金融市场、金融机构、金融产品体系和现代监管框架，为建成社会主义现代化强国提供强有力的金融支持。这个新使命，要求我们建设更加高效的金融，积极顺应科技发展潮流，实现效率提升、资源集约；这个新使命，要求我们建设更加协调的金融，优化区域布局，完善行业结构，推进增量与存量、境内与境外、直接融资与间接融资的统筹安排和协同发展；这个新使命，要求我们建设更加稳健的金融，处理好规模与速度、创新与合规、发展与稳定的关系，实现稳中求进、行稳致远。

三、新使命呼唤新担当

过去 40 年，中国金融业取得了显著成就，全球地位不断攀升，日益走近国际金融舞台中央。如今，中国拥有全球第一大银行业、第二大股市、第三大债市，很多指标已经跻身世界前列。面对新使命、新任务，中国金融必须有更大的担当，为实现中华民族伟大复兴的中国梦贡献力量。

第一，增强服务实体经济的能力，聚焦供给侧结构性改革，推动经济转型升级。习近平总书记强调，金融是实体经济的血脉。金融业要回归本源，把服务实体经济作为出发点和落脚点，紧紧围绕"三去一降一补"，着力扩大有效金融供给，改善供给结构，把更多的金融资源配置到经济社会发展的重点领域和关键环节。要进一步改善金融结构、产品和服务，大力支持高端制造、生产性服务等重点领域，促进我国产业转型升级与动能转换，迈向全球价值链中高端。

第二，增强绿色金融和普惠金融服务能力，聚焦绿色发展、共享发展，支持美丽中国建设，促进共同富裕。金融业应围绕建设美丽中国的要求，贯彻绿色发展理念，做绿色金融的坚定先行者。要在绿色债券、绿色基金、碳金融等方面积极创新，加大对节能环保、清洁生产、清洁能源等产业的金融支持力度。要加快建设普惠金融基础设施，形成广泛覆盖的金融机构体系，扩大服务半径，不断提高金融的可获得性，让小微企业、"三农"、偏远地区享受到普惠金融的雨露和阳光。要创新金融扶贫新模式，兼顾商业性和公益性，努力培育优势特色产业，通过金融力量助推贫困地区脱贫致富。

第三，增强科技创新引领能力，聚焦金融科技发展，让科技改变金融。金融科技大潮正汹涌而来，人工智能、大数据、区块链等新技术正在重塑社会形态、商业生态和行为模式，跨界渗透、线上线下融合正在催生新的平台经济体和产业增长点。金融业应加大科技创新投入，敞开胸怀，引入互联网基因，重塑体制机制，运用"新技术"，打造"新金融"，构建"新生态"，聚焦"技术＋场景"，全面触达用户，主动开放融合，发挥专业化、定制化、智能化金融服务的优势，做新生活方式的引领者、新金融业态的缔造者、新产业链条的连接者。

第四，增强全球资本整合能力，聚焦对外开放新格局，提升跨境资源配置功能。党的十九大报告指出，要以"一带一路"建设为重点，推动形成全面开放新格局。"一带一路"建设需要庞大的资金支持，需要充分调动各方资源。金融业应进一步拓展国际化布局，担当全球资本的整合者，加大对重点战略地区，尤其是"一带一路"沿线的业务布局，提升现有机构的辐射能力。联合多边金融组织、政策性银行、信用保险组织等，为"走出去"企业提供多层次的金融支持；通过银团贷款、产业基金等方式，充分动员市场资金，分散风险。大力推动人民币国际化，提高在国际金融市场的定价权。积极参与国际金融规则制定，提升话语权。

第五，增强风险防范和应对能力，聚焦全面风险管理，守住不发生系统性风险的底线，维护国家金融安全。金融业应把握新时代金融风险的新特点，建立健全覆盖全球的风险预警体系，管控好更加开放条件下的金融风险，增强预防、处置、化解风险的能力，不断提高金融体系的稳健性。要充分评估金融科技的冲击和影响，防止过度创新、非理性投资、规避监管等风险隐患。要充分运用金融科技手段，全面提升风险管理水平，有效管控重点业务风险。

开启现代金融体系新征程[①]

党的十九大作出了中国特色社会主义进入新时代的重大论断，开启了全面建设社会主义现代化强国的新征程。进入新时代，中国经济由高速增长阶段转向高质量发展阶段。高质量发展亟须高质量金融支持。这要求中国加快构建现代金融体系，全面提高金融业市场化、国际化、法治化、信息化水平，助力中国经济高质量发展。

一、现代金融体系是中国经济高质量发展的必要支撑

金融是现代经济的血脉，现代金融体系是现代化经济体系的重要组成部分。党的十九大报告指出，中国经济正处在转变发展方式、优化经济结构、转换增长动力的攻关期，建设现代化经济体系是跨越关口的迫切要求和中国发展的战略目标。现代金融与现代经济深度融合，已成为产业体系"核心组件"，产业升级、科技创新都亟须现代金融体系支持。

建设现代金融体系是中国迈上新征程、应对新变革的必然要求。进入新时代，中国将在全面建成小康社会基础上，推进"两阶段"战略构想：到2035年，基本实现社会主义现代化；到2050年，建成富强民主文明和谐美丽的社

---

① 本文发表于 2018 年 9 月 17 日《财经》杂志，文字略有修改。

会主义现代化强国。与此同时，世界也将发生一系列新变革：一是中国经济持续发展，全球经济重心向东方转移。据测算，2035 年左右，中国 GDP 有望达到 35 万亿美元，位居世界第一，全球份额升至 24%；2050 年左右，中国 GDP 有望达到 60 万亿美元，全球份额升至 26%。二是新一轮科技与产业革命酝酿兴起，信息化、网络化、智能化将深刻改变世界，重塑金融业态。三是全球化不断加深，中国将更加广泛深入融入全球体系，"一带一路"成为引领全球发展、构建人类命运共同体的重要驱动力。四是全球金融治理规则发生重大变革，新兴市场话语权显著提升，人民币国际化取得显著进展。五是经济发展不可能一帆风顺，世界经济仍会有起伏波折，经济金融风险外溢效应、交叉传染持续存在，挑战不容忽视。只有全面建设现代金融体系，才能有效应对这些新变革，增强实现"两阶段"战略构想的金融基础。

建设现代金融体系是中国实现社会主义现代化强国目标的重要基石。纵观古今中外发展史，经济强要求金融强，作为一个大国应有强大的金融体系作支撑。17 世纪初，荷兰成立了世界上第一家中央银行、第一家证券交易所，阿姆斯特丹成为国际金融中心，股票、期货等金融业务蓬勃发展，强大的金融助推了荷兰海上贸易扩张，铸就了"荷兰世纪"。17 世纪末期以后，伦敦逐渐取代阿姆斯特丹，成为新的国际金融中心，英镑成为国际货币，助力英国成为"日不落帝国"。第二次世界大战结束后，美国建立了以美元为中心的国际货币体系，依赖强大的经济、金融、军事实力，至今保持世界第一强国地位。萨缪尔·亨廷顿（Samuel P. Huntington）认为，在美国控制世界的 14 个战略要点中，控制国际银行系统、控制硬通货和掌握国际资本市场排在前五位。新时代中国要建设社会主义现代化强国，必须筑牢现代金融体系这一基石，保障中国的全球经济金融权益。

中国加快建设现代金融体系已经具备了良好基础和条件。过去 40 年，伴随改革开放持续深入推进，中国金融发展成就显著，全球地位不断攀升。特别是党的十八大以来，面对错综复杂的国际环境和艰巨繁重的国内改革发展任务，在以习近平同志为核心的党中央领导下，中国金融部门积极应对国际金融危机持续影响，主动适应引领把握经济新常态，金融改革取得重大进展，金融开放程度不断扩大，金融安全稳定成效显著，金融综合实力明显增强。如今，中国已拥有全球第一大银行业，股市、债市和保险市场等规模跻身世界前列。面对新时代新任务新格局，中国金融应当以更大的担当，加快建设现代金融体系，为高质量发展提供强有力支持。

二、建设现代金融体系需平衡好四大关系

中国建设现代金融体系任务十分艰巨，在肯定金融领域发展成就的同时，应当清醒认识到存在的一些问题，如金融结构不协调、金融机构治理不完善、金融乱象频出等。为了更好地支持现代经济体系和高质量发展，未来中国建设现代金融体系需平衡好以下关系。

一是平衡好创新创业等金融新需求与传统金融服务供给的关系。创新是新时代中国经济持续发展和迈向全球价值链中高端的必由之路。"十三五"规划和党的十九大报告提出五大发展理念，第一大理念是创新。创新面临的不确定性较高，金融风险较大，既要求传统金融给予支持，也要求创业投资加快发展，将债权和股权融资相结合。美国创新企业最活跃、创新成果最丰硕，在金融上归功于它拥有全球最发达的创业投资体系，像苹果、脸书（Facebook）等都曾获得多轮创投资金支持。同时，美国商业银行广泛参与创业投资业务，是创投资金的重要来源，其中硅谷银行是典型代表。相较而言，中国传统金融机构还较少介入创业投资，投贷联动仍在试点探索，尚未形成成熟的业务模式和经验，加之国内创业投资仍处于成长阶段，导致现有金融供给难以满足创新创业巨大的金融需求，初创期小微企业普遍受制于融资约束。

二是平衡好新时代全面协调发展新要求与金融资源合理配置的关系。党的十九大报告提出，中国社会主要矛盾已经转变为人民日益增长的美好生活需要和不平衡不充分的发展之间的矛盾。助力解决发展不平衡不充分问题是新时代中国金融的一大使命。中国传统金融资源过度集中于房地产、产能过剩行业、地方融资平台等领域，近几年又开始向互联网金融等领域扩展。2017年末，房地产贷款余额占全部贷款余额的26.8%，当年房地产贷款增量占全部贷款

增量的 41.1%；城投债余额 7 万亿元人民币，相当于企业债券融资存量的 38.1%；煤炭开采洗选业、黑色金属加工业资产负债率分别高达 67.8% 和 64.1%，分别比全部工业企业高 12.3 个和 8.6 个百分点。同时，小微企业长期面临融资难融资贵问题，"三农"领域金融供给严重不足。根据 2018 年 1 月世界银行发布的报告，在 5600 万中国中小微企业中，41% 的企业存在信贷困难，或者无法从正规金融体系获得融资，或者所获融资无法满足需求。根据 2018 年 5 月社科院发布的报告，"三农"金融缺口约为 3.05 万亿元，相当一部分涉农融资需求尚未满足。

三是平衡好全球配置资金新要求与金融机构国际化程度不足的关系。中国金融业总体上以国内市场为主，国际化程度不高，难以有效调动全球资金，还不能完全满足中资跨国企业广泛利用国际资源的新要求。2017 年，中国企业在 174 个国家和地区投资兴业，而中资金融机构仅覆盖 60 多个国家和地区。其中，中国企业对"一带一路"沿线 59 个国家有新增投资，但中资金融机构覆盖国家不足一半。与金融强国相比，中国金融机构整合全球资金能力不高，与欧美大型跨国机构还有明显差距。这要求中国金融体系深度融入全球市场，提高中资金融机构聚集国际资本、配置全球资源的能力，提升在全球资本运作中的影响力。

四是平衡好扩大金融开放新要求与参与国际金融治理规则制定的关系。党的十九大报告明确提出，要扩大服务业对外开放。习近平总书记在博鳌亚洲论坛上，宣布了大幅度放宽金融市场准入的重大举措。金融开放成为新一轮对外开放"排头兵"，既要求中国金融机构增强市场竞争力，也要求国内金融规则、标准、惯例与国际接轨，发挥更大影响力。但是，中国在国际金融治理规则制定中的参与度、引领度不高，总体上还是国际规则的跟随者、遵循者，在全球金融治理体系中的地位与中国经济在全球的地位不匹配，缺少熟悉国际规则并能胜任国际金融组织管理的人才，对如何构建新的全球金融治理体系也缺少深入研究和完善方案。

三、建设现代金融体系应吸取历史教训

建设现代金融体系，不仅要补齐自身短板，平衡好各种关系，更要从经济

金融发展史特别是金融危机史中吸取教训，减少金融发展不协调对经济稳定运行的干扰。

第一，高度重视金融周期波动的可能冲击。在 2008 年国际金融危机爆发前，人们一度过于乐观，认为"这次不一样"。诺贝尔经济学奖获得者卢卡斯（Robert E. Lucas）在 2003 年美国经济学会年会上发表演讲，认为"经济周期基本上已经被驯服"。2004 年，美联储前主席伯南克（Ben S. Bernanke）也表示，现代宏观经济政策已经解决了经济周期问题。然而，2008 年金融海啸爆发，无疑是对这些论调的当头棒喝。"历史并未终结。"资本本性决定了金融体系内生不稳定。金融资源流动性强，投机性强，容易形成自我循环，一旦态势加剧，就可能导致泡沫甚至危机。

第二，避免金融产品过于复杂和不透明。历史事实表明，金融创新是一把"双刃剑"。理论上，金融创新可以分散风险、提高资源配置效率，但如果链条过长，就会加剧信息不完全，给过度投机和泡沫膨胀创造空间，形成金融虚拟循环。金融衍生品就是典型的金融创新，复杂度高、透明度低是其突出特点。巴菲特（Warren E. Buffett）曾说，金融衍生品也是大规模杀伤性武器。2008 年国际金融危机与以往金融危机最显著的区别之一，就在于大规模金融创新特别是金融衍生品泛滥。有的衍生品复杂程度之高，不仅超出了投资者理解能力，甚至连负责销售的金融机构也不清楚。国际金融危机后，许多金融衍生品甚至基础资产变得声名狼藉，流动性趋于枯竭，增大了市场不确定性。近年来，中国表外业务、杠杆交易、互联网金融等领域的金融创新，也产生了一些问题和不良影响。

第三，及时有效治理金融乱象。金融乱象就像毒瘤，不仅破坏金融生态，引发恶性竞争，还损及居民"钱袋子"，危害金融稳定。20 世纪 80 年代，美国储贷协会道德风险泛滥，管理者给自己发放巨额奖金，将个人消费品或奢侈品计入公款，做假账掩盖亏损和问题，联合审计师事务所出具虚假报告，资产质量不断恶化，结果爆发了储贷危机。进入 21 世纪，美国抵押贷款机构失控，发放无抵押、零首付或"诱惑性"低利率贷款，金融机构财务杠杆过高，故意低估或掩盖风险，高管薪酬设计不合理，市场上投资欺诈盛行，评级机构丧失客观性独立性，最终爆发了次贷危机，也出现了麦道夫诈骗案这样的庞氏骗局。这表明，金融乱象一旦被放纵，不及时治理，往往愈演愈烈，成为"风险之根源"。

四、努力开创现代金融体系建设新局面

回顾历史、展望未来，建设现代金融体系，应当在补足自身短板、吸取历史教训的基础上，紧紧抓住各种新机遇，切实增强金融自我发展和促进发展能力，着力促进经济与金融良性循环，助推中国经济高质量发展。

第一，丰富科技创新创业金融服务。立足中国金融实际，创新科技与金融结合机制，开发满足"双创"需求的金融产品和服务，打造多元融资工具搭配的科技金融生态。借鉴美国硅谷银行经验，总结推广国内"中关村模式"，鼓励金融机构创新科技信贷产品与服务，积极开展投贷联动。支持科创企业通过资本市场融资，发挥股权质押融资、信用类债券作用，强化创业板、新三板和区域性股权市场功能，鼓励支持创新的项目收益债及股债结合融资。大力发展天使投资、创业投资、产业投资，扩大政府引导基金规模，强化对种子期、初创期企业融资支持。加快发展科技保险，引导保险资金支持创新。

第二，加大金融支持结构调整力度。瞄准转型升级难点痛点，支持《中国制造2025》、"互联网＋"和现代服务业融资。积极开展供应链融资、商圈融资，综合运用多种融资工具，为关键技术、高端装备、高附加值服务提供中长期资金，完善信用风险补偿机制。支持金融机构紧跟区域协调发展战略，促使资金更多流向中西部、东北、雄安、海南、粤港澳等重点地区，创新乡村振兴、精准脱贫金融支持模式，鼓励区域之间、城市群内部金融合作，加快培育若干区域性金融中心。完善普惠金融基础设施，形成广泛覆盖的金融机构体系，扩大服务半径，提高金融服务可得性。鼓励发展绿色债券、绿色基金、碳金融等，大力支持绿色低碳产业。

第三，增强整合配置全球资本能力。提升中资金融机构国际化水平，加大对重点地区尤其是"一带一路"沿线布局，提升现有机构辐射能力。联合多边金融机构、政策性银行、信用保险组织等，为"走出去"企业提供多层次金融支持。通过银团贷款、产业基金等方式，充分动员全球资金，合作支持"一带一路"、国际产能合作项目。稳步推进人民币国际化，完善金融基础设施，提升国际货币合作水平，稳步推进股、债、汇市场双向开放，推动人民币资本"走出去"。加快建设上海国际金融中心，巩固提升香港国际金融中心地位，吸引更多全球投资者。

第四，健全金融风险防控体系。高度关注经济金融周期性，加强金融风险监测预警，完善金融法治和金融监管，加强金融消费者教育和保护。规范金融创新，完善强制信息披露制度和黑名单制度，提高新产品透明度。严明金融纪律，及时发现苗头性问题，治理整顿各类金融乱象，严厉打击违法违规行为。把握新时代金融风险特点，妥善平衡财政金融关系，管控好更加开放条件下的金融风险，增强预防、处置、化解风险能力。充分评估金融科技影响，防止过度创新、非理性投资、规避监管等风险隐患。充分运用金融科技手段，全面提升金融机构风险管理水平。

第五，提升国际金融规则制定话语权。深入研究国际金融治理体系改革，主动提出中国方案。利用 G20、APEC、金砖国家、上合组织等多边机制，联合新兴市场国家和发展中国家，探讨国际金融治理改革议题。积极推动国际货币体系改革，倡议主要储备货币发行国担当责任，减小货币政策负面外溢效应。推动世界银行和 IMF 治理改革，提升发展中国家代表性和投票权。在国际清算银行、金融稳定理事会、巴塞尔银行监管委员会等平台上，积极参与修订国际金融监管规则，更多体现发展中国家诉求。加强国际化金融教育培训，培养和用好一大批高端金融人才，加速形成一批既懂中国金融实际又懂国际金融规则的专家型人才、一批熟悉国际金融组织运作的管理型人才，支持更多人才到国际金融组织任职。

加快建设现代金融体系，要以习近平新时代中国特色社会主义思想为指导，扎实践行创新、协调、绿色、开放、共享五大新发展理念，发挥金融市场配置金融资源的决定性作用，更好发挥政府作用，积极顺应现代金融和金融科技发展潮流，全力支持经济高质量发展，为助力实现中国"两个一百年"奋斗目标作出应有贡献。

全球新变局下的金融新作为[①]

当前，全球经济正面临新变局。15 世纪地理大发现后，人们逐渐有了全球化的概念。第二次世界大战以后，各国不再以战争、殖民等方式争夺利益和势力范围，开始以"制度规则"协调国际关系，这促进了战后几十年的和平、稳定和发展。全球物质财富不断积累，科技进步日新月异，人类文明发展到历史最高水平。

但近年来，全球化遭遇前所未有的挑战，全球经济正处于新的十字路口。世界经济增长动力减退，贫富分化加剧，地缘政治冲突不断，金融市场出现波动，逆全球化思潮日益盛行。据世界贸易组织（WTO）统计，过去半年，G20经济体实施的贸易限制措施高达 39 项，是 2017 年的 2 倍。受此影响，WTO近期下调了 2018 年和 2019 年世界商品贸易增长预测。与此同时，保护主义逐渐蔓延至国际直接投资领域，今年上半年全球直接投资骤降 41%，给全球经济复苏增添了新的不稳定因素。

回顾历史，尽管每次危机后各国都大力推进改革，但全球经济运行中的旧有问题仍未彻底解决。

一是发达国家没有走出周期规律的老路。1825 年英国第一次爆发严重的经济危机以来，资本主义世界从未摆脱经济危机的困扰。从 1978 年的第二次

---

① 作者于 2018 年 11 月 13 日在中国国际金融学会年会的致辞。

石油危机、1988 年的严重通胀危机、2000 年的科技股泡沫破裂，到 2008 年的国际金融危机，危机似乎每隔几年就会重演。有研究指出，全球每 15 年左右就会出现一次大型债务危机，未来两年尤其值得警惕。随着全球主要央行逐渐收紧货币政策，全球利率中枢上移，未来债务将无法继续快速增长，资本市场价格面临深度调整，全球经济下行风险将逐渐抬头。国际货币基金组织（IMF）预测，发达经济体 GDP 增速将由 2018 年的 2.4% 降至 2020 年的 1.7%，而且下行趋势在未来几年还将延续。

二是大多数发展中国家没有找到经济可持续发展的道路。学术界通常把 20 世纪 80 年代和 90 年代称为发展中国家"迷失的 20 年"。在此之后，虽然发展中国家整体经济快速增长，但部分国家间歇式衰退仍时有发生。目前，全球依然有 7.5 亿人口生活在国际贫困线以下，其中三分之二集中在非洲地区。由于各国禀赋条件不同，政治经济体制各异，并没有一劳永逸的发展模式可供参考，很多发展中国家还在借鉴、改革、试错中探索经济可持续发展之路。

三是新兴市场国家没有摆脱脆弱性的困扰。尽管新兴市场国家经济发展取得了巨大成就，但由于全球货币体系的缺陷，仍不可避免地受到国际金融市场波动的冲击。今年 4 月以来，随着美元指数"超预期"上涨，美国 10 年期国债收益率攀升，阿根廷、土耳其、巴西等国相继出现金融动荡，股汇债等资产价格大幅调整。为应对危机，上述国家纷纷采取加息、资本管制等干预措施，取得了一定效果，但并未彻底消除风险隐患。

这既与这些国家经济基本面不够稳健、金融风险防范机制不够健全有关，但更主要的是受发达经济体货币政策紧缩效应的冲击。从这个角度看，新兴市场国家要摆脱脆弱性的困扰，不仅需要自身的努力，还需要世界平等的支持与合作。

中国成功抵御了多次外部危机的干扰，经济保持 40 年的快速发展，创造了世界经济发展史上的奇迹。这 40 年，中国找到了适合自身国情的制度安排和发展道路。制度性变革、全球化发展和低成本优势等多种因素共同决定了中国过去发展的基本逻辑，也拓展了发展中国家走向现代化的新经验。我认为，有以下几个方面值得特别强调：

一是坚持渐进式的市场化改革方向。改革创新是一个国家发展进步的不竭动力。中国的制度变迁有力推动了经济发展，成为经济起飞最给力的引擎。改革开放 40 年，尽管不同时期阶段性目标有所不同，在改革推进过程中有快有慢，有的顺利、有的曲折，有的成功、有的失败，但中国经济改革的方向始终是市场化，即让市场在资源配置过程中发挥越来越重要的作用。20 世纪 80 年代、90 年代，许多发展中国家都在向市场经济转型，但取得成功的却寥寥无几。一些国家采用西方主流经济理论认可的"休克疗法"，基本都陷入了经济崩溃、停滞和危机的困境。而中国坚持立足本国国情，不"照抄照搬"，将国际经验与本国实践相结合，坚持渐进原则，"小步慢跑""先易后难"，走出了一条中国特色社会主义市场经济道路，在经济社会快速发展中实现了各项改革措施的平稳推进。

二是坚持稳妥有序的对外开放。开放是各国发展的必由之路。主要西方发达经济体在从重商主义向自由贸易转变的路径中实现了更快的经济发展，亚洲国家和地区则是打开国门、拥抱全球化的典范。坚持对外开放也是中国在长期发展中得出的宝贵经验。40 年来，中国坚持对外开放的基本国策，加入 WTO 并融入国际多边贸易规则体系，依托自身优势，成功抓住了国际产业分工深化的历史性机遇，通过与外部市场深度融合，助推了经济起飞。与 20 世纪 90 年代末部分东南亚国家过度金融自由化不同，中国坚持主动、稳妥、有序的开放原则，平稳度过了历次外部冲击，实现了经济的持续健康发展。

三是坚持促进以制造业为核心的实体经济发展。纵览现代各国经济发展史会发现，几乎所有成功发展的国家都是依靠制造业崛起，而近代经济金融危机的爆发往往都与房地产市场过热和金融市场过度膨胀有关。40 年来，中国工业化进程突飞猛进，是中国经济增长的动力之源。中国相继通过优先发展轻纺工业、重点加强基础产业、大力振兴支柱产业、积极发展高技术产业和战略性新兴产业，建立了完备齐全的工业生产体系。

为避免经济"未富先空"，近年来中国加大力度支持制造业转型升级，制造业的全球份额持续扩大。1990 年中国制造业占世界的比重仅为 2.7%，居世界第九位；2010 年占比提高到 19.8%，跃居世界第一，自此连续多年稳居第一位。中国在全球产业链、价值链的角色正在发生改变，从"代工生产"走向"自主生产"，从"世界工厂"走向"世界市场"。

当前全球政治经济格局正在发生巨大转变，给所有身处其中的人们都带来巨大挑战。摆在我们面前的重要任务是，在科技进步没有重大突破的背景下，如何为全球经济找到可持续发展的动力？在保护主义不断抬头的逆流中，如何主动作为、融入世界，为推动全球经济金融发展作出贡献？在金融危机周而复始的规律下，如何为下一场潜在的危机做好准备？作为金融从业者，我谨从金融发展的角度提出几点建议，供各位同仁参考。

第一，坚守本源，改革创新，增强经济增长新动能。过去40年，中国在总结国际经验和结合自身国情的基础上，通过改革创新推动了经济的持续较快稳定发展。对于金融业来说，自身服务能力的提高同样有赖于改革创新，同时也必须坚守服务实体经济的本源和使命。

一方面，要坚守本源。金融发展的根基是实体经济，金融资本的回报来自产业投资的价值创造，离开产业发展的金融将成为无本之木、无源之水。金融机构要充分发挥好支付清算渠道、投融资中介和风险管理等基本功能，着眼于为实体经济提高服务质效，降低投融资和交易成本，增强风险管理能力。

另一方面，要坚持改革创新。金融业要通过对经营管理机制、服务工具手段的不断变革和创新，为培育经济增长新动能作出新贡献。要拥抱金融科技的发展，利用移动互联网、大数据、云计算、人工智能等技术，重塑金融产品和服务的形态、场景和方式，大力推动新经济发展的进程。要服务新兴产业，推动创新发展。金融业应积极支持有利于促进新一轮全球经济发展的创新型行业、代表未来产业升级方向的高科技产业，积极探索产融合作模式的创新，不断提升服务效率。要着力补齐短板，大力发展普惠金融、绿色金融、消费金融，不断增强经济发展的包容性和可持续性。通过优化授信政策、加强资源配置、拓宽融资渠道、完善服务模式等手段，不断提高服务中小微企业和民营经济的水平。

第二，加强合作，促进开放，推动经济全球化发展。中国经济40年的快速发展表明，开放合作、互利共赢是推动全球经济较快、可持续发展的重要动力。2008 年国际金融危机期间，世界各国携手合作，重拾了市场信心，推动了实体经济企稳复苏。当前，受逆全球化、本国优先等思潮的影响，各国政策协调明显减弱，部分国家以邻为壑的做法正在深度伤害国际经济与金融体系。习近平主席多次强调，中国开放的大门不会关闭，只会越开越大。在此背景下，金融业应勇于担当，加强合作，进一步支持改革开放，继续推动全球化的发展。金融合作，特别是大国金融合作，显得尤为重要：一是推动金融政策的协调，支持国际资本有序流动，防范货币政策调整的负面外溢效应，建立更为稳定的国际货币体系。二是增强各国金融机构之间的互信、业务往来和流动性安排，支持跨境业务的发展，特别是积极支持跨国企业的投融资与贸易活动，促进技术创新与跨境产能合作。三是共同抵制市场投机行为，杜绝恶意炒作，避免人为制造恐慌，共同维护市场信心，保持国际金融市场稳定。

第三，完善政策，强化监管，防范周期性风险。梳理各国经济金融周期发展的规律，总结新兴市场脆弱性的根源，结合中国持续 40 年快速发展的经验，我们认为，各国在金融稳定发展上可以相互借鉴，完善相关政策安排。对发达国家而言，要更好地发挥市场调节和政府调控的作用，在货币政策、财政政策上更加积极有为，减少经济金融体系运行的周期性波动。对新兴市场与发展中国家而言，不应盲目"照抄照搬"发达国家的政策经验，避免激进式改革、过度金融开放的发展道路，持续改进内部治理和金融监管水平。2008 年国际金融危机后，宏观审慎监管逐渐成为全球共识，其主要目标就是加强金融监管，减少经济金融发展的顺周期性；通过逆周期操作，促使金融机构在繁荣期间留足储备，在衰退期间提高应对损失冲击的能力；通过杠杆率监管，限制资产规模的过度扩张和资产泡沫的形成。在实践操作中，金融机构要夯实资本基础，增强对各类风险的管理能力，为抵御潜在的金融危机做好准备。

大变革的新时代需要新的理论创新，需要加强中国特色新型智库建设。习近平主席多次强调新型智库建设的重要性。目前国际形势复杂多变，全球性问题层出不穷，国内经济社会结构正在发生深刻变化，智库日益成为各国加强沟通和相互了解的重要方式。可以毫不夸张地说,历史赋予智库的任务更为艰巨、责任更加重大,大变革的新时代呼唤智库提供更多智力支持。中国银行作为具有优良的学术研究传统,愿与各科研单位一道,把中国国际金融学会建设好,为中外专家搭建更加广阔的交流与研究平台,积极发挥好智库作用,为提升我国国际金融研究水平、增强国家软实力作出新的更大贡献!

立足新时代新格局
勇担新征程新使命

——中国银行业对外开放
40 周年回顾与展望①

改革开放 40 年来，中国金融开放取得了举世瞩目的成就。本文回顾了改革开放 40 年中国银行业取得的辉煌成就，总结出背后的宝贵经验。本文指出，随着我国进入中国特色社会主义的新时代，中国银行业正迎来新一轮双向开放的重大机遇，以大型银行为代表的我国银行业应勇担新使命。

习近平主席多次强调，中国开放的大门不会关闭，只会越开越大。在 2018 年 11 月 5 日首届中国国际进口博览会上，习近平主席进一步宣布，中国将加大对外开放推进力度，包括激发进口潜力、持续放宽市场准入、营造国际一流营商环境、打造对外开放新高地和推动多边和双边合作深入发展等方面。

改革开放 40 年来，我国金融开放步伐不断加快，程度不断加深，取得了举世瞩目的成就，积累了弥足珍贵的经验。在新时代对外开放的新格局下，可以预见，中国银行业将会以更加昂扬的姿态、更加务实的作风，持续推进改革创新各项工作，为更好地服务实体经济、防范化解金融风险、提升我国金融国际竞争力和话语权作出新的更大贡献。

---

① 本文发表于《清华金融评论》2018 年第 12 期，文字略有修改。

一、40 年成就辉煌

1978 年 12 月，党的十一届三中全会作出了改革开放的重大决定，我国金融开放的大幕随之拉开。40 年来，我国银行业在双向开放的步伐中，发展成就斐然，在服务实体经济、推动改革开放大局等方面均作出了重要贡献。

首先，外资银行"引进来"成效显著。1979 年，日本输出入银行在北京设立我国的第一家外资银行代表处，这在我国金融业对外开放历史上具有标志性意义。此后，外资银行进入我国的速度不断加快，经营范围不断扩大，发展程度更为充分。总结而言，呈现三大特点：一是市场准入持续放宽。开放初期，外资银行只能在我国设立代表处或分行，业务范围主要限制在外币业务，地域主要在经济特区和沿海城市；1994 年我国颁布外资银行相关法规，特别是 2011 年加入世界贸易组织（WTO）后，外资银行在我国可投资入股中资银行，经营地域范围逐渐扩展到全国，业务种类扩展到人民币业务和复杂衍生品业务；2018 年 4 月，我国进一步大幅放宽外资银行设立和投资入股比例限制，扩大外资银行在华业务范围，拓宽中外金融市场合作领域。二是经营发展绩效突出。40 年来，外资银行通过融入我国经济持续快速增长和对外开放不断扩大的潮流，积极拓展在华业务，取得了突出发展绩效。截至 2017 年末，外资银行在华营业性机构总数已达 1013 家，资产总额达 3.24 万亿元，占我国银行业总资产的 1.28%；2017 年实现的净利润相当于 2002 年的 10 倍。同时，通过投资入股中资银行和境内外联动服务中资企业，外资银行获得的收益更为可观。三是在特定领域竞争优势明显。近年来，外资银行在现金管理、交易银行、高端财富管理、投资银行等方面的竞争优势不断凸显，并凭借其海外网点以及产品服务、风险管理等优势，积极服务中资企业"走出去"和长江经济带、珠三角等重点区域发展，市场竞争力不断提升。2017 年末，上海外资银行资产规模占比达到 10.6%；基于地理位置毗邻香港和关于建立更紧密经贸关系的安排（CEPA）框架的实施，部分外资银行把珠三角地区作为布局重点，不断提升市场份额。

其次，中资银行"走出去"成效显著。改革开放初期，我国只有中国银行一家经营海外业务，在香港、澳门、伦敦等地拥有 13 家海外分支机构。随着中国经济对外开放的步伐和银行业综合实力的增强，中资银行"走出去"步伐不断提速。一是全球网点布局覆盖度大幅提升。截至 2017 年末，已有 23 家中资银行在 65 个国家（地区）设立了 238 家一级机构，其中包括在 26 个"一带一路"沿线国家设立的 68 家一级机构。二是经营发展成就斐然。2017 年末，中资银行的跨境贷款规模列全球第八位，达到 6300 亿美元，近 7 年来增长了 5 倍。其中，四家大型商业银行是近年来银行业国际化快速发展的重要力量，2017 年末境外资产合计超过 10 万亿元人民币，境外机构营业收入和税前利润分别超过 2400 亿元和 1000 亿元。三是综合竞争力不断提升。随着国际化的持续发展，中资银行在全球综合金融服务方面的广度和深度不断提高，商业银行与多元化平台的联动不断强化，金融创新和产品多样化水平不断提升，通过大力发展跨境人民币、全球现金管理、投资银行、私人银行等重点业务，逐步形成渠道多样、产品丰富、运营高效的全球服务平台。

最后，金融市场双向开放成效显著。改革开放初期，我国金融市场类型单一、规模较小。加入 WTO 后，我国金融市场双向开放逐步扩大，成果显著。一是外汇市场开放度提升。随着外汇管理体制改革不断深化，经常项目已实现完全可兑换，资本项目可兑换程度大幅提高，各类外资机构均可在我国外汇市场开展人民币与各外币的外汇交易。二是证券市场境内外联通渠道持续增加。2002 年，我国开始引入合格境外机构投资者（QFII）机制，迈出证券市场开放的步伐。近年来，沪港通、深港通、债券通以及人民币合格境内机构投资者（RQDII）、人民币合格境外机构投资者（RQFII）等机制安排，又进一步联通了境内境外证券市场。同时，境外机构积极参与我国银行间市场，境内熊猫债、境外点心债发行量不断扩大，我国股票与债券市场开放程度不断提升。三是大宗商品市场开放提速。伴随上海自贸区的建设，我国开始建设面向国际的大宗商品市场，原油期货挂牌上市，铁矿石期货引入境外交易者，市场开放度不断扩大。四是人民币国际化稳步推进。过去 10 多年间，人民币在国际市场的支付结算、投融资和国际储备等功能不断拓展。总体来看，对外开放显著提升了我国金融市场的国际地位。目前，我国已经成为全球第一大银行业市场与大商品期货市场、第三大股票和债券市场，人民币位列全球第五大国际支付货币和第七大外汇储备货币。金融市场的开放和不断壮大为中外资银行参与多层次金融市场建设提供了历史性的机遇，也为银行业的综合化经营和国际化发展提供了更为广阔的舞台。

二、40 年宝贵经验

我国银行业对外开放取得的巨大成就，得益于党中央的坚强领导，得益于改革开放的持续推进，得益于我国经济社会的稳步发展。40 年的经验弥足珍贵，值得我们倍加珍惜。总结而言，主要有四方面的宝贵经验。

一是坚持党对改革开放事业的领导。改革开放是当代中国最鲜明的特色，是我们党在新的历史时期最鲜明的旗帜。在改革开放的伟大征程上，党中央不断加强对金融工作的集中统一领导，蹄疾步稳地推动金融领域的改革开放。2001 年，我国加入 WTO，金融开放步伐进一步加快。2003 年，我国政府鼓励有条件的银行实施股份制改造，引入境外战略投资者，银行公司治理进一步完善。2018 年，习近平主席在博鳌亚洲论坛上宣布，我国将大幅放宽市场准入，扩大外资金融机构在华业务范围，拓宽中外金融市场合作领域，向世界表明中国进一步扩大金融对外开放的决心。

二是坚持适时适度的对外开放节奏。历史经验表明，发展中国家往往会因过度金融开放，导致风险暴露增大，从而危害金融稳定。中国银行业则坚持渐进可控原则，对境外投资者和外资银行的开放制定合理的界限和比例，在金融深化的过程中逐步放开；同时对国际资本流动保持适当的管理措施，维护货币汇率的稳定。我国坚持"引进来"和"走出去"双轮驱动，一方面引入外来资金、先进管理经验和产品服务，促进市场竞争、提高效率；另一方面推动中资银行"走出去"，拓展海外布局，提升全球综合服务能力，切实服务好企业"走出去"和对外经贸活动，与全球领先银行同台竞技，提升竞争能力。

三是坚持以服务实体经济为本。实体经济是金融发展的根基，为实体经济服务是金融立业之本。对于外资银行，我国坚持引导其发挥全球化网点优势、较高的金融服务水平，积极支持中国对外经贸活动。中资银行则坚持把服务实体经济作为国际化发展的重要目标，积极把握重大国家发展战略机遇，不断完善海外机构布局，着力提升服务"一带一路"建设、人民币国际化发展和中资企业"走出去"的水平。

四是坚持严监管防范金融风险。对外开放绝不意味着放任自流，金融开放往往伴随着资本跨境流动、各类金融创新和潜在外部金融风险，这对监管能力提出了更高的要求。自改革开放以来，国家修订和颁布了《中华人民共和国银行业监督管理法》《中华人民共和国外资银行管理条例》等一系列法律法规和部门规章，有效保障了金融对外开放依法、有序推进。同时，随着金融形势的发展，国家采用了一系列宏观审慎管理工具和微观行为监管措施，防范各类可能出现的开放风险。而以自贸区为代表的探索性试点，则为金融开放进程中的风险防范积累了可复制、可推广的经验。

三、新时代　新机遇

随着我国进入中国特色社会主义的新时代，中国银行业正迎来新一轮双向开放的重大机遇。这是改革开放 40 年我们通过勤劳奋进创造出来的，是随着不断进取和改革创新总结经验吸取教训、"摸着石头过河"明确出来的，也是中国融入全球产业链的历史进程顺其自然水到渠成的。

首先，我国经济迈向高质量发展的新阶段。在新的发展阶段，我国将致力于建设现代化经济体系，经济基本面长期向好。从近期来看，"十三五"规划期间，我国经济有望保持中高速发展，城乡居民收入实现翻番。供给侧结构性改革不断深化，创新驱动和产业结构升级加快推进；新动能不断形成和集聚，居民消费升级空间巨大；京津冀一体化、长江经济带、粤港澳大湾区和长江三角洲等区域协调发展战略，乡村振兴、脱贫攻坚、美丽中国建设将成为经济发展的新动力。从中长期来看，到 2035 年，中国将有望成长为世界第一大经济体，2050 年将建成社会主义现代化强国。通过服务好中国经济的高质量发展，银行业必将迎来新的开放发展空间。

其次，对外开放迎来引领变革的新格局。在极个别国家挑起全球性贸易摩擦等逆全球化动向的大背景下，中国将成为推动新型全球化发展、深化双向开放的重要引领者；"一带一路"与人类命运共同体建设，将为我国融入并推动全球经济发展开辟新的空间；我国金融的全球影响力持续提高，人民币国际化稳步推进，将助力我国银行业深度参与国际金融市场；我国在国际政治经济舞台的地位不断提升，有利于中国企业进一步参与国际分工合作。总之，中国日益走近世界舞台的中央，将为中国银行业双向开放发展带来前所未有的机遇。

再次，国内金融市场面临深化发展的新机遇。党的十九大报告明确提出，深化金融体制改革，增强金融服务实体经济能力，提高直接融资比重，促进多层次资本市场发展，勾勒出未来我国金融改革和发展的宏伟蓝图。随着改革加快推进，未来我国金融市场发展空间广阔，外汇市场、资本市场等都将取得更大发展。未来，银行业通过打造面向世界的各个金融要素市场，将迎来更大的业务开拓空间，打造更具全球影响力的银行品牌。

最后，中资金融机构登上话语权提升的新舞台。在日益增强的综合国力支撑下，近年来我国在国际金融领域的话语权有了大幅提升。我国已在金融稳定理事会（FSB）拥有3个席位，是国际货币基金组织的第三大份额国、世界银行的第三大股东国，牵头发起了有57个创始成员的亚洲基础设施投资银行。随着全球金融治理体系渐趋多元化，中国将进一步主动参与和推进新的国际协作框架与国际金融合作平台建设，在国际金融体系的改革和创新中发挥引领作用，这将为中国银行业在世界舞台上扮演更加重要的角色、提升市场话语权带来新的历史性机遇。

四、新征程　新使命

面对新时代下的改革开放新机遇，以大型银行为代表的我国银行业应清醒认识到自身与国际领先同业在精细化管理、综合化服务、产品创新、全球布局和风险防控等方面存在的差距，持续推进改革发展和经营转型，不断提升服务实体经济、防范化解金融风险、做好跨境金融服务的能力和水平。

第一，要紧跟国家战略发展，提高服务开放型经济的水平。紧跟京津冀协同发展、雄安新区、长江经济带、粤港澳大湾区、海南自贸区和长江三角洲等国家重大区域战略，优化资源配置支持产业转型升级，为经济社会发展作出更大的贡献。特别是，大型银行应在促进双向投资、推动外贸发展方面扮演核心角色，通过强化贸易金融服务、大宗商品融资、跨境人民币业务、全球现金管理等综合性金融服务能力，提升我国出口多元化程度，激发进口潜力，加大对我国发展开放型经济的支持力度。

第二，应把握全球化新格局，优化海外业务布局。大型银行应紧跟我国对外开放的步伐，结合自身的资金实力和业务优势，有序推进全球业务布局，形成有梯队、协同发展的国际化差异布局。加大对重点地区尤其主要的国际金融中心、"一带一路"沿线的布局，提升现有机构的辐射能力。积极发展人民币国际化业务，进一步完善清算渠道建设，加强对人民币清算、支付、结算的服务支持。提高一揽子综合化服务能力，为"走出去"企业提供多层次、全方位的金融支持。

第三，要顺应金融市场改革趋势，切实增强国际竞争力。充分发挥专业优势，完善以优势业务为引导、以综合化金融服务为支撑的经营模式，借助资本市场撬动更大的业务空间，进一步提升核心竞争力。重视投资银行、现金管理、资产管理和交易银行等轻资本业务发展，着力减少资本占用和风险暴露。顺应我国银行业进一步放宽市场准入的大潮，立足并深耕国内市场，提升与外资银行同台竞争的能力和水平。借鉴国际领先同业综合化服务经验，加强商业银行与多元化平台的联动，切实提高全球性综合化金融服务能力。

第四，应提升精细化管理水平，防范化解国际金融风险。进一步夯实境外业务的风险抵御能力，通过经济附加值（EVA）、风险调整资本回报率（RAROC）等考核要求，强化对境外业务的资本约束。强化境外机构因客、因机构、因人实行差异化授权，落实风险管理责任，实现风险关口前移。建立境外业务的风险能力评价制度，根据评价结果动态调整授信审批权限，提升信用风险与市场风险管控水平。更加重视海外合规风险建设，强化各细分区域内的反洗钱与内控合规管理，进一步防控操作风险。

第五，要强化国际规则的主导能力，提升国际话语权。当前，西方国家主导的国际金融规则正面临深刻的重构。与此同时，中国倡导的人类命运共同体建设、改革国际金融体系等主张得到越来越多国家的支持。未来，随着"一带一路"建设、人民币国际化、亚太自贸区建设的持续推进，中国银行业要顺势而为，在主动适应国际规则的同时，积极参与新规则和新标准的制定，使具有中国特色的金融业务规则、治理理念得到国际社会的更多认同，特别是在评级准则、信贷标准、支付体系、贸易金融、普惠金融、绿色金融、金融科技等方面，不断提升在国际金融市场的话语权和影响力。

发挥业务优势助力外汇体制改革①

改革开放 40 年激发了巨大活力，中国经济地位得到提升，已发展成为全球第二大经济体。40 年来，中国外汇体制经历了深刻变革，外汇业务不断发展壮大，中国已成为第一大外汇储备国，是国际金融市场的重要组成部分。在这个过程中，中国银行发挥外汇业务优势，全力支持国家外汇体制改革，同时实现了自身的平稳发展。

一、开拓创新，外汇业务扬帆起航

（一）创新外汇管理制度

建立健全国家外汇管理机构。1979 年 3 月，经国务院批准，中国银行从中国人民银行分设出来，同时成立国家外汇管理总局（一个机构，两个牌子），作为国务院直属机构，负责集中管理和统一经营全国的外汇业务。1982 年 8 月，国家外汇管理总局更名国家外汇管理局，并与中国银行分离，中国银行成为国家外汇专业银行。

外汇市场初步建立。改革开放前，中国实行统收统支的外汇管理体制，外汇收入全部结汇，外汇业务由中国人民银行独家经营，不存在外汇市场。改革

① 文章发表于《中国金融》2019 年第 2 期，文字略有修改。

开放后，外汇业务先是由中国银行经营，后来由外汇指定银行经营。1979年8月，中国实行了外汇留成制度，创汇单位可自行使用留成外汇，从而产生了调剂外汇余缺的需求。1980年10月，中国银行率先开办了外汇调剂业务。此时官方汇率占绝对主导地位，市场汇率影响很小，人民币汇率形成机制处于起步阶段。随着外贸的发展，截至1993年，全国18个城市陆续出现了多家公开外汇调剂市场，人民币汇率实行官方定价和市场定价并存的双重汇率制度，市场力量占了主导地位。

恢复在国际金融组织中的席位。中国改革开放迫切需要国际资金和技术，加入国际金融组织对中国经济建设会有极大帮助。为此，外汇管理局（中国银行）承担了恢复中国在IMF和世界银行席位的谈判工作，并取得圆满成功。1980年IMF和世界银行先后宣布恢复中国合法席位。

（二）中国银行成为外汇业务主力军

改革开放初期，国内资金严重短缺，国家积极支持引入外资，支持经济建设。期间，中国银行发挥了对外筹资主渠道的作用。1979—1992年，中国银行通过外汇贷款和发行国际债券共筹措资金168.4亿美元，这些外汇资金有力地支持了中国的基础设施和重点产业建设。1979年5月，中国银行与日本输出入银行签订了4200亿日元的能源和交通贷款协议，这是改革开放以后中国银行业的第一笔外汇贷款。1984年，中国银行在日本发行金额为200亿日元、期限为10年的债券，这是新中国成立后中国银行业第一次在海外发债。

1980年3月19日，国务院授权中国银行作为唯一的机构发行"外汇兑换券"，规定短期入境的外国人在指定范围内购买物品必须使用外汇券。外汇券方便了外国旅客，增加了中国外汇收入。随着经济的发展，外汇券于1995年停止使用。

20世纪80年代中后期，国家外汇管理局批准中国银行成为唯一可接受客户委托、代理买卖即期和远期外汇的银行，开启了中国银行对客外汇买卖业务的序幕，建立了国内第一家专业的标准化交易室。

外汇管理制度的创新为1994年的汇改奠定了坚实基础，为改革开放初期的中国经济建设提供了重要资金来源，中国金融业开始走向世界舞台。

二、启动外汇管理体制改革，外汇市场初具规模

（一）启动外汇管理体制改革

实行以市场供求为基础的单一的有管理的浮动汇率制度。1994 年 1 月，中国取消双重汇率制度，人民币官方汇率与市场汇率并轨，实行以市场供求为基础的、单一的、有管理的浮动汇率制度，人民币汇率形成机制发生了根本性的变化。1994 年以前外汇调剂市场占主导力量，使 1994 年汇改时人民币对美元汇率并轨于调剂价格 8.72:1。

建立统一规范的银行间外汇市场。1994 年 4 月 4 日，全国统一的银行间外汇市场——中国外汇交易中心正式联网运营，在全球范围内较早建立了大规模的电子化交易平台，为市场参与者享受高效率、低成本的交易环境提供了技术红利。14 家外汇指定银行进入银行间外汇市场成为外汇买卖主体，形成市场汇率，中国人民银行以此为基础公布汇率；银行在规定的上下幅度内决定挂牌汇率；对企业和个人买卖外汇。

实行结售汇制度。改革开放初期，外汇短缺严重制约着国家发展，因此对企业实行强制结售汇制度，要求境内中资机构除国家规定可保留的额度外，所有外汇收入要卖给银行，银行把外汇卖给中国人民银行，由外汇局统一管理。随着外汇储备的增加，2008 年取消了强制结售汇制度，改为意愿结售汇制度，企业账户和个人购汇额度扩大，银行体系结售汇头寸总限额有了一定程度的提高。

稳步推进人民币可兑换。1996 年，人民币实现了经常项目可兑换。2001年，中国资本项目可兑换的步伐加快，推出了合格境外机构投资者（QFII）制度，允许境外投资者投资于中国资本市场。随后，相继允许银行、证券、保险等领域的合格境内机构投资者（QDII）以自有资本或代客从事境外证券投资业务。到目前为止，中国资本项目已经实现了大部分可兑换，人民币可兑换的步伐正在加快。这些都有助于增加外汇市场的交易主体、放宽交易限制、丰富

交易产品等。

（二）中国银行引领外汇业务发展

在 1994 年的外汇管理体制改革中，中国银行是唯一参与国家外汇市场设计的银行，提出了许多当时先进的建设性方案，如建议银行间外汇市场引入电子交易模式。中国银行也是外汇市场交易中的主要做市商。在日常业务中，中国银行严格按照规定执行结售汇制度和人民币可兑换等政策，保证了汇改顺利进行。

这一阶段的外汇管理体制改革，极大地促进了中国外汇领域的稳定发展，同时经受住了 1997 年亚洲金融危机的严峻考验，稳定了亚洲国家和地区的局势，体现了大国的担当和智慧。

三、深化外汇管理体制市场化改革，推动外汇业务蓬勃发展

（一）外汇管理体制市场化改革进入深化阶段

实行更富弹性的浮动汇率机制。2005 年 7 月，中国开始实行以市场供求为基础、参考一篮子货币进行调节、有管理的浮动汇率制度，人民币不再盯住单一美元，从而形成更富弹性的人民币汇率机制。2015 年"8·11"汇改，进一步完善人民币兑美元中间价报价机制。2017 年 1 月，人民币的货币篮子从 13 种增加到 24 种。同年 5 月，引入了"逆周期因子"，以对冲外汇市场的顺周期性和更好地反映国内经济基本面的变化。

外汇市场改革稳步推进。多年来，我国一直坚持改进汇率调控方式，完善外汇市场交易机制，增加交易主体，放宽交易限制，丰富交易产品。作为市场核心的银行间外汇市场，逐步改变了初始阶段单一银行的参与者结构，引进非银行金融机构和非金融企业入市交易，各类境外机构进入境内市场，形成多元化的分层结构。目前，中国外汇市场已具备即期、远期、外汇掉期、货币掉期

和期权等基础产品体系，可交易货币超过 30 种，基本满足了各类市场主体的汇率风险管理需求。2018 年 1—11 月，国内外汇市场人民币对外汇交易量26.02 万亿美元。

成立外汇市场自律体系。为促进外汇市场有序运行和健康发展，在中国人民银行、国家外汇管理局的指导下，中国外汇交易中心于 2016 年 6 月牵头成立了外汇市场自律机制，并在 2017 年 4 月成立了中国外汇市场指导委员会（CFXC）。外汇市场自律机制是由外汇及相关市场参与者组成的市场自律和协调机制。外汇市场指导委员会则借鉴国际经验，由中国人民银行、外汇管理局、金融机构、中介机构的代表和外汇市场专家等以个人名义共同组成，负责从外汇市场改革、发展和规范等宏观视角对自律机制业务统筹指导。这种双层架构既赋予了市场参与者自律的权利，又为管理部门和市场参与者提供了沟通协调的平台，这在国际上也具有一定的创新性。

充足的外汇储备为外汇市场平稳发展保驾护航。1979 年中国外汇储备只有 8.4 亿美元，1994 年汇改后中国外汇储备规模开始加速增长。2006 年 2 月超越日本成为全球最大外汇储备国。截至 2018 年 12 月，中国外汇储备余额为30727 亿美元。充足的外汇储备是在中国特色的社会主义发展道路中形成的，对中国与世界经济的发展都有深远意义。它极大地增强了中国抵抗外部冲击的能力，帮助中国成功应对了 1997 年亚洲金融危机和 2008 年国际金融危机，并在 2015 年美元加息和人民币贬值期间经受住了高强度跨境资本流动的冲击，起到了平抑外汇市场波动的重要作用，为中国经济金融发展提供了稳定的环境。

人民币国际化助力外汇业务新发展。2015 年 11 月，人民币被纳入 IMF 特别提款权（SDR）货币篮子，权重为 10.92%，居于五大货币第三位。这是人民币国际化进程的重要里程碑，对健全中国外汇市场、扩大对外开放和推进人民币国际化具有重要意义。根据国际清算银行（BIS）2016 年 4 月的数据（三年一次），人民币在全球交易最活跃货币中排名第八，在新兴市场国家货币中排名第一，交易量占全球外汇市场的份额从 2% 上升至 4%。2009 年 7 月人民币跨境贸易结算试点启动以来，中国银行业将人民币国际化作为发展重点，积极促进人民币跨境及境外业务从清算和结算货币向交易、投资、储备货币转换，清算网络覆盖五大洲。离岸人民币市场是人民币国际化的"主战场"。目前离岸人民币市场已形成以中国香港为主，伦敦、新加坡、欧洲及东南亚地区多点并行的格局。越来越多的境外央行、主权基金、多边金融机构、境外机构投资者等加入进来，人民币产品更趋多元化。

为支持"一带一路"倡议和推进自贸区战略探索外汇管理创新。2013年提出的"一带一路"倡议和自贸区战略是中国新一轮改革开放的重要内容。为此，外汇局推出《"一带一路"国家外汇管理政策概览》和《支持中国（上海）自由贸易试验区建设外汇管理实施细则》等一系列管理细则，深化外汇管理改革，扩大外汇市场开放，提升贸易投资便利化水平，切实防范跨境资本流动风险，营造良好的政策环境，几年来取得了显著的效果。"一带一路"沿线涉及65个国家和地区，人口占全球的43%左右，有很大的经济体量和发展前景，为中国银行业提供了新的重大历史机遇。因此，"一带一路"沿线国家和地区已成为中资银行区域布局的重点。截至2018年11月，已有11家中资银行在27个"一带一路"沿线国家和地区设有71家一级机构，参与项目2600多个，累积发放贷款2000多亿美元。13个自贸区是实现"一带一路"建设的重要节点，两者具有深度的协同性，可通过金融开放创新深度对接。例如，加强与"一带一路"沿线国家金融市场的深度合作、互联互通；加强与境外人民币离岸市场战略合作，推进境外机构和企业发行人民币债券和资产证券化产品，支持优质境外企业利用自贸区资本市场发展壮大，吸引沿线国家央行、主权财富基金和投资者投资境内人民币资产，为"一带一路"重大项目提供融资服务等。

（二）中国银行依托外汇业务优势，在人民币国际化等领域发挥重要作用

目前，中国银行在全球25家授权人民币清算行中占有12席，保持同业第一；跨境人民币清算量、结算量全球第一；中国大陆跨境人民币结算业务中约四分之一通过中国银行渠道办理，市场份额居首位。2017年7月债券通开通以来，中国银行作为34家债券通指定做市商之一，成交量居市场第一，熊猫债承销排名居市场首位，离岸人民币债券承销排名居中资银行首位。在人民币汇率场内合约最大交易量的新加坡交易所，中国银行的美元兑离岸人民币（USD/CNH）合约做市交易量位居银行同业第一。

中国银行推动了业务创新。2015年6月，中国银行以"一带一路"沿线的中国香港、中国台北以及新加坡、阿布扎比、匈牙利等5家海外分行为发行主体，在境外成功发行40亿美元"一带一路"债券。这是国际金融市场首笔以"一带一路"为主题的债券，也是截至当时中国银行业最大规模的境外债券发行。这一债券新品种吸引了全球近千家主要投资者积极参与，点燃了国际资本对"一带一路"的热情。

经过40年的发展，我国外汇体制发生了巨大变革，推动了外汇业务蓬勃发展，外汇市场深度和广度进一步扩展，为推进汇率市场化改革和支持市场主体适应汇率双向波动提供了有力保障。当前，我国经济社会发展进入了新的历史时期。面对全球化出现逆流、国内外局势日趋复杂多变和全球监管调整的严峻挑战，中国正在通过一系列重大举措展示"将改革开放进行到底"的决心和力度。未来，随着人民币汇率形成机制的进一步完善、资本账户的稳步开放、人民币国际化、"一带一路"倡议和自贸区战略持续推进，中国外汇市场发展将迎来更多的机遇。面对百年未有之大变局，中国银行将更加坚定地贯彻落实各项对外开放新举措，为实现新时代全球一流银行的宏伟目标砥砺前行。

全球变局下的金融使命[①]

近年来，国际形势风云变幻，全球经济增长动力不足，世界开放合作共识减弱，中国经济社会结构面临深刻转变。习近平总书记多次指出，当今世界正处于百年未有之大变局。准确把握全球经济形势中的"变"与"不变"，对金融业发展至关重要。

一、当前全球经济面临新变局

（一）国际力量对比持续"东升西降"

长期以来，凭借着强大的经济、科技、军事实力，西方发达国家在国际政治经济格局中占据绝对主导地位。但 2008 年国际金融危机的爆发对这一格局造成冲击。这场危机发端于美国，传播到世界，不仅严重破坏了全球经济金融体系，更使发达国家长期被奉为圭臬的发展模式遭受质疑。尽管在一系列救市政策的作用下，发达国家实现了经济复苏，但增速远未达到危机前水平，且诸多深层次结构性问题难以解决。而以中国为代表的新兴经济体持续快速增长，综合国力不断增强。根据 IMF 的统计，以购买力平价计算，2008 年新兴市场和发展中经济体在全球 GDP 中的占比达到 51.2%，首次超过发达经济体，此

---

① 发表于《中国金融》2019 年第 3 期，文字略有修改。

后这一占比逐年提升，2017 年已达 58.7%。其中，中国占世界 GDP 的比重达 16%，对世界经济增长的贡献已超过 30%，日益成为推动世界经济发展的强劲动力和稳定之锚。

（二）国际分工格局出现"第四次工业革命"

从 18 世纪的蒸汽技术革命、19 世纪的电力技术革命到 20 世纪的计算机和信息技术革命，三次工业革命极大地改变了人类发展轨迹。当前，新一轮科技和产业革命正在兴起，第四次工业革命方兴未艾。人工智能、生命科学、物联网等技术蓬勃发展，重构了生产、分配、交换、消费等环节，带动了零售、农业、物流、教育、金融等商业模式创新，成为推动国际变局的加速器。当前，主要大国均加快了技术研发和科技创新力度。未来，一国能否在新一轮科技革命中抢占制高点，成为决定该国国际竞争力的关键。这必将带来国际分工格局的又一次巨大调整，给国际关系、地缘政治等带来巨大挑战。

（三）国际经济治理遭遇"逆全球化"冲击

从历史进程来看，15 世纪地理大发现是世界经济发展的重要节点。从此，世界版图逐渐有了全球化的概念。第二次世界大战后，各国不再以战争和殖民等方式争夺利益和势力范围，开始以"制度和规则"协调国际关系，这促进了战后几十年的和平、稳定和发展。全球物质财富不断积累，科技进步日新月异，人类文明发展到历史最高水平。但随着近年来发达经济体实力相对下降，其主导全球化的意愿、方式发生变化，原来支撑全球化的理念规范（如自由贸易、开放市场、民主政治、多元文化等）面临前所未有的挑战。特别是，美国政府奉行单边主义和"零和博弈"思维，在全球范围内掀起频繁"退群"、加征关税、重谈双边协定等行动，冲击了旧有的国际关系，引发贸易摩擦的升级，而 G7、G20、WTO、APEC 等国际合作平台无法对美国保护主义形成有效制约，全球多边协调机制受到严重挑战。根据 WTO 统计，2018 年 5 月 16 日至 10 月 15 日，G20 国家新出台了 40 项贸易限制措施，平均每个月 8 项，创三年来新高，其中进口关税所覆盖的贸易规模高达 4810 亿美元，是上一个记录期间（2017 年 10 月 16 日至 2018 年 5 月 15 日）的 6 倍以上。与此同时，保护主义逐渐蔓延至国际直接投资领域，2018 年上半年全球直接投资骤降 41%。从全球范围来看，这股逆全球化风潮已极大降低了国际经济协调的有效性，制约了世界经济的增长动力。

二、新变局中也有不变的老问题

过去 10 年来，尽管全球主要国家都大力推行改革，全球经济运行中的旧有问题仍未彻底解决。在新变局中，阶段性的乱局和困局仍无法避免。这突出表现在：

一是发达国家没有走出周期规律的老路。自 1825 年英国第一次爆发严重的经济危机以来，资本主义世界从未摆脱经济危机的困扰。从 1978 年的第二次石油危机、1988 年的严重通胀危机、2000 年的科技股泡沫破裂，到 2008 年的国际金融危机，危机似乎每隔几年就会重演。有研究指出，全球每 15 年左右就会出现一次大型债务危机。未来两年，随着全球主要央行逐渐收紧货币政策，全球利率中枢上移，发达经济体债务负担将快速增长，资本市场价格面临深度调整，全球经济下行风险将逐渐抬头。根据国际货币基金组织（IMF）的最新预测，发达经济体 GDP 增速将由 2018 年的 2.3% 降至 2020 年的 1.7%。

二是大多数发展中国家没有找到经济可持续发展的道路。学术界通常把 20 世纪 80 年代和 90 年代称为发展中国家"迷失的 20 年"。在此之后，虽然发展中国家整体经济快速增长，但部分国家间歇式衰退仍时有发生。目前，全球依然有 7.5 亿人口生活在国际贫困线以下，其中三分之二集中在非洲地区。由于各国禀赋条件不同，政治经济体制各异，并没有一劳永逸的发展模式可供参考，很多发展中国家还在借鉴、改革、试错中探索经济可持续发展道路。

三是新兴市场国家没有摆脱脆弱性的困扰。2018 年 4 月以来，随着美元指数"超预期"上涨，美国 10 年期国债收益率攀升，阿根廷、土耳其、巴西等国相继出现金融动荡，股汇债等资产价格大幅调整。为应对危机，上述国家纷纷采取加息、资本管制等干预措施，取得了一定效果，但并没有彻底消除风险隐患。这既与这些国家自身经济基本面不够稳健、金融风险防范机制不够健全有关，但更主要是受发达经济体货币政策紧缩效应的冲击。

三、中国改革开放 40 年实践为应对变局提供宝贵经验

乱而思治，危而望安。40 年前，基于对时代潮流的深刻洞察，中国作出了实行改革开放的历史性决策。40 年来，中国不断推进各项改革，不断加强对外开放，经济保持了年均 9.5% 的持续快速增长，创造了世界经济发展史上的奇迹。40 年来，中国找到了适合自身国情的制度安排和发展道路，成功抵御了多次外部危机的干扰，既探索了破解经济金融周期规律的应对之策，也拓展了发展中国家走向现代化的历史经验。

一是坚持渐进式的市场化改革方向。改革开放 40 年，尽管不同时期阶段性目标不同，但中国经济改革的方向始终是市场化，即让市场在资源配置过程中发挥越来越重要的作用。与许多发展中国家盲目照搬西方"休克疗法"导致经济崩溃不同，中国坚持立足本国国情，将国际经验与本国实践相结合，坚持渐进原则，"小步慢跑""先易后难"，走出了一条中国特色社会主义市场经济道路，在经济社会快速发展中实现了各项改革措施的平稳推进。

二是坚持稳妥有序的对外开放。40 年来，中国依托自身优势，加入 WTO 并融入国际多边贸易规则体系，成功抓住了国际产业分工深化的历史机遇，通过与外部市场深度融合，推动了经济发展。与 20 世纪 90 年代末部分东南亚国家过度金融自由化不同，中国坚持主动、稳妥、有序的开放原则，平稳度过了历次外部冲击，实现了经济的持续健康发展。

三是坚持促进以制造业为核心的实体经济发展。纵览各国，几乎所有成功发展的国家都是依靠制造业崛起，而房地产市场过热、金融市场过度膨胀、虚拟经济过度炒作则往往容易引发危机。40 年来，中国相继通过优先发展轻纺工业、重点加强基础产业、大力振兴支柱产业、积极发展高新技术产业和战略性新兴产业，建立了完备齐全的工业生产体系。为避免经济"未富先空"，近

年来中国加大力度支持制造业转型升级，制造业的全球份额持续扩大。1990年中国制造业占世界的比重仅为 2.7%，居世界第九位；2010 年占比提高到19.8%，跃居世界第一，自此连续多年稳居第一位。中国在全球产业链、价值链和供应链的角色正在发生改变，从"代工生产"走向"自主生产"，从"世界工厂"走向"世界市场"。

四、中国金融业应对全球新变局的重要使命

习近平总书记指出，"只有顺应历史潮流，积极应变，主动求变，才能与时代同行"。全球政治经济格局正在发生巨大转变。中国金融业要主动作为，坚持改革创新，增强服务实体经济的能力，坚决守住风险底线，为推动全球经济金融发展作出应有的贡献。

（一）坚守金融本源，提升服务实体经济质效

金融发展的根基是实体经济，金融资本的回报来自产业投资中的价值创造，离开产业发展的金融将成为无本之木、无源之水。只有产业经济运转良好，金融发展才有未来。金融发展必须着眼于为实体经济提高服务质效和覆盖范围，适应市场环境，尽力为客户提供低成本服务、低成本资金，降低融资成本和交易成本，完善风险管理工具和手段，杜绝为盈利而投机炒作、为投机而资金空转、为追求超额利润而盲目冒险。

具体来看，在当前全球面临新变局的时代背景下，金融业应主攻三大领域：一是服务转型升级，助力经济高质量发展。当前，我国经济已由高速增长阶段转向高质量发展阶段，经济结构、产业结构和收入结构等将发生深刻转变。我国金融业要主动适应高质量发展的要求，紧跟国家重大战略实施，聚焦产业升级，把资源配置到经济社会发展的重点领域和关键环节，切实扭转资金脱实向虚的势头。要大力支持制造业迈向全球价值链中高端，促进"中国制造"向"中国精造""中国智造"转变。二是服务薄弱环节，助力经济可持续发展。要大力发展普惠金融、绿色金融、消费金融，不断增强经济发展的包容

性和可持续性。坚决落实习近平总书记在民营企业座谈会上提出的支持民营经济发展壮大的六方面举措，建立支持服务民营企业发展长效机制。通过优化授信政策、加强资源配置、拓宽融资渠道、完善服务模式等手段，不断提高服务中小微企业和民营经济的水平。三是切实防范化解金融风险。近年来国际国内经济金融形势异常复杂，"灰犀牛"与"黑天鹅"并存，容易引发系统性金融动荡。在当前决胜全面建成小康社会的关键时期，金融业要增强忧患意识，打好防范化解重大风险攻坚战。一方面，要根据不同领域、不同市场金融风险情况，采取差异化、有针对性的办法，花大力气解决好当前金融领域的突出风险。另一方面，也要加强潜在风险的主动识别和提前化解，加大重点领域风险隐患排查力度。要通过构建风险管理长效机制，做到治未病、治小病、早治病，坚决守住不发生系统性风险的底线。

（二）鼓励金融创新，培育经济增长新动力

金融业要适应全球经济结构转型的大趋势，通过对经营管理机制、服务工具手段的不断变革和创新，为培育经济增长新动能作出新贡献。一是服务于新兴产业，推动创新发展。目前，我国在新技术应用和市场化方面展现了较强的能力，全民掀起创业浪潮，成就了一批具有国际竞争力的科技公司和"独角兽"企业。金融业应积极支持有利于促进新一轮全球经济发展的创新型行业、代表未来产业升级方向的高科技产业，积极探索产融合作的新模式，不断提升服务效率。二是拥抱金融科技的发展，开展产品服务创新。移动互联网、大数据、云计算、人工智能等技术的发展，在深刻重塑实体经济的发展的同时，也将改变金融产品和服务的形态、场所、方式和物理布局。金融机构必须把握金融数字化发展的未来方向，有效利用金融科技，大力开展金融创新，提升服务的精准性，降低服务成本，控制金融风险。

（三）加强开放合作，推动经济全球化发展

中国经济40年的快速发展表明，开放合作、互利共赢是推动全球经济较快、可持续发展的重要动力。当前，受逆全球化、本国优先等思潮的影响，各国政策协调明显减弱且有所分化，部分国家以邻为壑的做法正在深度伤害国际经济与金融体系。但无论从历史规律还是世界发展趋势来看，全球化仍是主流民意。习近平主席多次强调，中国开放的大门不会关闭，只会越开越大。

在此背景下，金融业应勇于担当，加强合作，进一步支持改革开放，继续推动全球化的发展。一是优化国际布局，整合国际资源，支持企业"走出去"。当前我国对外开放程度不断提高，"走出去"步伐不断加快，对外直接投资规模不断扩大。为此，金融业应进一步拓展国际化布局，担当全球资本的整合者，加大对重点战略地区的业务布局，充分动员市场资金、分散风险，为"走出去"企业提供多层次金融支持。二是增强各国金融机构之间的互信、业务往来和流动性安排，支持跨境业务的发展，特别是积极支持跨国企业的投融资与贸易活动，促进技术创新与跨境产能合作。三是勇于担当，增强国际金融话语权。中央经济工作会议提出要推动全方位对外开放，由商品和要素流动型开放向规则等制度型开放转变。金融业应以"一带一路"建设为抓手，积极参与国际金融规则制定，提升话语权。积极推进人民币国际化，提高在国际金融市场中的定价权。

（四）完善宏观政策，做好前瞻性制度设计

当前，世界经济复苏进入后半程，经济增速下滑、货币政策转向、贸易保护主义等加剧了金融市场动荡风险，国际资产价格波动不可避免，部分新兴经济体存在爆发金融危机的可能。为此，各国应总结历次金融危机的经验教训，完善相关制度安排，减少经济金融体系运行的周期性波动。一是加强逆周期金融监管。2008年国际金融危机后，宏观审慎监管逐渐成为全球共识，其主要目标就是加强金融监管，减少经济金融发展的顺周期性；通过逆周期操作，促进金融机构在繁荣期间留足拨备，在衰退期间提高应对损失冲击的能力；通过杠杆率监管，限制资产规模的过度扩张和资产泡沫的形成。在实践操作中，金融机构要夯实资本基础，增强对各类风险的管理能力，为抵御潜在金融危机做好准备。二是加强大国政策协调。2008年国际金融危机期间，正是世界各国的携手合作，重拾了市场信心，推动了实体经济企稳回升。当前，各国金融业，特别是大国之间要更加紧密合作，加强货币、金融、投资等政策的国际协调。要支持国际资本有序流动，引导更多资金投向促进经济可持续发展的领域，防止过度泡沫化，降低全球债务水平。主要国家要担当责任，加强与其他国家的政策沟通和协调，最大限度减少可能的负面溢出效应，努力形成维护全球金融稳定的合力。三是强化金融危机应对。一方面，各国应有效管理跨境资本流动，加强风险识别和危机预警，优化应对国际金融危机的"工具箱"。另一方面，要推动国际货币体系改革，降低国际金融市场对单一货币的依赖。要完善 IMF 救助机制，充分发挥清迈倡议多边化（CMIM）协议、拉美外汇储备基金等多边化机制的作用，增强地区的风险抵御与互助能力，共同筑牢金融安全网，防范系统性金融风险。

继往开来，勇担使命，
建设新时代全球一流银行

——改革开放 40 周年
中国银行发展回顾与展望[①]

40 年栉风沐雨，40 年砥砺前行，中国银行在改革中发展，在开放中成长，从一家外汇外贸专业银行逐渐发展为全球化、综合化经营特色突出，业务规模、盈利能力和品牌价值位居世界前列的大型商业银行。中国银行的成长是中国银行业改革发展的一个缩影。回顾历史，我们深感成绩来之不易；把握未来，在新时代改革开放大潮之下，中国银行将永葆初心，勇担使命，不断书写发展新篇章。

一、40 年发展成就斐然

改革开放以来，在历代中行人的不懈奋斗下，中国银行牢牢抓住国家经济快速增长的历史机遇，取得了翻天覆地的成就。

稳妥扎实深化改革，体制改革实现跨越式突破。沐浴着改革开放的春风，中国银行奏响了改革发展的新乐章。1979 年，中国银行从中国人民银行分设

---

① 发表于《国际金融》2019 年第 1 期，文字略有修改。

出来，作为外汇专业银行，统一经营国家外汇业务；1986 年，根据国家提出的国有专业银行企业化改革要求，中国银行转型为外汇外贸专业银行；1994 年，中国银行按照"把国家专业银行办成真正的国有商业银行"的要求，改制为提供各类商业银行服务的国有独资商业银行；2003 年，中国银行成为国有商业银行股份制改造的首批试点行，2006 年成为首家 A + H 股两地上市的大型商业银行。40 年改革发展，中国银行不断顺应新形势的需要，勇于开拓，锐意进取，积极稳妥地推行银行体制改革，不断研究解决改革中的问题，并积极配套内部管理、经营管理的制度创新，把中国银行办成一个富有动力、充满活力的大型商业银行。

积极推进探索创新，公司治理机制逐步完善。国有大型银行在改革开放初期的运作模式是在一定历史条件下形成的，要真正向现代化金融企业转变，非一朝一夕之功。经过不断探索创新，中国银行逐步建立起一个与国际接轨的现代公司治理框架。坚持统筹兼顾，注重柔性渐进，持续完善现代化金融企业的治理模式，股改时设立了规范的股东大会、董事会、监事会和高级管理层，形成了清晰的"三会一层"公司治理架构。在此过程中，坚持将党委的领导作用与现代公司治理体系有机结合起来，完善党委委员与董事会成员的双向进入、交叉任职机制，构建"党委领导核心、董事会战略决策、监事会依法监督和高管层授权经营"的中国特色公司治理体系。

持续提高经营质效，综合实力显著增强。经过 40 年的艰苦奋斗，中国银行的综合实力不断实现突破。机构规模持续扩大，从 1978 年到 2018 年第三季度，中国银行员工数量由 1 万人增加到 30 多万人；机构数量由 82 家增至近 1.2 万家；资产总额从 387 亿元增长到近 21 万亿元，增加超过 540 倍；资本金从 4 亿元增长到近 1.7 万亿元，增加近 4250 倍。经营业绩大幅提升，税后利润从 1978 年的 1.6 亿元增长至 2017 年的 1850 亿元。风险抵御能力不断增强，2018 年第三季度末资本充足率达到 14.2%。

不断拓展业务范围，综合化经营特色进一步彰显。作为最早探索综合化经营的大型商业银行，中国银行 1979 年在香港成立中国建设财务（香港）有限公司，后发展成为中银国际控股有限公司。经过近 40 年的发展，中国银行的业务范围已经覆盖商业银行、证券、基金、保险、直接投资、飞机租赁等众多金融领域，综合化经营机构的员工总数超过 1.8 万人。在综合化经营架构不断完善的基础上，中国银行围绕客户多元化需求，着力提升商业银行与综合化经营公司之间的联动协作，构建功能齐全、竞争有力的综合服务体系，打造一揽子金融服务平台。

做强做大海外业务，全球化竞争力持续增强。改革开放初期，中国银行是国内唯一经营海外业务的银行，在中国香港、伦敦、新加坡等地拥有十余家境外机构。40 年来，中国银行不断加快全球化经营步伐，全球网络布局不断扩大，境外机构的数量增至 600 多家，覆盖的国家和地区数量增至 56 个，资产总额增至 8000 多亿美元，较改革开放初增加了 150 多倍；境外机构盈利能力持续增强，对集团利润的贡献度提升至 25% 以上，经营规模、盈利能力和海外业务占比继续保持国内领先。同时，中国银行紧抓人民币国际化的历史机遇，打造全球一体化的人民币清算网络，经授权在全球 12 个国家和地区担任人民币清算行。

科技引领创新驱动，信息科技应用不断深化。40 年来，中国银行紧跟信息科技发展趋势，积极推进产品创新、业务创新和管理创新，努力成为全球范围内优质金融服务的提供者、平台连接的缔造者、数据价值的创造者和智能服务的先行者。1980 年，中国银行率先从国外引进计算机终端数据站。此后，在银行业务与信息科技融合的路上，中国银行创造了多个第一：第一张银行卡和信用卡、第一台 ATM、第一家在互联网发布信息的金融机构等。中国银行的科技创新从未停步。近年来，中国银行积极推动信息科技蓝图、网点智能化、手机银行等系统建设，力争打造用户体验极致、场景生态丰富、线上线下协同、产品创新灵活、运营管理高效、风险控制智能的数字化银行。

二、40 年发展经验可贵

中国银行见证并参与了我国改革开放的伟大历程。回顾 40 年的发展历程，中国银行取得的辉煌成就得来不易；总结 40 年的发展经验，我们倍感珍贵。

　　始终坚持全面从严治党，带动全面从严治行。中国银行作为中央管理的金融企业，坚定不移地加强党的领导，坚持把政治建设摆在首位，牢牢守住国有企业的"根"和"魂"，确保中国银行始终沿着正确方向前进。坚决落实党要管党、从严治党的各项要求，加强党的建设，全面从严治党，通过全面从严治党带动全面从严治行，通过全面从严治行带动竞争能力和综合实力的全面提升。在党的领导下，中国银行作为国有控股的大型商业银行，始终把自身改革发展与国家改革发展紧密结合起来，与国家同呼吸、共命运。坚持全面、准确、不折不扣地贯彻落实党中央、国务院对经济金融工作的各项部署，自觉承担起服务国计民生的重任，肩负起服务民族复兴的使命。

　　始终坚持服务实体经济，助推社会经济发展。实体经济是金融的根基，为实体经济服务是金融立业之本。改革开放以来，我国经济实现跨越式发展，国内生产总值年均增长 9.5%，跃升为世界第二大经济体和第一货物贸易大国，实体经济的快速发展给中国银行带来历史性机遇。40 年来，中国银行切实融入国家社会与经济发展的大潮，积极满足实体经济的金融服务需求，支持重大战略的实施，持续加大对普惠金融等薄弱环节的支持力度。

　　始终坚持全球化发展，服务国家对外开放大局。中国银行从 20 世纪初期就具备了全球化发展的基因，全球化成为中国银行最突出的特色和优势之一。40 年来中国银行坚持统筹运用国内国际两个市场、两种资源，稳步推动全球化发展，服务国家对外开放大局，成为国家对外开放的一面旗帜、一张名片。近年来，中国银行积极支持国家对外开放新战略，全力做好"一带一路"金融服务，打造人民币国际化业务和自由贸易区金融服务首选银行，全力支持首届中国国际进口博览会，全球化经营优势更加突出。

　　始终坚持科技引领，推动产品与服务创新。科技是第一生产力，创新是发展的原动力。中国银行在改革开放 40 年的发展历程中，始终站在创新发展的潮头，引领中国金融业创新的浪潮。不论是在发展历程中的体制、机制改革方面开创的多个第一次，还是在金融业务中将科技与金融融合，开发众多引领行业的新产品与新服务，都见证着中国银行永葆活力的创新精神。管理与产品创新推动了中国银行金融服务能力的增强、金融品牌价值的增长和核心竞争力的持续提升，成为中国银行改革发展中的宝贵财富。

始终坚持稳健经营，完善风险管理体系。风险管理是银行的生命线。纵观全球金融发展史，不少国际大型银行历经各种危机屹立不倒，关键就在于经营稳健，不过度追求短期利润。作为我国唯一持续经营超过百年的银行，中国银行始终坚持稳健经营的方针不动摇，持续推进全面风险管理体系建设，为长期持续发展提供了坚强保障。构建了职责明确、控制严密的风险管理组织架构，流程控制和合规管理不断强化。严格按照国内监管要求和国际监管标准提高风险管理水平，大力加强风险文化建设，风险管理基础得到进一步夯实。

始终坚持以人为本，夯实事业兴旺之基。宏伟的事业需要优秀的人才。一代又一代中行人的接续奋斗，是中国银行持续发展的动力之源、活力之本。40年来，中国银行不断加强人才规划和开发，培养出一批政治过硬、本领高强、业绩突出、作风优良的人才队伍，着力打造规模宏大的高素质专业化干部人才队伍，为中行百年大计提供强大的人才支撑。

三、面对新形势　迎接新机遇

"雄关漫道真如铁，而今迈步从头越。"放眼世界，我们面对的是百年未有之大变局；立足中国，我们进入了中国特色社会主义新时代。站在历史新起点上，中国银行面临前所未有的新机遇，也将面临前所未有的新挑战。

百年未有之大变局。当前世界政治格局面临前所未有的深刻转变，以中国为代表的一大批新兴市场和发展中国家快速崛起，成为世界政治经济文化发展的一股新兴力量，世界多极化加速发展。同时，世界经济增长面临新的不确定性，如贸易保护主义等逆全球化思潮日益盛行，地缘政治冲突不断，全球贸易和投资持续低迷等。在全球政治经济格局发生巨大转变的背景下，银行作为支持经济发展的重要金融力量，将面临前所未有的新机遇、新挑战。

金融监管趋严新态势。全球银行体系延续了危机以来的强监管态势，《巴塞尔协议Ⅲ》陆续在各国实施，针对全球系统重要性银行（G‒SIBs）等大型金融机构的监管措施进一步强化，对有效风险数据加总、总损失吸收能力

（TLAC）要求等加大了监管压力，国际财务报告准则第 9 号（IFRS9）开始在全球范围实施，各国反洗钱和合规监管力度不断加大，科技金融、影子银行等新兴金融业态的监管政策不断更新，都对银行的经营管理提出了更高的要求。

行业发展竞争新格局。近年来我国银行业市场竞争不断加剧。股份制银行、城商行、农商行等中小银行快速发展，占我国银行业金融机构总资产的比重持续提升。金融科技和互联网金融生态的蓬勃发展对商业银行的传统盈利模式形成冲击，商业银行亟待转型，重塑经营理念。新一轮金融业对外开放持续推进，外资银行在华经营的准入门槛不断放松，业务竞争优势将进一步凸显，我国银行业竞争格局将更加复杂多元。

信息科技化升级新路径。随着大数据、云计算、人工智能等技术的快速发展，现代金融业更加具有明显的数字化特征，更多的客户倾向于选择"线上"金融服务。技术领域的突破和应用为银行的转型发展提供了新方向，银行可以利用大数据对客户分类管理、精准营销、金融产品分析和金融风险防控等方面进行优化，向"智能化""数字化""敏捷化"方向升级转型。

四、践行新战略　开启新征程

中国银行这家百年大行之所以不断发展壮大，就在于坚持改革创新。回顾过去的辉煌成就，我们倍感自豪；面对未来的新征程与新使命，我们充满信心。

立足历史新起点，为新的战略目标奋斗。明者因时而变，智者随事而制。中国银行的发展战略要适应环境变化而更新，是开放的，也是动态的。中国特色社会主义进入新时代，中国银行提出了"以习近平新时代中国特色社会主义思想为指导，坚持科技引领、创新驱动、转型求实、变革图强，把中国银行建设成为新时代全球一流银行"的战略目标，通过持续的努力，力争实现综合实力、盈利能力、经营效率、管理水平、市场价值和品牌声誉居于全球领先地位。

分阶段稳步推进战略实施。为响应党的十九大提出的到本世纪中叶各阶段目标，中国银行实现战略目标将分"三步走"：到 2020 年我国全面建成小康社会之际，实现"发展基础进一步夯实，特色优势进一步扩大，体制机制进一步完善，综合实力进一步增强"；到 2035 年国家基本实现社会主义现代化时，实现从世界一流大行向世界一流强行的跨越，全面建成新时代全球一流银行；到 2050 年将中国银行打造成为社会主义现代化强国的金融重器，成为全球金融业的一面旗帜。

打赢四场关键战役。明确的战略目标需要坚实的战略举措作为支撑。"科技引领、创新驱动、转型求实、变革图强"是中国银行建设新时代全球一流银行的核心内容。坚持科技引领，是要针对当前的科技浪潮，补足中国银行的数字化短板，发起"冲锋战"。坚持创新驱动，是要加快推动技术创新、产品创新和业务创新，打好"运动战"。坚持转型求实，是要转换经营理念，着力打造服务实体经济、满足人民对美好生活需要、具有强大价值创造能力和市场竞争能力的高质量发展模式。坚持变革图强，是要通过思想变革、机制变革和组织变革，倡导优秀文化、激发组织活力、提升办事效率，汇聚起推动中国银行事业发展的磅礴伟力，拿下"攻坚战"。

加快推进五大转型。为实现新时代全球一流银行的宏伟目标，中国银行将与时俱进、创新发展，加快推进科技数字化、业务全球化、服务综合化、资产轻型化、机构简约化。科技数字化是打造以体验为核心、以数据为基础、以技术为驱动的数字化银行；业务全球化是要实施全球一体化的战略安排、差异化的业务定位、集约化的经营管理；服务综合化是构建功能齐全、协同顺畅、竞争有力的综合服务体系；资产轻型化是要通过更少的资本消耗、更集约的经营方式和更有效的管理手段，提高经营效率和发展质量；机构简约化是要打造管控有力、分工明确、纵向穿透、横向协同、科学有效、柔性灵活的集团治理体系。

"大鹏之动，非一羽之轻也；骐骥之速，非一足之力也"。改革开放以来，中国银行砥砺前行，艰苦奋斗，书写了一幕幕辉煌篇章。在中国特色社会主义的新时代，机遇前所未有。只要中国银行始终保持战略定力，持续提升竞争能力，就一定能掌握高质量发展的主动权，实现建设新时代全球一流银行的宏伟目标！

第三篇
金融业风险防范与
支持实体经济

为全球客户提供全面金融服务[①]

伴随中国经济的崛起、人民币国际化的提速，中国企业"走出去"步伐的加快，以及"十二五"规划明确提出发展大型跨国金融机构"提高国际化经营水平"的要求，中国银行业国际化发展迎来了黄金期。近日，中国银行行长陈四清接受了《中国报道》杂志专访，从国际化经营、上海自贸区、互联网金融以及新形势下的风险管理等方面畅谈了他的发展思路。

中国报道：国际化是中行独具特色的标签。随着中国经济日益融入全球，您认为中行面临哪些新的机遇与挑战？中行将如何进一步提升全球服务能力？

陈四清：中国银行是我国经营历史悠久、国际化程度最高的商业银行。业务范围涵盖商业银行、投资银行、直接投资、投资管理、保险、基金、租赁等各个领域。截至 2013 年末，中行拥有海外机构 620 家，覆盖香港、澳门、台湾地区及 37 个国家，与近 180 个国家和地区的 1600 余家外资银行建立了代理合作关系，海外资产占比超过四分之一，为国内同业最高。中行还是全球跨境人民币业务规模最大、专业能力最强的银行，2009 年以来累计办理跨境人民币结算业务量超过 8 万亿元，已在全球范围内建立起高效的清算网络，形成了比较完整的人民币存款、贷款、结算、投资和交易产品线。

在经济全球化的新格局下，中国经济与其他经济体之间的相互影响加大。

[①]　作者于 2014 年 10 月接受《中国报道》杂志专访。

中国银行已经形成海内海外"一体两翼"的业务布局，有利于增强中国银行承受全球经济和中国经济波动的能力，实现业务在波动经济周期中的平稳发展。当前，美国经济强劲复苏、欧洲经济弱势增长的态势已经比较明显，发展中国家承接我国过剩产能"走出去"的潜力巨大。相比之下，国内形势更为严峻，今年以来银行不良贷款出现反弹。牢牢抓住海外市场这片蓝海成为中国银行的最佳战略选择。与此同时，国内金融同业纷纷加快了海外业务拓展和全球化经营转型的步伐，国际金融机构也陆续加入离岸人民币市场和业务的拼抢。中国银行的国际化业务面临越来越多的竞争和挑战，进一步提升全球服务能力是中行实现战略目标和巩固竞争优势的必然要求。

第一，大力推进人民币国际化业务。加强渠道建设，进一步完善全球人民币清算网络，力争成为主要国际金融中心的人民币清算主渠道。加快产品创新，进一步完善离岸人民币产品线，重点创新风险规避和资金增值产品、债券和权益投资产品。加强客户营销，进一步拓展公司金融客户、个人金融客户和金融机构客户。加强与境外商品交易所的合作，发掘人民币计价结算、套期保值和融资等业务机会，推动人民币进入国际大宗商品计价交易体系，推进人民币与外币的直接挂牌交易，推动人民币成为各离岸金融市场的活跃交易货币。加强 IT 系统建设，进一步推进欧非、美洲地区系统整合，为业务发展提供系统和平台保障。

第二，大力支持中资企业"走出去"，用好国内国外两个市场、两种资源。2013 年，中行成功支持双汇集团收购美国史密斯菲尔德、中海油并购加拿大尼克森公司、洛钼集团并购力拓集团澳洲铜金矿项目等重大项目，支持华能集团、宝钢股份等多家企业在海外发行债券。下一步，中行将坚持"境内业务境外做，境外业务境内做"的原则，发挥集团联动优势，打通海内外渠道和资金筹措方式，提供全球一体化服务。细化各机构工作目标和协调配合关系，优化服务流程，实行全球客户经理和全球风险经理负责制度，实现"一点接入、全集团响应"。

第三，加强总部统筹支持，提高海外机构持续、科学、稳健发展的能力。根据情况为部分海外机构注入资本金，推动业务发展。落实双边记账考核机制，提升境内外部门开展业务联动的积极性。统筹考虑海外机构资产负债的综合平衡，用好海外人民币资金。根据海外业务特点，优化风险管理制度和流程，合理授权，提高效率。优化海外机构人力资源配置，根据岗位需要加大专业人才外派力度，提升业务拓展能力和市场竞争力。

中国报道：中国（上海）自由贸易试验区通过金融创新支持我国对外贸易发展。中行应如何抓住重要机遇助力自贸区金融创新实践、实现自身业务的突破性发展？

陈四清：中行作为国际化程度最高的中资银行，最有条件抓住自贸区建设带来的发展机遇和改革红利。中行将密切跟踪上海自贸区建设进程，发挥海内外一体化优势，打造国际一流的全球综合金融服务平台，不断提升客户服务水平，做最好的银行。

第一，做好政策解读，深挖客户需求。受惠于投资贸易便利化和金融改革试点等政策，自贸区将在进出口、大宗商品、融资租赁、股权投资、跨国公司总部、新兴服务行业等领域形成大量的企业集聚。许多企业特别是大型企业对在自贸区拓展业务充满兴趣，但对区内政策缺乏足够的了解。中行向客户充分解释自贸区政策，提供顾问服务，了解客户需求，获得客户认可，并以此作为切入营销、增强客户黏性、体现专业水准、提高附加价值的机遇所在。

第二，发挥业务优势，加强产品创新。中行全面梳理了现有的基础产品和业务，确定了可在自贸区客户群中实现平移的122项产品。加大对资产管理、融资、资本工具三大类金融市场产品的研发力度，积极完善证券、衍生工具、贸易与非贸易项下等业务的资金托管方案，通过特色产品打造自贸区金融市场业务的领先优势。此外，中行将加大跨境人民币、大宗商品、全球供应链、现金管理、融资租赁等贸易金融领域的业务创新，全面提升国际化、专业化和高技术含量的业务优势。

第三，借鉴海外经验，强化风险管理。中行将以国际同业为标杆，梳理重构原有经营管理机制，提升在完全市场化环境下的资金定价、市场风险管理、反洗钱等能力。针对自贸区客户和行业的特点和需求，积极创新注册资本认缴登记制、"负面清单"项下的风险管理政策，进一步完善全球统一授信、前置式授信审批等风险管理模式。同时，充分借鉴海外机构成熟的风险管理经验，积极研究探索构建全面风险管理体系。

第四，密切协调配合，增强集团合力。加强上海市分行与香港、澳门、深圳、广东等地分支机构的联系，把境外关于自贸区金融服务的经验和国内特区金融建设的经验用到上海。加强总分行联动、海内外联动、多平台联动，提高业务穿透力，为客户提供一揽子金融服务，满足客户全方位金融需求。

中国报道：基于互联网金融的渗透、竞争和撞击，现行金融模式和运行结构正在发生巨大的变革。您如何看待互联网金融对银行业带来的冲击？中国银行将如何应对这些挑战？

陈四清：银行在互联网金融领域有着先天的优势。银行拥有强大的资金实力及大量的客户群，成熟的物理渠道，专业的人才队伍与服务能力，完善的风险信用管理体系，可靠安全的品牌体系。随着宽带传输、移动互联、云计算、大数据等新兴技术的飞速发展与深入应用，银行可运用互联网基因与电商新思维将传统的金融业务与以互联网、大数据为代表的现代信息技术和应用紧密结合，重构商业模式与业务流程，为客户提供更高效、更便捷、更安全的全新互联网金融服务。

中国银行明确把以电子商务为核心的网络银行建设作为核心战略之一，设立网络金融部，打造"中银易商"品牌，以平台与数据为核心，创建四大平台推进网络银行建设。一是开放平台，实现在同业中最早向用户提供业界通用的标准化 API 接口以及应用商店服务。二是网络商务平台，将客户、商户纳入中行电子商圈，为客户提供信息、广告、撮合、交易、融资等全方位的金融服务与电商服务。三是虚拟支付平台，推出"中银易付"手机客户端，实现基于 NFC（近场通信）的"碰一碰"、基于二维码的"扫一扫"、基于 LBS（位置服务）的"摇一摇"以及银行同业首创的声波支付等功能。四是大数据平台，利用网络银行在业务开展过程中的结构化数据与非结构化数据，为集团提供业务预测、客户分析、精准营销、风险管理、客户信用指数等服务。

中行网络银行的特色主要体现在生活化、虚拟化、个性化和全球化，它的发展不是脱离现有业务另起炉灶，而是与现有体系形成"双轮驱动，统筹集成"的机制，一方面加快推动传统金融服务的互联网化，另一方面以技术创新与体制创新推动互联网金融加快发展。在业务层面，通过广泛的合作，实现金融和相关产业的深度融合；在技术层面，兼顾传统银行科技的稳健性与互联网科技的灵活性；在机制层面，积极探索市场化运作模式。

下一阶段，中行将以"中银易商"平台建设为基础，打造在线产业链跨境服务体系，构建智能社区线上线下互通商业模式（O2O），提供定制产品服务。优化移动支付产品布局，完善近场支付、声波支付等功能，丰富金融应用商店产品。完善创新平台和孵化机制，加快业务产品和服务流程创新。

中国报道：我国经济正处在深度调整期。中行将怎样进一步加强风险管理？如何处理风险管理与业务发展的关系？

陈四清：我国经济正处于增长速度换挡期、结构调整阵痛期、前期刺激政策消化期叠加的阶段。"三期叠加"反映到商业银行，实际上也是银行风险的积聚期。中国银行将以更加完备的制度、措施和流程，坚决守住不发生区域性系统性风险的底线。

一是做到未雨绸缪，不断提高风险预测和评估能力，及时发现风险隐患。加强主动风险管理，管住主要风险、重大风险。对产能过剩行业细分行业、客户和项目，实施差异化管控措施；对地方政府融资平台实行总量限额管理，严格控制新增；适当控制房地产行业信贷占比；严格把控理财、同业资产和投行表外融资业务的关键风险点；做好贸易融资类业务风险管理工作；关注利率、汇率市场化改革进程，提高市场风险管理决策能力；健全流动性应急处理机制，确保流动性安全；统筹推进新资本协议实施和系统重要性银行建设；加强内部控制，严防各类案件。

二是做到见微知著，从细节中反思和发现系统性问题，及时完善风险管理制度和流程。在切实加强风险管理、确保资产质量稳定的同时，持续提高风险管理支持业务发展的能力，支持一线拓展业务。通过扩大基础授权、新增因客授权、整合信贷流程、优化海外审批等措施，提高风险管理效率。做好对各项风险管理制度的全面梳理和废、改、立工作，在有效驾驭风险的前提下，为业务部门拓展市场，增强海外业务、贸易金融、中小微企业等重点领域和特色业务的竞争力提供支持。

三是做到亡羊补牢，及时堵住风险管理漏洞，多措并举化解不良资产。对一些暂时出现困难但还有价值和潜力的企业，提供财务顾问服务，促进兼并收购和资产重组，解决企业还款难题。加强部门协同，帮助全辖认识风险、化解风险、经营风险、管理风险。加强对分行的政策支持和指导，在一级分行层面加大集中现金清收力度。

企业"走出去" 贸易金融要给力[①]

2015 年，全球经济增速有望加快，中国政府将狠抓改革攻坚，突出创新驱动，主动适应经济发展新常态。面临国内外环境的新变化，贸易金融的发展会出现新的机遇和新的空间。

首先，我国贸易规模的扩大和贸易结构的升级，不断提升了中国企业"走出去"的规模、层次与水平，银行将面临更广阔的市场区域和更广泛的客户群体，在跨时区、跨国家、跨币种等维度上的国际结算、贸易融资和担保等服务需求也随之增加，这将带动利率汇率风险规避、跨市场投资理财等贸易金融产品的创新。

其次，随着我国与"一带一路"沿线国家合作的进一步推进，相关贸易规模和对外投资将进一步提高，为贸易金融在助推跨境贸易和投资合作方面注入新的活力。

最后，人民币国际化趋势引领贸易金融发展新方向。2014 年全年，我国跨境人民币结算量达 7.6 万亿元，同比增长 47%。这意味着与人民币相关的贸易金融服务需求在增加，中资银行可以通过人民币服务获取大量的离岸客户，进一步带动相关贸易金融产品的创新。而人民币国际化的进一步推进将对我国商业银行贸易金融业务的发展产生积极而深远的影响。

---

① 本文发表于《人民政协报》2015 年 1 月 27 日第 005 版财经周刊，文字略有修改。

展望未来，贸易金融将依托我国强大的贸易规模和地位，发挥与实体经济紧密结合的特点，以"一带一路"、人民币国际化等战略为契机，开创发展新空间。

第一，支持"一带一路"建设，促进贸易金融服务升级。我国商业银行要扩大"一带一路"建设的融资规模，促成沿线产业和贸易合作；积极介入标志性合作项目，关注"走出去"企业及其境外交易对手，做好全交易流程的结算、融资、担保、风险管理等服务；与沿线国家金融同业建立全面代理行关系，加强在汇兑、结算、融资等领域合作，并在此基础上创新更加便捷高效的支付工具和方式，促进服务升级。

第二，以人民币国际化为契机，加快相关产品创新。商业银行应加快开发人民币跨境贸易与投融资产品、外汇交易产品与人民币跨境现金管理产品；积极参与离岸人民币市场建设，推出更多的人民币直接交易品种，拓宽资金来源和运用渠道。

第三，加强各类风险防范，实现贸易金融稳健发展。商业银行要加强贸易背景的真实性调查和审查；要顺应监管导向，合理设计交易流程，确保资金流向实体经济领域；要重视跟单信用证、保函等传统贸易结算工具的风险缓释功能；要提高风险管理的前瞻性。

第四，加强相关环境建设和监管协调，助力贸易金融科学健康发展。从多个方面尝试开展信用环境、政策环境、金融运行环境的建设。例如，设立多样化的"走出去"风险分散机制，分担商业银行的后顾之忧；加强监管机构之间的沟通，实现本币与外汇政策、银行与非银行业务监管原则的协调；建立贸易违约信息沟通机制，为制定有关标准和优化监管政策提供有益参考；等等。

加快金融创新
支持实体经济转型升级[①]

讨论"十三五"与新常态，重新定义未来与中国，这是事关中国未来经济发展趋势、方向与动力的重大课题，对于我们认清当前形势、把握未来趋势、发挥发展优势具有重大的现实意义。下面，我就全球及中国经济未来发展趋势，以及金融业如何支持经济转型升级谈几点看法。

一、全球经济进入"低增长、低通胀、高债务"的新常态

2015年是国际金融危机爆发以来的第八个年头，全球经济金融形势有所缓和，但仍然没有走上稳定复苏的轨道。一方面，全球经济复苏态势持续分化。美国经济增长动力相对强劲，欧元区经济温和复苏，日本经济陷入困境，部分新兴经济体受美国退出量化宽松政策及国际油价下跌等因素影响，经济增速放缓。预计2015年全球经济增长3.5%，处于温和复苏的状态。另一方面，通货紧缩困扰各国经济，新一轮宽松货币政策相继启动，除美元外的多国货币汇率竞相贬值，为全球贸易增长笼罩上阴霾。2012年以来，全球贸易增长明显慢于经济增速。

[①] 作者于2015年6月25日在"2015中国未来经济论坛"的演讲。

149

2014 年全球贸易增速为 0.8%，而同期全球经济增速为 3.4%。

从未来趋势看，全球经济将进入"低增长、低通胀、高债务"的新常态。第一，新的增长动力尚未形成，增速低于危机前水平。2008 年金融危机使西方各国重新意识到发展实体经济的重要性，开始推进"再工业化"战略，新能源、低碳经济、"互联网＋"等行业成为新一轮全球产业竞争焦点。总体看，新的领先产业还没有大规模形成，关键技术和商业模式创新还缺乏实质性突破。预计 2015—2020 年，全球经济年均增长 3.3%，高于过去 5 年 2.9% 的平均增速，但低于危机前 5 年 3.7% 的平均增速。第二，全球贸易秩序和规则正在重构，治理结构"碎片化"风险上升。主要表现为 WTO 等全球多边贸易体制的影响力逐渐减弱，跨太平洋伙伴关系协定（TPP）、跨大西洋贸易与投资伙伴协议（TTIP）等各类双边、多边和区域性安排正在推进。第三，主权债务风险上升、地缘政治冲突加剧，全球经济运行的不稳定因素增加。国际金融危机中，各国政府为防范危机蔓延，采取了史无前例的救助措施，这些扩张性财政政策为应对危机起到积极作用，但也造成各国政府债务快速攀升。IMF 预计，2015 年美国、欧元区和日本的政府债务率将分别高达 106%、96% 和 245%，分别比 2008 年上升了 32 个、25 个和 54 个百分点。地缘政治冲突有激化的趋势、巴以爆发新一轮冲突、伊斯兰国恐怖主义集团猖獗，石油战争升级等，这些都是经济运行的不稳定因素。

全球经济的新常态将对我国经济转型升级带来重要影响。第一，在全球经济增速放缓的大背景下，我国经济很难独善其身。第二，以新能源、"互联网＋"、战略性新兴产业为代表的新一轮全球产业竞争，要求我国更大程度、更高质量地融入全球分工体系。第三，全球贸易规则的变化，加大了全球贸易增长的不确定性，对我国对外贸易带来冲击。第四，发达国家的"再工业化"战略，既有利于我国扩大对外投资，并利用对外投资整合资源和提升技术水平，但同时也使我国和这些国家的制造业成本差距不断缩小，影响我国出口竞争力。

二、中国经济转型升级的方向与动力

随着全球经济的大变革大调整，中国经济也正在步入新常态，转型升级是大势所趋。我认为需要把握几个关键点：

第一，"中高速增长"是实现平稳转型的关键。经济发展的一般规律决定了高增长之后的"换挡"是必然趋势。"十三五"期间，受人口红利减退、劳动力成本上升、资本投入边际效率递减等因素影响，中国经济中枢趋势性放缓将不可避免。这带来的问题是，未来经济增长的中枢到底应该在哪里，并将以什么样的速度和方式下降？我们认为，中国经济不仅有能力保持中高速增长，而且也有必要保持中高速增长。一方面，中国仍处于城镇化、工业化的持续推进期，区域经济发展不平衡，这些因素为中高速增长提供了发展空间。通过对潜在增长率的研究表明，未来5年，中国经济有望保持年均6%~7%的增速。另一方面，保持中高速增长有利于经济平稳过渡，防范系统性风险；有利于避免经济问题转化为政治问题。从各国经济转型的经验和教训看，由于经济增速断崖式下跌造成经济崩溃的例子不少。例如，20世纪90年代，俄罗斯在苏联解体后进行"休克疗法"，经济在很长一段时间内停滞甚至负增长；日本之所以出现"失去的二十年"，则与其过激的金融自由化政策不无关系。这些教训需要谨记。

第二，"内生增长"是中国经济转型升级的重要方向。过去30多年，经济金融全球化为中国"出口导向型"增长战略提供了重要支撑。未来，随着全球经济增速的放缓、贸易增长不确定性增强，要求中国从过度依赖外部需求向依赖内生增长转变。从产业结构来看，将由工业主导向服务业和先进制造业并重转变。国际金融危机以来，全球掀起了新一轮以新能源、低碳经济、"互联网+"等为代表的科技和制造业革命，这些行业具有较强的知识外溢效应，也为我国实现弯道超车提供了历史机遇。从消费结构来看，将由"生存型"向"发展享受型"转变。我国正处于国际公认的消费结构加速升级时期，信息、网络、旅游等新型消费规模不断扩大。从区域结构看，将由"城乡二元化"向"城乡一体化"转变，由"东快西慢"向中西部崛起转变。今年第一季度，重庆、贵州、江西、安徽、湖北等中西部和长江沿线地区的经济增速明显快于全国水平。

第三，"创新驱动"是中国经济转型升级的主要动力。过去30多年，劳动力、资本和资源三大要素投入是中国经济实现后发赶超的基础和条件。目前，这三大要素将面临诸多瓶颈，要求创新成为未来中国经济增长的主要动力。当前，中国实现创新驱动发展面临有利条件：一是大量中小企业的创新创业潜力正在被激发。政府正通过简政放权、放宽准入等措施，破除不利于中小微企业发展的各类障碍。二是科技创新活动规模名列世界前茅。2014年全国研发人员全时当量为380万人年，位居世界第一；2014年我国全社会研发经费支出达到1.3万亿元，名列世界第二。三是制造业综合竞争力依然较强。德勤和美国竞争力委员会最新报告显示，2020年前后，中国将继续保持制造业竞争力第一的宝座。

三、以金融创新支持经济转型发展

经济转型升级对金融提出了新要求，需要金融突破传统模式，运用创新性思维支持经济转型发展。

一是从"总量扩张"向成熟市场体系转变。过去30多年，我国金融业发展过度依赖粗放型的"总量扩张"，金融体系以间接融资为主、银行机构发展模式趋同、资本市场层次单一、金融创新的广度和深度不够，已有的体制框架已无法适应经济转型升级的需要。要根据经济发展动力的变化，构建与之相适应的差异化、多层次、全周期的金融体系，实现向成熟市场体系的转变。要培育和发展融资租赁、消费金融、绿色金融、互联网金融等新型业态。要加快发展股票、债券、期货及衍生品等市场，提高直接融资比重，健全多层次资本市场，建立与"大众创业、科技创新"相适应的市场体系。要加快利率、汇率市场化改革，完善相关市场制度建设，促进金融要素高效流动，让资金价格在资源配置中起核心作用。

二是从以国内市场为主向国内外市场协同发展转变。中国目前是全球第二大经济体，未来5年对外投资年均增速将达10%左右，将成为净资本输出国。这需要金融体系能够在全球配置资源，为企业和个人提供全方位、跨国界、跨市场的融资支持，使其更好地融入全球竞争。要以"一带一路"倡议为重点，加快推进金融创新，助力中国企业"走出去"，为深化国际产能合作提供支撑。要不断扩大人民币在全球的使用范围和规模，推动人民币由贸易结算货币向投资和储备货币转变。要有序推进人民币资本项目可兑换，加快合格境内个人投资者（QDII2）、深港通等金融创新业务发展，以适应中国经济对外开放的新需求。

三是以创新思维加快金融服务和产品创新。高端制造业、生产性服务业和战略性新兴产业等正在逐步成为中国经济增长的新亮点。居民财富配置的意愿和能力大大增强，对金融业加强消费金融和财富管理创新提出了新要求。要增强资金支持的针对性和有效性，加快融资模式和产品创新、拓宽融资渠道，加强对重点领域和薄弱环节的支持，促进结构调整和行业转型。要根据企业发展阶段的不同、融资需求的差异化，提供包括商业银行、投资银行、保险、融资租赁等一揽子金融服务。要拓宽融资主体，由专注于企业融资转变为向包括企业和消费者在内的多种类型客户提供全方位金融服务。

四是把握好金融创新与金融稳定的平衡。经济转型往往伴随着经济增速放缓、不确定性增强、外部冲击加大等特点。目前，我国金融风险主要体现在不良资产上升较快，"影子银行"、房地产和地方政府债务问题相互交织，资产证券化等风险对冲工具运用不够等问题。未来，既需要金融监管创新理念，加强对资产证券化、利率和汇率衍生产品等创新性金融产品和服务的支持；也需要处理好创新发展与风险防范之间的关系，完善宏观审慎金融监管框架，加强对重点领域以及跨境资金流动的监测，切实防范化解各类金融风险。

在经济转型升级的大背景下，金融支持实体经济发展需要新思路。唯有不断创新求变，才能更好地发挥金融支持实体经济的能力。中国银行将进一步发挥国际化、多元化优势，加快金融创新，改进金融服务，为推动我国经济转型升级作出应有的贡献。

以习近平新时代
中国特色社会主义思想为指导
坚决打赢防范化解金融风险攻坚战[①]

党的十八大以来，习近平总书记先后作出了一系列重要指示和重要论述，强调了做好金融工作和维护金融安全的极端重要性。党的十九大号召全党坚决打赢防范化解重大风险攻坚战。这是习近平新时代中国特色社会主义思想在金融领域的体现，为我们做好金融工作提供了根本遵循和行动指南。面对新形势新要求，中国银行坚持以习近平新时代中国特色社会主义思想为指导，进一步强化政治意识和政治责任，自觉从国家安全大局和经济社会发展全局出发，把防范化解金融风险放在更加重要的位置，为业务发展保驾护航，为金融稳定贡献力量。

一、深刻理解、准确把握金融风险防控的内在要求

根据中央要求，防范化解重大风险攻坚战的目标是要使宏观杠杆率得到有效控制，金融结构适应性提高，金融服务实体经济能力明显增强，硬性约束制度建设全面加强，系统性风险得到有效防控。中国银行坚持以习近平新时代中

---

① 本文写于 2018 年 4 月，文字略有修改。

国特色社会主义思想为指引，从当前经济形势和风险特点出发，充分理解、全面把握金融风险防控的战略性、全局性和现实性意义。

金融风险防控要以服务实体经济为本源。实体经济是银行业生存发展的基础，让金融回归服务实体经济本源是防范风险的根本之策。银行只有专注主业、做精专业，切实扭转资金脱实向虚的势头，把货币资金更多地配置到现代化经济体系核心领域，支持产业转型升级、企业盈利改善和居民收入增加，才能从根本上防范重大金融风险，实现稳健经营和健康发展。

金融风险防控要以支持供给侧结构性改革为主线。当前，我国经济运行面临的突出矛盾和问题根源是重大结构性失衡，推进供给侧结构性改革是解决问题的对症良药。银行风险防控要紧紧围绕供给侧结构性改革这根主线，全力支持"三去一降一补"，压降产能过剩行业授信，支持国有企业去杠杆和"僵尸企业"出清，加大对战略性新兴产业、现代制造业等的支持力度，通过主动调整信贷结构降低信用风险。

金融风险防控要以深化金融改革为抓手。习近平总书记将深化金融改革列为维护金融安全的首要任务。落实到银行业金融机构，就是要主动完善公司治理结构，更好地落实董事会风险防范和合规经营主体责任、高管层执行责任和监事会监督责任，培育"依法合规展业、稳健经营发展"的风险文化，完善内部各项体制机制，切实推动全行由规模扩张向质量提升的发展模式转变。

金融风险防控要以实现"三个良性循环"为基石。实现金融与实体经济、金融与房地产、金融体系内部三个良性循环是防范化解金融风险的必由之路。银行业要加大对实体经济的支持力度，也要帮助企业降低杠杆率，避免风险在部分领域的过度集中；要在符合国家信贷政策的前提下，满足居民住房的合理需求，同时又要避免助长房地产泡沫；要加强对同业业务和理财业务的管理，减少各种嵌套、通道、套利行为，恢复同业业务短期资金融通和理财业务代客理财的本质。

二、统筹安排、扎实做好金融风险防控各项工作

习近平总书记强调，我们既要有防范风险的先手，也要有应对和化解风险

挑战的高招。中国银行把防控金融风险当作一项系统工程来抓，按照防控结合、有保有压、标本兼治的思路，多管齐下、统筹安排、综合施策，持续完善全面风险管理体系，坚决打赢防范化解金融风险攻坚战。

一是坚持防控结合。一方面，加强授信投向指引，做好国家政策解读和行业周期研判，加强对行业、地区、客户、产品的授信投向引导和组合管理安排，加快信贷结构调整，确保信贷投向符合中央要求和经济转型发展方向。另一方面，妥善处置已经暴露的风险问题。完善不良资产经营管理机制，积极探索创新化解手段，运用债转股、债务重组等市场化方式帮助企业，特别是国有企业降杠杆。同时，严防"处置风险的风险"，让风险化解工作经得起时间的检验。

二是坚持有保有压。做好增量控制和存量盘活，严控重点领域风险，将宝贵的信贷资源投向国家战略支持领域和经济发展薄弱环节。严防各类资金违规流入地方政府债务、房地产等高风险领域，严防各类资金流入不符合监管要求的同业业务领域，加快退出过剩产能等低效领域。积极拓展棚户区改造、租赁住房建设、个人住房租赁授信等业务，大力支持符合产业优化升级方向的项目及客户，增加对京津冀、长江经济带、珠三角地区和战略性新兴产业的信贷投放。着力降低企业负债率，抑制居民杠杆率过快增长。

三是坚持标本兼治。结合银保监会系列专项治理工作要求，对全行经营管理活动进行全面体检。摸清潜在风险存在的突出领域，找准内部管理的薄弱环节，做到对于风险隐患胸中有数、未雨绸缪。针对检查中集中暴露出来的问题开展整章建制和系统建设，修订完善集团内部风险管理的系列政策制度，改进内部控制流程和系统，持续优化风险管理体制机制，夯实风险管理基础。坚持管人与管事相结合，明确责任主体，加强问责力度，使各级领导干部切实承担起风险管理的责任。

三、加强党的领导是防风险守底线最有力的政治保障

加强党的领导，是我们做好新形势下的金融工作、打赢防范化解重大风险

攻坚战的根本保证。中国银行坚持以习近平新时代中国特色社会主义思想为指导，坚决维护以习近平同志为核心的党中央权威和集中统一领导，坚持以全面从严治党带动全面从严治行，将加强党委领导贯穿于风险管控工作始终，将增强"四个意识"贯穿于风险管控工作始终，切实发挥各级党组织和党员干部在防范化解风险中的作用。

一是明确各级党组织的金融风险防控责任，并作为党建的重要内容和对关键岗位干部的考评及奖惩内容，保证和监督各项风险管控工作的贯彻执行。二是充分发挥各级纪委监察部门在专项治理、案件防控、不良资产问责中的作用，将惩防腐败与风险防控相结合，严肃执纪问责。三是重点加强基层机构党组织建设，抓住基层机构这个风险防控的重要领域，提高基层党组织的凝聚力，形成齐心协力防风险、守底线、保安全的强大战斗力。

2018年1月监管部门发文，决定进一步深化整治银行业市场乱象。中国银行要求各级党委专题研究、专题部署，各级纪委全程监督纪律执行和任务落实，确保各级机构一、二、三道防线切实担负起管理责任，不折不扣地落实监管要求。一方面，按照监管要求，全面深入评估2017年的系列专项治理工作，对照2018年监管工作要点，梳理存在的突出问题和风险隐患，确定下一步工作措施。另一方面，坚持全员风险文化建设和正确的业绩发展观，将整治乱象作为2018年一项常态化的重点工作，与业务经营管理、体制机制改革、合规文化建设等紧密结合，共同研究、共同部署、共同落实。

金融为外贸加油助力^①

党的十九大报告指出，要推动形成全面开放新格局，拓展对外贸易，培育贸易新业态新模式，推进贸易强国建设。在党的十九大精神指引下，我国商业银行要主动融入国家全面开放新格局，从服务实体经济发展出发，创新金融服务，强化风险管控，推动我国对外贸易发展迈上新的台阶。

近年来，伴随着我国经济基本面持续向好、供给侧结构性改革深入推进，对外贸易呈现企稳增长、结构优化、新动能积聚的良好态势。一是总量企稳增长。2017 年，我国货物贸易进出口总额 27.79 万亿元，同比增长 14.2%，增速创近 6 年以来的新高，保持全球货物贸易第一大出口国和第二大进口国的地位。二是结构持续优化。2017 年我国主动扩大进口，贸易顺差 2.87 万亿元，同比收窄 14.2%。其中，能源资源性产品进口稳定增长，天然气进口量同比增长 26.9%；重要设备和关键零部件进口较快增长。我国对"一带一路"沿线国家进出口同比增长 17.8%，高于整体外贸增速 3.6 个百分点。三是新动能不断积聚。2017 年，我国通过海关跨境电商管理平台实现零售进出口总额 902.4 亿元，同比增长 80.6%，连续三年增幅超过 50%。同时，自贸区、自贸港建设也为外贸注入新动力。

对外贸易新特征对金融服务提出了新要求。一要优化海外机构布局。随着

---

① 本文发表于《人民日报海外版》2018 年 7 月 12 日第 03 版，文字略有修改。

"一带一路"建设的持续推进，我国与"一带一路"沿线国家贸易预计将保持较快增长。但目前，中资商业银行海外机构主要布局在发达经济体，"一带一路"沿线的金融供给亟须加强。二要转变服务模式。随着全球产业分工进一步深化，传统单个企业间的进出口贸易正逐步发展成全球产业链分工、跨国公司内部贸易等模式。这就要求商业银行加快从基于单笔交易提供金融服务，向围绕产业链上下游提供全方位金融服务转变。三要加快产品创新。跨境电商、互联网金融正深刻改变着对外贸易开展的方式。商业银行必须主动顺应市场环境和客户行为的变化，加大支付、结算、融资等产品线上化发展步伐，做好线上线下协同，进一步助力贸易便利化发展。四要加强反洗钱与合规管理。

面对新形势、新要求，我国商业银行应做好"三个升级"，拓展"三个合作"，以优质的金融服务助力对外贸易进一步发展壮大。一是升级综合金融服务。主动顺应国家对外贸易形势，以进出口贸易为纽带，在满足资金收付和融资的基础上，为客户开展跨境投资、债券发行、资产保值、利率和国别风险管理提供综合化金融服务。大力拓展大宗商品金融服务，支持大宗商品要素市场发展，提升我国大宗商品定价权。二是升级人民币金融服务。主动融入人民币国际化进程，在做好传统结算、清算、存贷款业务的基础上，大力拓展人民币债券、大宗商品人民币计价等业务，全方位服务我国对外贸易发展和金融市场开放。三是升级跨境风险管理。主动顺应国内外风险形势，严格落实监管要求，实现业务发展和合规反洗钱"两手抓、两手硬"。强化境内外联动，加强信息共享互通，提高客户尽职调查的有效性。切实提高员工反洗钱和合规意识，从内部控制、尽职调查、人员配置、培训、内部审计等方面着力，为业务可持续发展保驾护航。

"三个合作"，一是拓展新业态领域合作。主动融入跨境电子商务发展，加快自身产品服务创新的步伐。深化新技术应用，推进系统建设、完善网银对接、优化功能体验，提升信息化服务能力。加强与跨境电商等合作，借助电商、物流企业信息优势，打造效率高、风险低、体验好的服务模式。二是拓展自贸区、自贸港业务合作。紧跟国家自贸区、自贸港政策动向，主动加强与区内相关主体的合作。配合政府部门研究借鉴国际先进发展经验，结合区域环境特点，优化金融发展模式。加强与区内海关、法律、税务等机构合作，共同研究制定实现贸易便利化、深化金融改革的举措，推进金融产品和服务创新。三是拓展金融机构合作。基础设施互联互通是"一带一路"建设的重点内容，也是我国企业对外经贸合作的重要领域。针对基础设施投资规模大、期限长、回报有限等特点，商业银行要加快建立相应的金融服务模式。一方面，加强与亚投行、丝路基金等多边金融机构合作，拓宽融资渠道。另一方面，深化与政策性金融机构合作，加强并购贷款、贸易金融等产品组合运用，实现优势互补、资源共享，全面提供综合化金融服务。

新时代呼唤新作为。商业银行要主动融入国家全面开放新格局，深化改革创新，坚守风险底线，以自身的高质量发展支持贸易强国建设。

牵住"牛鼻子"
打赢防范化解金融风险攻坚战[①]

"打好防范化解金融风险攻坚战，是习近平新时代中国特色社会主义经济思想和金融思想的重要内容，是做好金融工作的'牛鼻子'，意义极为重大。"中国银行党委书记、董事长陈四清在接受《金融时报》记者专访时如此表示。

金融稳，则经济稳；金融乱，则经济乱。特别是我国当前正处在决胜全面建成小康社会的关键时期，如果防范化解金融风险这个关口过不去，全面建成小康社会就会失去前提条件。因此，防范化解金融风险无疑是一场输不起的战斗。

党的十八大以来，以习近平同志为核心的党中央高度重视金融工作，多次就防范化解金融风险作出重大部署。那么，银行业如何才能确保打赢这场攻坚战？

对此，陈四清有着深刻的思考。他认为，作为我国金融业的支柱，银行业要提高政治站位，肩负起防范化解金融风险的责任，不断完善风险治理体系，提升风险治理能力，为推动经济高质量发展、建设现代化经济体系持续贡献正能量。

记者： 您如何看待当前我国金融体系的风险状况？银行业做好防范化解金

---

① 作者于 2018 年 7 月接受《金融时报》专访。

融风险应该从哪里着手?

陈四清:当前,我国金融体系风险总体可控,但仍处于风险易发多发期。受内外部因素影响,整体看,银行业既处于风险的集中暴露期,又处于风险的集中消化期。风险的消化侵蚀银行资本,影响银行的盈利能力,但也为银行完善风险治理体系、提升风险治理能力创造了条件。因此,对于银行业来说,防范化解金融风险既是服务实体经济的内在要求,也是自身转型变革、实现高质量发展的现实需要。

面对新形势、新要求,我认为,银行业首先要明确目标方向,明晰主要矛盾,分清轻重缓急,协调推进防范化解金融风险各项工作。

坚持以服务经济高质量发展为总要求。高质量发展的内涵就是从总量扩张向结构优化转变,从"有没有"向"好不好"转变,必将对我国经济结构、产业结构和收入结构等产生深远影响。实体经济是银行业生存发展的基础,让金融回归服务实体经济本源是防范化解金融风险的根本之策。银行只有专注主业、做精专业,切实扭转资金脱实向虚的势头,把货币资金更多地配置到现代化经济体系核心领域,支持产业转型升级、企业盈利改善和居民收入增加,才能从根本上防范重大金融风险,实现稳健经营和健康发展。

坚持以支持供给侧结构性改革为主线。当前,我国经济运行面临的突出矛盾和问题根源是重大结构性失衡,推进供给侧结构性改革是解决问题的对症良药。银行风险防控要紧紧围绕供给侧结构性改革这根主线,全力支持"三去一降一补",注重信贷资源存量重组、增量优化、有保有压、有进有退,加快信贷结构调整,紧跟国家重大战略实施,聚焦产业升级、绿色金融和普惠金融,把资源配置到经济社会发展的重点领域和关键环节,通过主动调整资产结构降低整体金融风险水平。

坚持以深化改革创新为抓手。习近平总书记就维护金融安全提出六项重大任务,第一项任务就是深化金融改革。落实到银行业,就是要不折不扣地落实并进一步加强党的领导、加强党的建设,就是要完善公司治理结构,更好地落实董事会风险防范和合规经营主体责任、高管层执行责任和监事会监督责任,完善内部各项体制机制,培育"依法合规展业、稳健经营发展"的风险文化。

要坚持科技引领，推进风险管理技术架构转型，建设云平台、大数据平台、人工智能平台，用科技力量重塑风险治理体制机制，提升风险治理能力。

记者： 在具体工作中，抓好重点金融风险的防范化解，银行应当如何精准施策？

陈四清： 银行业要根据不同领域、不同市场金融风险情况，采取差异化、有针对性的办法，花大力气解决好当前金融领域的突出风险。

首先，要主动整治金融乱象。深化银行业市场乱象整治既是打好防范化解金融风险攻坚战的重要组成部分，也是推动银行业回归本源、加快向高质量发展转变的重要前提。银保监会强监管严监管深监管，对于增强银行业机构风险意识、合规意识，提升服务实体经济能力具有重要意义。在推动经济金融平稳运行的基础上，还要助力维护金融秩序，着力推动全社会树立"做生意是要有本钱的，借钱是要还的，投资是要承担风险的，做坏事是要付出代价的"观念。

其次，要抓好重点领域风险防控，严防房地产泡沫。要坚持"房子是用来住的，不是用来炒的"这个基本定位，实施房地产行业总量控制，严格房贷标准，实施差异化授信策略。同时，助力地方政府债务风险有序化解。要落实地方政府债务管理要求，严禁违法违规为地方政府提供债务融资或接受政府担保。严格非标理财业务投前准入，严禁违规流入地方政府平台领域。加快退出过剩产能等低效领域，持续加大"僵尸企业"主动压退力度。防控内保外贷和跨境并购业务风险。要严格落实境内外"双重管控"要求，完善内保外贷、跨境并购管理制度，避免风险在境内外之间互相传染。严密防控影子银行和交叉违约风险。要按照"简单、透明、可控"原则，规范理财产品设计和运作，实行穿透管理。审慎开展委外业务，限制"通道""名股实债"类业务。

最后，要加快信贷结构调整。要打通线上线下、境内境外、增量存量、表内表外，将宝贵的金融资源投向国家战略支持领域和经济发展薄弱环节。在区域结构上，大力支持京津冀协同发展、雄安新区建设、长江经济带发展、粤港澳大湾区建设、海南自贸区（港）建设，支持新型城镇化建设和城乡发展一体化。在行业结构上，加大对战略性新兴产业、现代服务业、绿色产业的支持力度，促进产业转型升级。加快推进资产证券化，腾出资源加大对重点领域的支持力度。

与此同时，要大力化解不良资产。既要发挥好金融对经济转型升级的促进作用，也要善于融入经济转型升级进程，实现银行业资产质量改善。要坚持专业化、市场化、集中化的原则，统筹谋划，分类施策，多措并用，切实提升不良资产化解效率和水平。完善信贷资产经营管理长效机制，加强授信管理，提升资产质量。对于存在问题的信贷资产，综合采用市场化债转股、批量处置、破产重组等方法，探索国有企业混改等模式，支持企业价值提升，促进经济转型升级发展。

此外，强化合规反洗钱能力，助力金融业对外开放。银行业要在发展全球化业务的同时，提升全球化风险管理能力。特别是进入全球系统重要性银行名单和国际业务量大的中资银行，要高度重视、扎实推进合规反洗钱体系建设，实现稳健安全发展。

记者：银行业要以自身的高质量发展推动经济高质量发展，需要与之相适应的风险治理能力。那么，未来应当如何进一步加快完善风险治理体系？

陈四清：第一，完善风险治理架构。一方面，要加强各级党组织对风险管理工作的领导。充分发挥各级党组织防范化解风险的主体责任，把风险治理作为各级党组织的重大任务，专题研究、专题部署，有措施、有跟进、有问责，并作为对关键岗位干部考评和奖惩的重要内容。要发挥好各级纪检部门在防范化解风险工作中的监督作用，把党风廉政建设与风险防控结合起来，严肃监督执纪。要建立并落实好激励机制和容错纠错机制，进一步激励广大干部员工新时代新担当新作为。另一方面，做实全面风险管理三道防线。要发挥业务部门、风险部门、审计监察部门三道防线合力，特别是压实业务部门一道防线的责任，明确一道防线作为各类风险所有者和第一责任人的定位，提高他们的风险管理意识和能力。与此同时，加强对全球化、综合化经营风险的管控。要完善海外机构全面风险管理架构，推进"三道防线"在海外机构落地实施。加大对综合经营公司的体制机制建设，确保并表管理能力和管理职责相匹配。

第二，优化风险治理机制。改革授信管理机制，无论表内表外、实有或有、本币外币、线上线下、代客自营、本地异地、境内境外，只要实质承担信用风险，均要做到"统一发起、统一授信、统一审批、统一存续期管理"。完善集团客户风险管理和客户集中度管理，防止"垒大户"。建立差异化风险管控机制。对投行资管、同业、金融市场及互联网金融等新业务，要建立区别于传统商业银行业务的差异化风控机制。建立产品创新容错纠偏机制，确保依法合规开展相关业务。强化问责整改机制。要抓住"问责"这个要害，既对机构管理层进行问责，也追究条线管理者的责任。既对大额不良、案件风险进行问责，也对其他风险事件、违规行为进行问责，以问责倒逼风险管理责任落实。

第三，提高风险治理主体能力。一是提升各机构负责人的风险管理能力。要调整考核方式，延长对各机构主要负责人的考核时段，实行"穿透式"考核，切实改变重收益、轻风险的观念。二是提升风险管理关键岗位人员的专业能力，打造一支懂风险、会管理、有作为的关键岗位人员队伍。三是提升全体员工的日常风险管控能力。要通过教育培训、问责处罚、考核评价等方式，提升每位员工的日常风险管控能力，形成"主要管理者狠抓风险，关键岗位精通风险，全体员工共管风险"的全方位立体式风险管理架构。

第四，创新风险治理工具。要坚持科技引领，把科技元素注入风险管理的全流程、全领域，用科技的力量推动风险治理能力提升。一是完善系统，推动风险管理由"人控"向"机控"转变，最终实现"智控"。二是挖掘数据，持续加强有效风险数据加总、报告、分析、运用能力建设。三是优化模型，继续优化信用风险评级模型，深化资本管理高级方法的应用，提高信用风险计量能力。

第五，打造良好风险治理文化。要塑造"立足长远、坚守底线、合理匹配、治理有效、创造价值"的风险文化，围绕 EVA、RAROC 等核心指标将风险文化理念融入日常经营管理。强化底线思维，确保各项工作"不越监管底线、不踩规章红线、不碰违规违纪违法高压线"。坚持业务发展与风控能力相匹配，真正实现高质量发展。

用金融的力量支持
粤港澳大湾区建设[①]

　　建设粤港澳大湾区，是习近平主席亲自谋划、亲自部署、亲自推动的国家战略，是新时代推动形成全面开放新格局的新举措，也是推动"一国两制"事业发展的新实践。从 2015 年国家在"一带一路"倡议中提出共建大湾区，到去年国家发改委与粤港澳三地共同签署大湾区建设框架协议，再到现在大湾区建设全面深入推进，我们体会到，支持推进粤港澳大湾区建设，要做到"三个坚持"。

　　一是坚持重视民生。让老百姓得实惠是大湾区建设的出发点和落脚点。要让大湾区居民安居乐业，往来便利，医疗、教育、养老等社会保障水平越来越高，生活更加幸福，环境更加优美，社会更加和谐。

　　二是坚持创新驱动。创新是大湾区建设的主要动力。要利用"一个国家、两种制度、三个关税区、三种货币"的有利环境，吸引和对接全球创新资源，大力发展新技术、新产业、新业态、新模式，打造具有全球影响力的国际科技创新中心。

　　三是坚持合作共赢。大湾区建设坚持新发展理念，是更高层次的对外开放，更深层次的区域合作。大湾区发展不仅惠及三地经济及企业，也将增强其

---

① 作者于 2018 年 8 月 29 日在粤港澳大湾区金融高峰论坛的发言。

在国家经济发展和对外开放中的支撑和引领作用，为全球经济增长注入新活力。

在大湾区建设中，金融非常重要，金融既是大湾区的重要产业，也是大湾区经济多元化和全球化发展的重要基础，我们要用金融的力量支持大湾区建设成为国际一流湾区和世界级城市群。

第一，做大产业金融。依托大湾区发达的直接、间接融资市场，在先进制造业、战略性新兴产业、现代服务业迎来新的发展机遇中，提供针对性的综合化金融服务，支持其做大做强。直接融资市场要为新经济发展提供多元化、国际化的融资渠道。金融机构则要发挥好金融中介功能，了解市场趋势及需求，拓展信贷、债券、风险投资等各类金融产品，为大湾区经济及企业发展提供全方位的金融服务。

第二，做强科技金融。加快建设世界级的科技资本市场，合作构建国际化、多元化的科技创新投融资体系，加大科技融资创新力度，推动创投基金等多元化金融服务。主动拥抱金融科技，利用大数据、人工智能、云计算、区块链等新兴金融技术，提升服务的精准性，降低服务成本，控制金融风险。科技与金融的结合，将创造契机，推动大湾区成为全球金融业发展的引领者。

第三，做优民生金融。重点满足粤港澳三地居民在大湾区的金融服务需求，助力打造宜居宜业宜游优质生活圈，提供开户、支付、理财、融资等便利服务，方便三地居民在大湾区生活。我听到各界朋友这方面的需求很多，也很迫切。中国银行在这方面已经推出一些产品和服务，例如今年初专门推出的大湾区信用卡，短短几个月申请人数就超过 20 万；近期率先推出跨境电子钱包，解决了一直以来香港电子钱包无法在大湾区使用的问题。我们正积极研究推出更多的金融便利化惠民举措。

第四，做好特色金融。大湾区主要城市各具特色，在发展金融业方面可以因地制宜、优势互补。例如，香港作为国际金融中心，一直是内地企业"走出去"的重要平台和离岸集资中心，内地对外直接投资有超过一半是通过香港进行的。香港特区政府大力推进企业财资中心建设就很好地发挥了这一优势。林郑月娥行政长官还亲自推动发展绿色金融，将更加突出香港国际金融中心的独特优势。澳门、广州、深圳也有各自的特色金融及发展优势。香港、澳门、广州、深圳四地可在大湾区金融建设上协同发展，相辅相成，合力把大湾区打造成为一个服务国家、服务世界的亚太时区的全球性金融枢纽。

中国银行深耕大湾区已逾百年，业务种类齐全，市场份额最高。2018 年 7 月，我们利用集团全球化、综合化的优势，创新推出"粤港澳大湾区综合金融服务方案"，设计"支付通""融资通"和"服务通"三大产品体系，进一步提升了金融服务大湾区建设的能力。

目前，中国银行正在习近平新时代中国特色社会主义思想的指引下，坚持科技引领、创新驱动、转型求实、变革图强，为建设成为新时代全球一流银行而奋斗。中国银行将把大湾区作为实现战略目标的重要支点，加大资源投入，全力支持大湾区建设。

"同心做事情，齐心就事成。"相信在国家大力支持下，在大家共同努力下，粤港澳全球一流湾区建设将顺利推进，在深化内地与港澳合作、在新时代国家经济发展与对外开放中发挥新作用、作出新贡献。

主动适应监管　完善风险治理
不断提升服务实体经济质效①

风险管理是金融发展的永恒主题。党的十九大报告将防范化解重大风险作为三大攻坚战之首。习近平总书记强调，防范化解金融风险，事关国家安全、发展全局和人民财产安全，是实现高质量发展必须跨越的重大关口。今年适逢我国改革开放 40 周年，恰逢巴塞尔协议缔结 30 周年、我国实施巴塞尔协议 20 周年，同时也是国际金融危机爆发 10 周年。今天，我们在这里探讨金融风险管理发展课题，很有意义，也恰当其时。

一、巴塞尔协议构筑了全球银行业稳健运行的监管框架

巴塞尔协议的诞生与演进，与经济金融形势的变化密切相关。20 世纪 80 年代，美国发生储贷协会危机，这让金融业认识到，必须强化资本约束。1988 年，《巴塞尔协议I》应时而生，构建了以资本充足率为核心的监管架构。1995 年英国巴林银行破产、1998 年亚洲金融危机和 1999 年美国长期资本管理公司破产，让金融业认识到，基于防控信用风险的资本监管架构，已经难以适应变化的金融市场。2004 年巴塞尔银行监管委员会推出《巴塞尔协议II》，覆盖了信用风险、

---

① 作者于 2018 年 9 月 17 日在中国金融风险管理发展高级研讨会的演讲。

市场风险和操作风险，提出了包括资本约束、监督检查和市场约束三大支柱在内的资本监管框架。2008 年国际金融危机暴露了《巴塞尔协议Ⅱ》内评法标准宽松、加剧金融机构"大而不能倒"和顺周期行为等不足。2017 年 12 月《巴塞尔协议Ⅲ》发布，促进金融机构在依靠资本抵御风险的基础上，搭建更加完善的风险治理体系，推动后危机时代金融风险管理理论和实践的发展。

我理解，巴塞尔协议是金融风险管理理论和实践的总结，又通过协议的方式指导金融监管和风险管理实践；巴塞尔协议也是与时俱进的，将会随着金融风险管理理论和实践的发展而不断演变。《巴塞尔协议Ⅲ》总结了国际金融危机的教训，并进行了完善，同时仍有进一步发展的空间。当前，全球金融治理不断变革，金融科技迅猛发展，互联网新业态层出不穷，金融风险及其表现形式，又呈现出新的特点。过去，有《巴塞尔协议Ⅰ》《巴塞尔协议Ⅱ》《巴塞尔协议Ⅲ》；可以预见，未来还会有《巴塞尔协议Ⅳ》《巴塞尔协议Ⅴ》。银行业金融机构应提早做好准备。

我国一直积极参与巴塞尔协议的制定与实施。从 20 世纪 90 年代开始，我国逐步引入资本充足率管理框架。2007 年，中国银监会发布《中国银行业实施新资本协议指导意见》，标志着中国银行业实施新巴塞尔协议的准备工作正式启动。经过 7 年的努力，我国主要大型商业银行，于 2014 年获准成为首批实施新资本协议的银行。在监管部门和金融机构的共同努力下，我国银行业实施新巴塞尔协议取得了显著的成绩。2011 年以来，四大国有商业银行先后跻身全球系统重要性银行之列。2017 年末，我国银行业资产规模已经跃居全球第一，核心一级资本充足率和资本充足率也处于较高水平。

但与此同时，我们也要清醒地认识到，我国银行业的风险识别、计量和管控能力，与防范化解金融风险攻坚战的要求相比，仍然存在差距，完善和提升风险治理，还有很多工作要做。

二、银行业金融机构要主动适应监管要求和形势变化，提升风险治理能力和水平

银行业金融机构实施巴塞尔协议的目的，不仅仅是满足监管要求，更重要

的是提升风险管理能力和水平，实现稳健发展。强化银行风险治理，是巴塞尔协议第二支柱要求的重要内容，也是完善全面风险管理体系的内在要求。实施巴塞尔协议，为我国银行业金融机构，从政策、组织、技术、流程、文化等方面，不断强化风险治理，提供了契机。

一是健全风险治理架构。强化董事会及其风险管理专业委员会的风险管理职责，把风险管理纳入银行整体战略。建立全面风险管理报告体系，董事会应能够及时了解银行面临的所有实质性风险。强化银行高级管理层的风险管理责任，把风险管理目标与银行业务经营指标统筹规划、统一部署。完善风险管理的"三道防线"，强化一道防线的"风险所有者"意识、二道防线的"风险管理建设者"职能、三道防线的"风险监督者"能力。强化并表风险管理，实现从单一银行风险管理，向综合经营风险管理的转型升级。

二是完善风险偏好体系。把风险偏好确立为风险治理的重要工具。董事会层面要设定风险偏好指标，并通过"风险偏好陈述书"的形式，定义银行承担的风险种类，以及每类风险愿意承担的水平。建立健全风险偏好管理框架，做好风险偏好管理，确保风险偏好与银行战略、业务预算相互衔接、逻辑统一。完善风险偏好的指标体系，做到覆盖全面、重点突出、导向明确。强化切实可行、路径明确的风险偏好传导机制，完善偏好传导的政策、路径和工具。

三是持续提升风险计量能力。围绕数据、系统、模型等风险计量的决定因素，持续加强基础能力建设，不断提高风险计量的准确性和适应性。强化数据治理。统一数据定义和标准，提升信息的可汇总性和可比性。明确数据管理的流程和要求，提高数据质量。整合内外部数据，主动挖掘和应用大数据，更好地预判和管理风险。持续完善信息系统。将制度、流程、授权和限额等风险管理关键环节，嵌入信息系统，推动风险管理由"人控"向"机控""智控"转变。加强计量模型体系建设。系统规划计量模型的开发和优化，搭建科学高效的模型体系，提高模型之间的协同度，实现模型快速更新迭代，及时准确捕捉风险变化趋势。

四是大力培育风险文化。风险管理人人有责、风险管理以人为本，风险管理的主体是"人"。在建立高素质、专业化的风险管理队伍的基础上，还要紧紧围绕人的内在驱动和外在约束，塑造良好的风险文化，提升风险治理成效。内在驱动方面，要不断加强培训，增强全员风险意识，提升全员风险管理能力。外在约束方面，要强化风险管理绩效考核，同时切实加强制度建设，完善业务和管理流程，强化风险管理的硬约束。

三、银行业金融机构要把防范化解金融风险和服务实体经济更好结合起来，着力提升金融服务质效

服务实体经济是银行工作的出发点和落脚点。当前，商业银行要围绕国家"稳就业、稳金融、稳外贸、稳外资、稳投资、稳预期"的"六稳"工作要求，把防范化解金融风险和服务实体经济更好地结合起来，着力疏通货币政策传导机制，推动经济健康平稳发展。

着力履行使命担当，服务国家战略。银行业金融机构应发挥好金融稳定器作用，优化风险管理政策，把资源配置到国民经济的重点领域和关键环节。积极支持基础设施领域补短板，推动社会有效投资稳定增长。持续加大对高端装备制造、民生消费、节能环保、信息技术等转型升级重点领域的金融服务力度。大力支持"一带一路"、京津冀、雄安新区、长江经济带、粤港澳大湾区和海南自贸区（港）建设。面对国际贸易形势变化，银行业金融机构应进一步做好进出口企业金融服务，推动跨境电商等外贸新业态发展，培育对外贸易新动能，促进对外贸易多元化。中国银行将充分发挥熟悉国内外市场的优势，积极吸引外资企业在我国投资，支持中资企业优化国际市场布局，推动我国经济平稳增长、加快转型升级。

着力传导货币政策，大力支持小微企业。我国小微企业数量多、贡献大，是实现经济高质量发展的重要力量。商业银行应建立专门针对小微企业的授信管理模式、经济资本计量方法、准备金制度和绩效考核机制，进一步打通银行数据与小微企业社会信用信息的关联，解决好信息不对称这一关键痛点，让创新能力强、社会信用度高的小微企业更容易获得金融资源。中国银行将进一步完善"信贷工厂"和"中关村模式"，提升对小微企业金融服务的效率，打造

符合科技型小微企业特点的贷款和风控模式；完善跨境撮合服务，为小微企业开展技术、贸易与投资合作，提供平台。

着力深化改革创新，提升金融服务效率。《巴塞尔协议Ⅲ》对风险计提资本提出了更加严格的标准，这要求商业银行更加重视提高资本的周转效率，降低和减少资本占用，实现"轻资本、高效率、优质量"发展。商业银行应聚焦主业、做精专业，坚持价值创造导向，改变追求大而全、外延式扩张的发展模式，走高质量发展之路。中国银行提出科技引领、创新驱动、转型求实、变革图强战略，将着力打造服务实体经济、满足人民对美好生活需要、具有强大价值创造能力和市场竞争能力的高质量发展模式。

当前，各方还应增强合力，着力稳定和引导市场预期。现在，很多人都在关注，在外部环境发生明显变化的背景下，中国经济未来的走势如何。我们的看法是，中国经济长期向好的基本面没有改变。我国国内生产总值增速已连续12个季度保持在6.7%至6.9%的区间，充分显示了我国经济发展的强大韧性和内在稳定性，为应对各类风险挑战打下了坚实基础。现在，中国经济发展所集聚的动能，是过去两位数的增长都达不到的。目前，金融机构的资本充足率普遍高于监管要求，同时还在通过多个渠道补充资本，完全可以满足实体经济的发展要求。我们相信，中国经济在创新、协调、绿色、开放、共享的发展理念指引下，将继续保持中高速增长、迈向中高端水平。

中国银行作为国有大型金融机构，将以习近平新时代中国特色社会主义思想为指导，自觉把党中央、国务院对经济工作的决策部署贯彻落实到位，切实把防范化解金融风险和服务实体经济更好结合起来，不断适应监管要求，深化巴塞尔协议应用，提升风险管理水平，增强服务实体经济能力，为推动经济高质量发展，不断贡献新的更大力量！

稳预期　助小微
提升服务实体经济质效[①]

　　针对上半年外部环境发生的新变化，中央政治局会议对当前我国经济形势作出了稳中有进、稳中有变的基本判断，提出了"稳就业、稳金融、稳外贸、稳外资、稳投资、稳预期"的"六稳"政策目标，并确立了下半年经济工作的大政方针。

　　而"六稳"当中，最核心的是"稳预期"。预期向好，投资、生产、经营和消费就会活跃起来，继而进一步促进金融稳、外贸稳、外资稳、投资稳、就业稳。

　　那么，如何看待当前经济形势？商业银行在"稳预期"方面能发挥怎样的作用？如何围绕"六稳"更加有效地服务实体经济，更加有力地服务宏观大局？

　　中国银行党委书记、董事长陈四清接受《金融时报》记者的独家专访，深入谈了他对上述问题的思考，透露并详解了2018年后4个月中行在缓解中小微企业融资难，以及提高服务实体经济质效方面的最新布局与举措。

　　记者：当前，我国经济运行总体平稳，但外部环境发生了明显变化。您如何看待我国当前经济形势？在"稳预期"方面，中行将如何发挥作用？

---

　　① 作者于 2018 年 9 月 21 日接受《金融时报》专访。

陈四清： 2018 年以来，我国经济延续稳中向好态势。经济运行总体平稳，上半年国内生产总值增长 6.8%，连续 12 个季度保持在合理区间，增长的稳定性明显增强。质量效益继续改善，新动能加快成长。上半年日均新设企业 1.8 万户，创历史新高。居民收入稳定增长，人均可支配收入同比增长 6.6%。防范化解风险取得初步成效，财政金融运行总体稳健。

从中行开展业务过程中的感受来看，国际组织和海外投资者也普遍看好中国的经济前景。2018 年 7 月发布的 IMF 中国经济年度报告指出，中国经济继续表现强劲，预计中国 2018 年国内生产总值增长率将继续保持在合理区间。随着我国扩大对外开放，境外机构正在增持我国境内金融资产。8 月，境外机构增持人民币债券 716 亿元，连续 18 个月增持。境外机构在我国国债市场持有量占比首次达到 8%。

应该说，当前我国处于近代以来最好的发展时期。2018 年是我国改革开放 40 周年。经过 40 年波澜壮阔的发展，我国 GDP 增长了 224 倍，进出口规模增长了 198 倍，利用外资增长了 35 倍。我国的发展得益于不断深入的经济全球化，得益于以 WTO、IMF 为标志的多边贸易和金融规则体系，同时也为经济全球化作出了积极贡献。现在有的国家出现了逆全球化势头，企图摒弃多边规则，并不惜以贸易战相威胁。从世界经济发展的历史规律看，这肯定是全球化进程中的旁枝末节和阶段性特征。虽然它造成的阶段性冲击不容忽视，但我们有信心，也有能力做好应对工作。

面对纷繁复杂的外部形势，我们要按照习近平总书记的要求，以正确的历史观、大局观来观察与分析，以正确的角色观为中国银行的发展方向定好位。中国银行将以习近平新时代中国特色社会主义思想为指导，深入贯彻党中央、国务院各项决策部署，坚持稳中求进工作总基调，落实新发展理念，主动发挥国有大行稳定器作用，更好地服务实体经济，推动高质量发展。

记者： 2018 年以来，党中央、国务院高度重视小微企业和民营企业融资问题。如何构建服务小微企业的商业可持续模式，加大金融支持力度，成为当前迫切需要探索解决的问题。作为国有大型银行，中行有哪些成功的做法？下一步还将采取哪些措施？

陈四清： 中小微企业是我国经济和社会发展的生力军，是扩大就业、改善民生的重要支撑，也是企业家精神的重要发源地。我国中小微企业中的大多数都是民营企业。长期以来，中国银行坚持对国有、民营、外资企业一视同仁，对大中小微企业平等对待，高度重视对中小微企业和民营企业的金融服务，不断推进产品和服务模式创新，积极满足它们的融资诉求。

为此，我们启动了专项调研，对1000家企业开展问卷调查，对100家企业开展非现场调查，并召开多场座谈会。2018年9月5日和12日，中行分别在北京和广西召开座谈会，与20家中小微企业负责人面对面沟通，深入了解他们在经营中遇到的融资难题。根据调研情况，我们制定了支持实体经济、防范金融风险、缓解中小微企业和民营企业融资难融资贵的具体措施，进一步提高工作实效。同时，我们针对基层机构在服务中小微企业和民营企业过程中可能存在的不规范行为，派出多个工作组，开展专项督查，通过明察暗访，主动纠正问题，积极改进服务，着力提升企业满意度。

我们持续提升跨境撮合质效。我们的目标不仅是助力缓解中小微企业融资难融资贵问题，更重要的是发挥中国银行全球化、综合化优势，帮助企业引进国外先进的技术和管理经验，开辟国际市场，提升管理能力，规避经营风险，最终实现做强做优。2014年，中国银行推出中小企业跨境撮合服务，为境内外企业搭建沟通交流的平台，为企业合作提供全方位的金融服务。截至目前，中国银行已在海外13个国家、国内16个地区举办47场跨境撮合对接会，吸引来自五大洲80个国家和地区的两万家中外企业参加，涉及信息科技、生物医药、现代农业、新能源等行业，形成实质性合作2000多项，赢得了企业家们的高度肯定。

我们不断提高管理效率。一是持续优化"信贷工厂"模式，把中小企业贷款办理环节从原来的10个减少为4个，推出线上审批模式，大幅提高审批效率。目前，累计投放贷款超过1.2万亿元。二是打通内外部利率传导机制，提高内部资金价格与市场利率挂钩的比例，努力缓解融资贵问题。三是发挥综合化服务优势，充分利用中银投、中银证券等综合经营公司，开展投贷联动试点。目前，中行设有67家科技金融专营机构，支持了一批优质科创型企业。

未来，我们将坚持科技引领，深化与工商、税务、海关和第三方机构合作，运用大数据技术，提升精准画像和风险管控能力，切实提升服务效率，降低交易成本，进一步做好对中小微企业和民营企业的金融服务。

记者：根据当前形势变化，中央提出了"六稳"工作要求。您认为，商业银行应当如何紧贴国家政策目标，切实提升服务实体经济质效？中行在这方面有何考虑和具体部署？

陈四清：服务实体经济是银行工作的出发点和落脚点。中国银行紧紧围绕国家"稳就业、稳金融、稳外贸、稳外资、稳投资、稳预期"的"六稳"工作要求，以支持供给侧结构性改革为重点，把防范化解金融风险和服务实体经济更好地结合起来，推动经济健康平稳发展。

一是适度加大信贷投放。2018年前8个月，中国银行集团本外币贷款实现稳定增长，后4个月我们将继续加大信贷投放力度。新增贷款重点支持基础设施领域补短板，推动高端装备制造、民生消费、节能环保、信息技术等产业发展。我们加大存量盘活力度，前8个月通过到期再贷、资产证券化等多种方式盘活贷款2.42万亿元。同时，我们积极参与地方债发行和投资，预计全年新增3000亿元。

二是助力服务国家战略。我们持续加大对国家重点区域的支持力度，促进区域协调发展。截至8月末，中行在京津冀、长江经济带、粤港澳大湾区、海南自贸区的人民币贷款余额占比较年初上升0.88个百分点。2018年4月20日，我们率先成立了中国银行河北雄安分行，并为雄安新区核定220亿元拆迁补偿专项授信额度，同时积极推进1000亿元雄安新区建设产业基金落地。

三是加大吸引外资力度。中行充分利用遍布全球56个国家和地区的海外网络，大力吸引和促进外资企业在我国投资。特别是，我们持续打造"一带一路"金融大动脉，推动沿线国家与我国相互投资，对沿线国家各类授信支持超过1150亿美元，一系列重大项目取得重要突破。我们充分发挥外汇专业优势，积极吸收海外低成本资金满足企业融资需求，2018年1—8月境内外币和海外贷款平均利率为3.13%。

四是大力发展贸易金融。面对国际贸易形势变化，我们积极培育对外贸易新动能，推动跨境电商等外贸新业态发展，并为外贸企业提供安全快捷的国际结算和贸易融资服务。截至 8 月末，中行外币贸易融资余额合计 579 亿美元，较年初新增 46 亿美元。我们通过离岸人民币兑换、资金交易、债券发行与承销等服务，积极推动人民币在"走出去"项目中的运用。我们认真做好首届中国国际进口博览会服务工作，在 16 个国家举办推介活动，合计营销海外客户超过 1400 家。

五是认真做好普惠金融。我们从完善激励约束机制入手，通过配置专项信贷资源、提高普惠金融考核权重、实行优惠内部资金价格等多项措施，满足企业融资需求，降低融资成本。截至 8 月末，中行当年累计发放普惠金融贷款利率较第一季度下降 33 个基点。近期，我们收购了 27 家建信村镇银行，建成我国最大的村镇银行集团。

六是稳妥推进"去杠杆"。我们以国有企业降杠杆作为重点，稳妥推进"僵尸企业"风险处置，减少无效资金占用。截至 6 月末，疑似"僵尸企业"信贷余额较年初下降 68 亿元。对于暂时陷入财务困境但仍有营运价值的企业，我们通过债务重组等方式，帮助企业渡过难关。我们积极推进市场化债转股，目前已落地项目 8 个，涉及金额 320 亿元。

全球经济复苏态势未改
进博会将巩固贸易关系①

就全球宏观经济、国际贸易、金融业对外开放等问题，《21 世纪经济报道》记者专访中国银行董事长陈四清，力图呈现这位国有大行掌舵人的所思所想。

一、对全球经济不宜过度悲观

记者：今年以来全球贸易争端加剧，其中尤以中美贸易摩擦备受关注，IMF 近期将今明两年世界经济增速预期从 3.9% 下调至 3.7%，您对此如何看？

陈四清：2018 年以来，全球经济增长由去年的欧美同步复苏转向复苏分化。第三季度以来这一态势更加明显。美国保持了较高增速，而欧洲、日本以及新兴经济体则受到影响。美联储收紧货币政策，继续加息、缩表，美债收益率上行，美元走强，叠加一些非经济因素，部分新兴经济体出现金融动荡，给经济增长前景蒙上阴影。基于上述因素考虑，包括 IMF 在内的部分国际组织下调了今明两年全球经济增长预期。

不过对全球经济形势不宜过度悲观。从全球看，即使今明两年全球经济增

---

① 作者于 2018 年 11 月 3 日接受《21 世纪经济报道》专访。

速均回落至 IMF 预测的 3.7%，也仍高于过去 5 年 3.5% 的年均增速，全球经济仍处于国际金融危机后的复苏轨道。从主要经济体看，美国经济增长强劲，减税政策提振预期，今年第二季度美国 GDP 环比增长折年率达到 4.2%，创 3 年以来新高；欧元区经济温和增长，劳动力市场改革取得成效，就业回升带动消费复苏；日本经济摆脱衰退，在国内需求增长助推下重拾涨势；中国经济保持中高速增长，共同为全球经济增长起到压舱石作用。全球经济保持周期性复苏的态势没有改变。

二、我国外贸"朋友圈"会扩大

记者：在当前复杂的贸易环境下，中国推进了一系列加大开放的举措，包括超高规格举办首届进博会，您认为这一努力对改善当前贸易局面有多大效用？

陈四清：对外开放是我国的基本国策，对外贸易是全面开放的重要组成部分。过去多年，我们对外贸易中着重开拓了发达国家市场，在当前新的形势下，我国需要多元化出口市场，同时应更注重进口，实现对外贸易的平衡发展和结构优化。尤其是在当前的对外贸易环境下，超高规格举办进口博览会，具有非常重要的意义。进口博览会将向全世界展现我国扩大对外开放的决心和形象，使各国都可以分享我国经济高质量发展的成果，巩固贸易伙伴合作关系。

除举办进口博览会外，我国还采取了一系列扩大开放和进口的措施。2018 年 4 月 10 日，习近平主席出席博鳌亚洲论坛 2018 年年会开幕式并发表主旨演讲，宣布我国在扩大开放方面将采取重大举措，表示我国不以追求贸易顺差为目标，真诚希望扩大进口，促进经常项目收支平衡。将主动扩大进口列为扩大开放的四个重大举措之一，再一次向世界表明了我国积极对外开放的决心和信心。

实际上，近年来我国一直在致力于促进外贸平衡发展，积极扩大进口，市场开放在广度和深度上都不断提高。尤其是在关税方面，我国近年来大幅降低了部分产品的进口关税。商务部数据显示，截至 2018 年 1 月 11 日，我国对

8000 余种进口产品实现了零关税。今年以来，我国降低进口关税的脚步进一步加快。国务院关税税则委员会于今年 4 月、5 月和 9 月先后印发四则公告，降低药品、汽车整车及零部件、日用消费品和部分工业品进口关税水平。今年四次自主降税之后，我国的关税总水平将由上年的 9.8% 降至 7.5%。

今年是改革开放 40 周年，我国举办首届进口博览会、主动降低关税总水平等一系列对外开放举措，表明我国将坚定不移地支持经济全球化，坚决维护多边贸易体系，同时将有效促进国内供给体系质量提升，满足人民群众消费升级需要。

记者：在 2018 年半年度业绩发布会上，中行高层曾表示下半年中行计划为外贸企业提供不少于 6500 亿美元国际贸易结算服务，和 1000 亿美元贸易融资及保函授信支持。积极支持和引导国内企业优化国际市场格局，主动开拓东盟、中东欧、非洲、拉美等新兴市场业务。这一目标是如何与进口博览会相结合的？

陈四清：7 月底，中央政治局召开专题会议，对当前的经济形势进行了分析判断，提出了包括"稳外贸"在内的"六稳"工作要求。作为脱胎于外汇外贸专业银行和国际化程度最高的国有大型商业银行，中国银行责无旁贷。正如你所说，中行管理层在 2018 年中期业绩发布会上，就支持"稳外贸"作出了庄严的承诺。

中国国际进口博览会是国家积极向国际社会传递我国全面对外开放决心的重要舞台，在维护多边贸易体系、推动我国对外贸易多元化发展和贸易平衡方面具有重要的意义。因此，中国银行将服务进口博览会作为支持"稳外贸"工作的重要抓手，举全行之力，做好综合服务支持工作。

为了服务进口博览会，中行充分发挥国际化优势，在境内外合计营销超过 1400 家客户，成功推动了众多知名企业与机构确认参加进口博览会。活动期间，中行共有 36 家境内机构和 46 家海外机构陪同众多来自世界各地的企业参加博览会，这些企业中不仅有来自欧美发达国家的龙头企业，也有来自东盟、中东欧、非洲、拉美等新兴市场的商业力量，我们为这些客户准备了全方位的金融服务。

此外，中行还创新组织了有史以来时间最长、规模最大、效果最强的跨境撮合活动，这就是"首届中国国际进口博览会展商客商供需对接会"。这些工作都将助力我国外贸国际市场格局的优化。

服务首届进口博览会的举办并不是结束，而仅仅是开始，中行将密切跟进进口博览会的各项工作成果，加大金融支持力度，推动双边贸易发展。我们相信，随着对外开放战略的深入推进，我国外贸的"朋友圈"会越来越大，我国外贸发展前景依然广阔。

三、银行业对外开放推进较快

记者：今年以来中国推进了一系列加大开放的举措，也包括金融对外开放，您怎么预期银行业对外开放的落地情况？

陈四清：今年以来我国金融对外开放程度不断扩大，4月博鳌亚洲论坛上习近平主席表示要大幅放宽市场准入，人民银行行长易纲宣布了未来中国金融扩大对外开放的多项举措，内容涵盖银行、证券、保险、金融市场等多个方面。近期，银行业开放多项举措落地：

一是放开外资持股比例限制，即取消银行和金融资产公司中外资单一、合计持股比例分别不超过20%、25%的限制，同时将外资入股证券公司、保险公司等的比例限制由49%放宽至51%，3年后不设限，这为外资金融机构提供了更大的发展机遇。

二是放宽设立机构的限制。近日银保监会代拟《国务院关于修改〈中华人民共和国外资银行管理条例〉的决定（征求意见稿）》，允许外资银行在华同时设立分行与子行，而根据此前的监管规定，外资银行不能同时设立子行和分行。

三是扩大外资银行业务范围。2017年3月以来，银保监会先后发布《关于外资银行开展部分业务有关事项的通知》《关于进一步放宽外资银行市场准入有关事项的通知》等，允许外资银行从事政府债券承销，并对外资银行从事财务顾问、代客境外理财、代客境外理财托管、证券投资基金托管等业务，由事前审批制改为事后报告制。同时，人民币业务相关的开放举措也于近期落地，如取消外资银行申请人民币业务前需开业满 1 年的等待期，将外国银行分行可以吸收的中国境内公民的单笔存款门槛由 100 万元放松至 50 万元等。

四是简化审批流程，包括简化外资银行发行债务、资本补充工具的相关审批要求，简化高管资格审核要求，允许有多家分行的外国银行可由管理行授权其他分行使用其拥有的人民币业务牌照和衍生品交易牌照等。

整体来看，我国银行业对外开放的政策落实情况较快，预计外资银行在华布局将进一步扩大。2017 年末，我国各类外资银行营业性机构总数达 1013 家，近 15 年来增长了近 5 倍；总资产达 3.24 万亿元，较 2002 年末的 3000 多亿元人民币增长了近 10 倍；注册资本合计 1738.4 亿元，较 2002 年末增长了 6 倍多；累计实现的净利润相当于 2002 年的 10 倍。外资银行在华经营整体稳健，随着我国银行业对外开放举措的陆续落地，外资银行也将积极加大布局，未来在华经营发展将会迎来更大的机遇。

记者：外资在华布局加快的同时，您认为中资金融机构"走出去"会有什么进展？

陈四清：近年来中资金融机构"走出去"步伐不断加快，特别是银行业的海外布局。2017 年四大行境外机构数量达 1353 家，覆盖 60 多个国家和地区。根据 IIF 统计，中国银行业跨境贷款规模达到了 6300 亿美元，位列全球第八，较 2010 年增长了 5 倍，同期美国、日本、欧洲银行业跨境贷款仅增长了 13%、35% 和 5%。未来随着我国银行业对外开放不断加快，我国金融业的国际竞争力和影响力不断提升，中资金融机构的国际化发展将不断取得新的进展。

首先，银行业"走出去"将由高速增长向高质量发展转变。紧跟我国"一带一路"建设、人民币国际化等重大发展机遇，中资银行业把服务实体经济、支持企业"走出去"作为国际化发展的重要目标，不断完善海外机构布局，提高国际化的广度和深度。到 2017 年底，我国银行业已在 26 个"一带一路"沿线国家设立 68 家一级机构。未来区域布局将更加广泛、多元化。同时，银行业海外经营水平不断提高，国际化发展从加速布局全球网络的粗放式增长向优化业务经营和服务能力的精细化发展转型，综合化经营水平不断提升，业务创新能力不断强化。

其次，非银金融机构"走出去"将有更多影响力和竞争力。随着我国金融体系的不断健全、金融业不断发展壮大，非银金融机构"走出去"将不断加快。相对于银行业而言，证券、保险等非银金融机构的国际化发展尚处于起步阶段，不过未来将继续发展壮大，有望在国际市场上进一步提升影响力和竞争力。

四、平常心看人民币国际化

记者：您怎么看当前贸易形势之下，人民币汇率表现以及人民币国际化趋势？

陈四清：今年人民币兑美元汇率走势在第一季度前后形成明显分水岭。第一季度小幅升值3.8%，第二季度在美元走强影响下，人民币汇率转为贬值。为抑制外汇市场的顺周期行为，人民银行陆续恢复了一些宏观审慎措施，收到良好效果。9月下旬以来，国内外金融市场波动加剧，人民币汇率贬值预期又有所抬头。截至11月2日，人民币兑美元汇率中间价较第二季度末贬值4.6%。我们认为，当前我国经济运行稳中向好的趋势没有改变，国际收支基本平衡，金融风险完全可控，外汇储备充足。根据联合国贸易和发展会议数据，今年上半年，我国吸引外资总额超过700亿美元，成为全球最大的外国直接投资流入国，表明外资看好我国经济。未来随着金融市场扩大开放，汇率市场化改革稳步推进，人民币汇率将在合理均衡水平上保持基本稳定。

今年以来，人民币国际化保持良好发展态势。据环球银行金融电信协会（SWIFT）统计，2018年8月人民币国际市场份额为2.12%，位列全球第五，较2月上升两位，人民币国际使用稳步提升。与此同时，随着人民币跨境支付系统（二期）等基础设施不断完善，境内股票期货等金融市场不断开放，中国原油期货在上海能源交易中心（INE）正式挂牌上市，铁矿石期货引入境外交易者，A 股纳入 MSCI 新兴市场指数，人民币的计价结算、投资交易、价值储备等功能也在稳步提升。

当然，从历史上看，一国货币国际化是一个漫长的过程。对未来人民币国际化可能经历的曲折和反复要用平常心看待。人民币代表着新兴市场经济体的影响力，也承载着中国力量。只要我们克服浮躁的心态，稳步前行，人民币国际化必将拥有光明的前景。

以行动的力量
更好地服务民营企业发展^①

  近日，习近平总书记亲自主持召开民营企业座谈会并发表十分重要的讲话，为我国民营企业发展注入了强大动力，也为金融机构加大力度做好民营企业金融服务进一步指明了前进方向、提出了明确要求。中国银行党委认真学习传达总书记重要讲话精神，迅速制定《支持民营企业二十条》，提出中国银行作为国有大型银行，要自觉提高政治站位，主动担当作为，狠抓执行落实，用实际行动贯彻党中央的决策部署，用实际行动支持民营企业走向更加广阔的舞台。

  支持民营企业发展，要强化政治担当。这次民营企业座谈会，是在经济下行压力有所加大、部分企业经营困难较多、长期积累的风险隐患有所暴露的关键时期召开的一次重要会议。习近平总书记在座谈会上的重要讲话，蕴含着对民营经济的深厚情感，充满了克服和解决困难的信心和决心，内容非常丰富，思想十分深刻，具有重要的里程碑意义。学习总书记重要讲话精神，要提高政治站位。要从坚持基本经济制度的高度，认识非公有制经济在我国经济社会发展中的地位和作用，毫不动摇鼓励、支持、引导非公有制经济发展，通过优质、高效的金融服务，让民营企业和民营企业家增强获得感、安心谋发展。学

---

① 本文发表于 2018 年 11 月 12 日《金融时报》，文字略有修改。

习总书记重要讲话精神，要狠抓执行落实。要把党中央、国务院的决策部署扎扎实实贯彻到位，将支持民营企业发展与支持实体经济更加紧密地结合起来，以服务供给侧结构性改革为主线，在防范化解金融风险的同时，更好地服务民营经济发展。学习总书记重要讲话精神，要主动担当作为。要通过"砸门""拆墙"补短板，不断优化商业银行的客户准入、授信审核、风险管理、尽职免责等政策，着力构建亲清新型银企关系，实实在在地提高服务民营企业的能力和水平。

支持民营企业发展，要采取有力行动。总书记在民营企业座谈会上提出了支持民营经济发展壮大的六方面举措，为金融机构加大力度服务民营企业指明了方向。"一分部署，九分落实"，当前，金融机构要迅速把党中央、国务院的决策部署及各项方针政策转化为实实在在的行动。从今年9月开始，中国银行开展了"1120"专项调研，对1000家企业开展问卷调研，对100家企业开展非现场调研，并召开多场座谈会，主动倾听民营企业呼声。在此基础上，中国银行经过深入研究，制定发布了《支持民营企业二十条》，从优化授信政策、提高服务质效、加强资源配置、健全尽职免责、拓宽融资渠道、降低融资费用、完善服务模式、创新产品服务八个方面提出20条针对性支持措施，努力帮助民营企业跨越市场的"冰山"、融资的"高山"和转型的"火山"，助力民营企业持续健康发展。

支持民营企业发展，要解决痛点问题。习近平总书记指出，要改革和完善金融机构监管考核和内部激励机制，把银行业绩考核同支持民营经济发展挂钩，解决不敢贷、不愿贷的问题，对商业银行完善体制机制提出了明确的要求。激励机制是商业银行经营管理的"指挥棒"，是指导各微观主体行为的"牛鼻子"。我们要针对当前银行激励机制中短期指标占比过高、尽职免责机制不健全的问题，下大力气完善支持民营企业发展的激励机制。一方面，通过实施中长期穿透式考核，引导分支机构减少短期行为，提升支持民营企业积极性和主动性。另一方面，健全尽职免责和容错纠错机制，通过明确的授信尽职免责细则，厘清各环节责任，切实解决基层业务人员"不敢贷"问题。

支持民营企业发展，要创新产品服务。民营企业经营有其特点，能否推出适应性强的产品和服务是提高民营企业服务水平的关键。商业银行要加强市场研究，密切跟踪企业需求，加大产品和服务的创新力度，更好地服务民营企业发展。要加强尽职审查，注重对企业第一还款来源的分析判断，对符合国家产业政策、履约记录良好的优质民营企业，降低或免除抵（质）押担保要求。要扩大可接受抵押品范围，积极接受应收账款、知识产权类押品，为民营企业提供更加便利的金融服务。目前，中国银行服务民营企业授信客户共计5.37万户，贷款余额占比接近三分之一。我们发挥特色优势，强化对民营企业的贸易金融服务、跨国金融服务、综合金融服务，今年累计为民营企业提供国际贸易结算超过1万亿美元；持续推动跨境撮合，在全球举办了50场跨境撮合活动，为我国民营企业融入全球价值链、产业链、资金链搭建了广阔的平台；通过聚焦基础服务，做强村镇银行，积极满足县域和乡村民营企业金融需求，填补金融服务空白点；努力为民营企业提供有针对性的避险工具和风险管理咨询服务，为民营企业持续健康发展保驾护航。

支持民营企业发展，要建立长效机制。支持民营企业发展，关键是标本兼治、系统施策，解决好民营企业融资难融资贵问题。短期内，要着重为民营企业"止血""输血"。对暂时遇到经营困难，但公司治理良好、生产经营正常、负债率合理、还款能力及意愿良好的民营企业，可通过风险可控的借新还旧、展期、变更借款人、调整还款计划等再融资方式，解决客户临时性资金周转问题。中国银行将继续加大信贷支持力度，优化民营企业授信流程，提高审批效率，降低企业融资成本。进一步强化政策传导，实现总分支行一致行动。中长期看，要着力提升民营企业的"造血"能力。中国银行将充分发挥全球化、综合化优势，积极帮助民营企业拓宽融资渠道。我们将通过覆盖全球的承分销网络，对民营企业予以境内外发债及资产证券化支持。设立基石投资账户，利用自有资金撬动市场资金，加大对民营企业投资力度。设立或参与股权投资基金，积极引入社会资本，缓解民营上市公司流动性压力。通过内部改革创新，降低风险成本、资金成本、服务成本，提高服务民营企业的内生动力。

助民企跨过"融资高山" [1]

当前民企融资难问题备受关注。作为国有控股商业银行，中国银行怎样服务好民营企业？缓解民企融资难的难点在哪？如何构建长效机制？

一、短期着重为民企"输血"

服务民营和中小微企业发展，既是中国银行服务经济社会发展的应尽义务，也是中国银行"建设新时代一流银行"的应有担当。

近段时间，服务好民营企业是各大商业银行的着力点。自2018年9月开始，中国银行已对千余家企业开展问卷调研，对百余家企业开展非现场调研，召开多场座谈会，倾听民营企业诉求。

目前其中大部分措施已得到落实，少部分措施因涉及科技创新、长效机制建设等工作，正在逐步推进落实过程中。

短期内，要着重为民营企业"输血"，通过风险可控的续贷、债务重组等再融资方式，帮助暂时困难的民营企业走出困境，并继续加大信贷支持力度，降低企业融资成本；中长期看，要着力提升民营企业的"造血"能力。

多年来中国银行多措并举支持民企发展。包括为民企跨境贸易提供支持，

---

① 作者于2018年12月接受新华社专访。

服务民企"走出去",创设全球中小企业跨境投资撮合服务,发展村镇银行服务民企,利用股票发行承销等优势为民企提供综合金融服务等。

中国银行数据显示,截至今年9月末,支持民营企业授信客户5.37万户,贷款余额1.53万亿元;前8个月,累计为外贸企业提供国际贸易结算支持9155亿美元,村镇银行累计服务中小微客户178万户,为22.45万个客户发放贷款859亿元。

二、强化全方位多维度风险管控

在积极支持民营企业的同时,如何确保风险可控是各大银行关注的话题。

当前全球经济增长趋缓和国内经济结构转型等因素,加大了民营企业的经营风险,商业银行在支持民营企业发展的同时,要处理好发展与防范风险的关系。

要在总体风险基本可控的前提下,加大对民营企业的支持力度。加强前瞻性引导,助力扩大客户基础,调整优化信贷结构,强化行业授信组合管理,逐步提高银团贷款占比。多措并举,帮扶暂时经营困难的民营企业脱困。

具体来说包括:选择符合国家产业政策、公司治理完善、负债水平合理、履约记录良好的优质民营企业,加大信贷支持;鼓励加大对符合国家战略导向、专注实体经济领域的民营经济的支持力度;切实做好贷前调查、贷中审查、贷后管理;强化民营企业综合信息互享互联和数据挖掘分析;等等。

三、跨过"融资高山"仍需长效机制

要让民营企业跨过"融资高山",就需要建立金融机构服务民营企业的长效机制,这需要政府、企业、金融机构等多方一起努力。

金融机构要健全授信制度,优化考核激励机制,在指导思想、授信政策、准入门槛、授信管理等方面对民营企业和国有企业一视同仁。

要通过"砸门""拆墙"、补短板,不断优化商业银行的客户准入、授信审核、风险管理、尽职免责等政策，着力构建亲清新型银企关系，提高服务民营企业的能力和水平。

　　下一步，中国银行将开辟授信审批绿色通道，加大信贷投放力度；大力发展普惠金融，2019 年计划新增贷款近千亿元；通过实施中长期穿透式考核，提高民营企业授信业务的考核权重；坚持科技引领、创新驱动，为企业提供融资和贸易便利化服务。

全力以赴做好金融风险防控工作[①]

中央政治局会议在部署当前经济工作时强调：要细化"巩固、增强、提升、畅通"八字方针落实举措，注重以供给侧结构性改革的办法稳需求，坚持结构性去杠杆，在推动高质量发展中防范化解风险，坚决打好三大攻坚战。防范化解金融风险特别是防止发生系统性金融风险是金融工作的根本性任务。这要求深化对金融本质的认识，着力推进金融供给侧结构性改革，更好服务经济发展和改革开放，全力以赴做好金融风险防控工作，助力打赢防范化解金融风险攻坚战，推动我国金融业高质量发展。

金融的本质是服务好实体经济。各国经济金融发展的历史经验表明，任何脱离实体经济运行的金融活动都是无本之木、风险之源。金融要以服务实体经济为本源。在十九届中央政治局第十三次集体学习上，习近平总书记将金融和经济的辩证关系高度概括为"活、稳、兴、强"，即"金融活，经济活；金融稳，经济稳；经济兴，金融兴；经济强，金融强"。这四组关系深刻地揭示了经济和金融二者互为表里、互为因果、互相促进的关系。只有服务好实体经济，防范金融风险才有前提，化解金融风险才有基础。

着力推进金融供给侧结构性改革。改革开放以来，我国金融业发展取得了历史性成就。特别是党的十八大以来，金融业保持快速发展，金融改革开放有

---

① 作者发表于 2019 年 5 月 1 日《学习时报》，文字略有修改。

序推进，金融产品日益丰富，金融服务普惠性增强，金融监管得到加强和改进。同时，也要看到，我国金融业的市场结构、经营理念、创新能力、服务水平还不适应经济高质量发展的要求，诸多矛盾、问题和风险仍然突出。这些问题说明，金融业不仅要服务好供给侧结构性改革，在融资结构、机构体系、市场体系、产品体系等方面也要做好自身的供给侧结构性改革。特别是要综合运用"投、贷、债、股"多种工具，助力打通货币政策传导的"最后一公里"，为民营企业、普惠金融和绿色经济提供优质高效低成本的金融服务。要积极发展债务资本市场、资产管理和直接融资业务，服务资本市场健康发展。要针对"三农"、精准脱贫等薄弱领域，加大金融支持力度。要坚持"房子是用来住的、不是用来炒的"这一定位，促进房地产市场平稳健康发展。

在稳增长基础上防风险。实体经济健康发展是防范化解风险的基础。当前，国内外经济形势错综复杂，如果经济增长滑出合理区间，多方面的风险就会集中爆发，最终防风险的任务也无法完成。金融机构有责任助力平衡好"稳增长"和"防风险"的关系，以服务供给侧结构性改革为主线，做到"稳增长""防风险"两促进、两不误。在区域结构上，要落实国家区域协调发展战略，重点做好京津冀、雄安新区、粤港澳大湾区、长江三角洲、海南等地区金融服务。在行业结构上，要加大对高端制造、现代服务业、民生消费等领域的支持力度。抢抓5G商用窗口期，支持新型基础设施建设和新一代信息技术产业发展。在业务结构上，要保持贷款稳定增长，大力发展债券和股权融资业务，积极叙做市场化债转股项目，助力降低企业杠杆率、化解地方政府债务风险。

在双向开放条件下增实力。我国正在更大范围、更宽领域、更深层次上提高开放型经济水平，这要求金融机构加快提升开放条件下的全球经营管理和风险防控能力。政策性银行、商业银行、国际多边组织、出口信用保险等机构要加强合作，大力支持"一带一路"建设，积极推动自贸区金融服务创新，稳步推进人民币国际化，服务好进口博览会等国家重大活动。要充分利用国际组织平台，积极参与国际金融治理。同时，金融机构要注重强化国别风险管理，帮助客户管理好跨境风险，助力我国企业境外资产安全。针对全球监管趋严的现实，要牢固树立全球合规理念，持续加强反洗钱反制裁合规工作，不断提升开放条件下防控风险、合规经营的水平。

精准有效处置重点领域风险。金融风险隐蔽性、突发性、传染性强，处置金融风险是一项专业性很强的"技术活儿"，处置不好还会衍生其他方面的风险。我们要坚持底线思维，深刻认清形势，找准优先序，密切关注外部输入性风险、金融市场大幅波动和叠加风险、银行和债券市场信用风险、地方政府债务风险等重点领域的新变化、新特点，有的放矢地做好应对准备，采取化解措施。要提高防范和化解金融风险的主动性和前瞻性，增强同风险赛跑的意识，抓住有限的时间窗口，变被动防御为主动进攻，努力跑在风险前面，赢得化解先机。同时也要把握好处置风险的节奏和力度，避免因处置不当而引发新的风险。要加快金融市场基础设施建设，做好金融业综合统计，加强对潜在风险和趋势性风险隐患的主动监测、分析和处理，做到未雨绸缪、防患于未然。

全面提升风险防控能力。一要提升各级机构负责人的风险防控能力。各级机构负责人要做到政治过硬、作风优良、精通金融工作，不仅要成为业务拓展的能手，也要成为风险管理的行家。要改变重收益、轻风险的错误理念，切实平衡好风险与收益的关系。要调整考核方式，延长对各机构主要负责人的考核时段，实行穿透式考核。二要提升风险防控关键岗位人员的专业能力。要加强各级机构风险管理关键岗位人员的配备和培养，打造一支懂风险、会管理、有作为的关键岗位人员队伍。三要提升全体员工的日常风险防控能力。每项业务都会伴生风险，每位员工都是风险管理的责任人。要通过教育培训、问责处罚、考核评价等方式，提升全员合规意识和风险管控能力，形成"主要管理者狠抓风险，关键岗位精通风险，全体员工共管风险"的全方位立体式风险管理架构。除了提升人的能力外，还要着力健全金融机构风险研判、评估、防控协同和防控责任机制，加快完善与现代金融发展相适应的风险治理体系。要坚持科技引领，夯实风险数据基础，加强模型开发应用，加快推动风险管理由"人控"向"机控""智控"转变。

第四篇
"一带一路"与人民币国际化

扩大人民币直接投资输出
开启人民币国际化新格局①

人民币国际化试点 5 年来，"贸易结算＋离岸市场"的发展主线逐步成形。在当前以"一带一路"建设为代表的区域投资经贸合作不断增强的背景下，"企业'走出去'＋人民币资本输出"可能成为人民币国际化深入推进的新主线，人民币国际化将进入经常项目、直接投资两条主线交替推进的发展新格局。

一、人民币国际化水平不断提升，但仍面临不少艰巨的任务

跨境人民币结算试点启动 5 年来，人民币跨境结算使用水平明显提升，离岸人民币市场规模不断扩大，人民币境外流转水平持续提高。人民币已成为中国对外经贸往来中使用的第二大结算货币、全球第七大支付结算货币和第九大外汇交易货币。但深入扎实推进人民币国际化，仍面临不少艰巨任务。

人民币在跨境贸易结算中的使用水平有待进一步提升。今年 1—9 月，中国跨境货物贸易人民币结算量占同期海关货物进出口总量的比重提升至

---

① 本文发表于《金融时报》2014 年 11 月 11 日第 004 版，文字略有修改。

15.6%，这是不小的进步，但也应该看到，其中一半左右发生在中国内地与香港之间，与香港以外地区的贸易往来中使用人民币结算的比例仍有较大的提升空间，人民币的跨境流通使用仍需长期持续推动。

人民币区域化基础有待进一步增强。区域化是货币国际化的重要基础，与欧元的区域化水平相比，人民币的区域化水平尚有明显差距。人民币在韩国、日本、东盟等国家和地区的使用水平同这些国家和地区与中国的贸易规模尚不匹配，人民币需要进一步做实区域化，在区域内打牢跨境使用的基础。

表1　　　　　　　　人民币与欧元在各自部分周边国家的使用水平

	周边国家进口/出口中使用人民币结算的比例			周边国家进口/出口中使用欧元结算的比例		
	印度尼西亚	泰国	韩国	丹麦	英国	保加利亚
出口	0.40%	<1.5%	<1.2%	22.30%	3.1%	36.70%
进口	0.13%	<1.2%		22.10%	4.1%	23.90%

资料来源：欧盟经济数据统计网站、韩国经济院、印度尼西亚及泰国政府部门网站，除韩国为2013年数据外，其他为2012年末数据。

人民币资金输出的渠道有待进一步拓宽。中国的整体贸易收支一直保持顺差格局，未来随着人民币跨境使用水平的不断提升，经常账户输出人民币资金的能力有可能会逐步下降，因此有必要强化直接投资等资本及金融渠道的人民币输出能力，形成更趋优化的人民币跨境输出及回流模式。

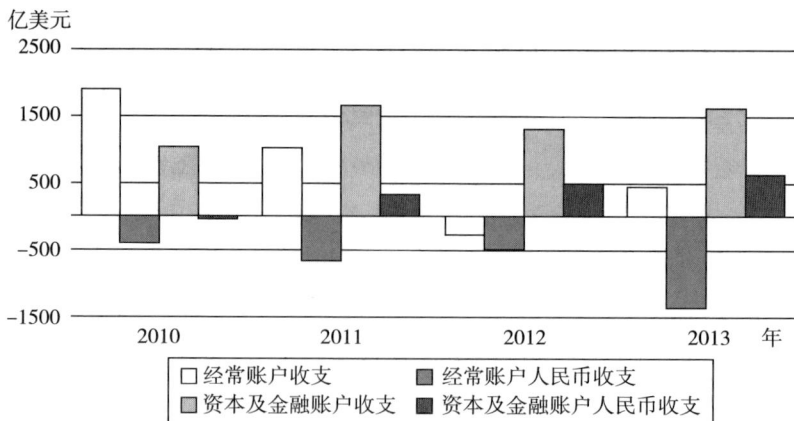

资料来源：根据中国人民银行、国家外汇管理局网站数据整理。

图1　中国的国际收支及人民币跨境收支

人民币与境外实体经济的融合度还需大力提升。深化人民币跨境使用的市场基础，需要培育和增强人民币资金引导资源要素跨境流动、参与境外实体经济循环的能力。目前境外实体经济对人民币信贷资金的需求还有待进一步培育，人民币参与境外实体经济开发的力度有待进一步增强。

二、人民币对外直接投资将为人民币国际化增添新动力

2006—2013年，我国对外投资的年均增速达23%，明显高于外商直接投资9%的年均增速。2~3年内，我国对外直接投资有望超过外商直接投资，使我国成为直接投资净输出国，"企业'走出去'＋人民币资本输出"可能成为引领人民币国际化深化发展的新主线，给人民币国际化带来新的推动力。

提升人民币计价结算职能。中国银行2014年对境内外3100多家客户的问卷调查中发现，不少企业未能实现人民币计价结算的原因，是其上下游客户未采用人民币计价结算。因此，中国企业"走出去"，参与从资源采购、中间商品分包到最终商品销售的国际生产流通环节，将推动人民币逐步进入全球供应链，为其行使国际计价结算职能提供深层次保障。

助推人民币货币区的形成。人民币货币区，是指进出口贸易中使用人民币结算的比例较高、其货币与人民币汇率挂钩态势较为明显、人民币承担"锚货币"角色的区域。研究表明，货币区的形成，除要求区域内资本、劳动力等要素流动较为自由和经贸联系紧密外，发展趋向协同也是必不可少的外部条件。中国企业积极"走出去"，参与周边国家的经济发展和建设，提升互联互通水平，正是从产业层面提升区域经济发展的协同性，对于人民币货币区的逐步形成具有积极的推动作用。

优化人民币跨境循环模式。一国货币国际地位的巩固和提升，往往伴随着持续的经常账户顺差和对外净资本输出的历程。美国的经常账户顺差和对外净资本输出从第二次世界大战以前一直持续到20世纪70年代中期，这一期间也是美元的国际货币地位不断巩固的重要时期。以对外直接投资输出人民币，以

经常账户回流，对于巩固和提升人民币的国际地位具有积极意义。

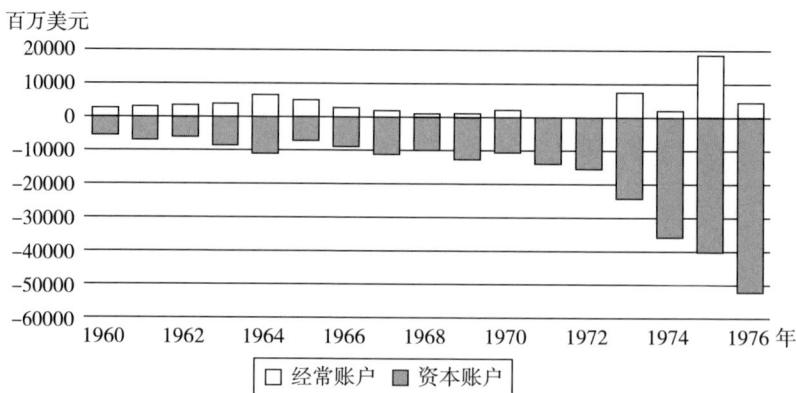

资料来源：美国经济分析局网站。

图2　1960—1976年美国国际收支结构

激发境外实体经济的人民币需求。中国银行跨境人民币指数（CRI）模型的测算结果显示，截至2013年末，人民币的跨境使用活跃度相当于美元的六分之一、欧元的四分之一、英镑的三分之一、日元的二分之一；同期中国对外直接投资累计净额（存量）6136亿美元，相当于美国对外投资存量的十分之一，英德法等国的三分之一，日本的三分之二。货币跨境使用活跃度的差距与这些国家对外直接投资存量规模的差距大致匹配，这在一定程度上反映了两者之间的内在联系，即一国对外直接投资存量奠定了境外实体经济对该国货币需求的基础，进而支撑该国货币跨境使用的活跃程度。

以参与"一带一路"建设为代表的区域经贸合作为契机，深入推进人民币国际化，需要企业、金融机构和政府的共同努力。

企业层面要积极参与人民币计价全球供应链的构建。稳步推进股权投资、开发投资，使人民币成为计量能源和大宗商品生产成本的价值尺度；大力提升跨国经营水平，不断增强在全球范围内引导和利用各种生产要素，布局全球化生产、分工的能力；推进技术升级和进步，逐步提升在全球供应链的地位。

金融层面要大力完善人民币跨境使用的配套保障。加强与国外银行同业在人民币支付清算、资金拆放、报价做市等方面的业务合作，为人民币跨境使用提供更加便利的条件；推进以亚洲基础设施投资银行、金砖国家新开发银行为代表的区域金融合作，为人民币参与区域经济开发提供依托和保障；继续扩大在央行层面的货币互换合作，使人民币在补充国际流动性、参与国际贸易融资等方面发挥更加积极的作用。

政府层面要引导创建合作共赢的有利环境。推进以"一带一路"建设为代表的区域经济合作，加强中国与区域国家的互联互通，扩大市场开放水平，便利人民币资金的跨境流通和使用，强化人民币在区域经济开发中的建设性作用，使人民币的跨境使用成为区域各国实现共享机遇、共同发展的重要促进力量。

总体而言，5年来人民币国际化成就斐然，未来发展仍然任重道远，需要在企业层面、金融合作层面以及国家经济合作层面开展大量扎实细致的工作。从这个意义上看，企业"走出去"和人民币对外直接投资，其作用类似于人民币国际化的播种机、宣传队和宣言书，一旦企业"走出去"有效带动人民币"走出去"并形成自发的良性循环，人民币国际化的崭新格局将随之开启。

开启人民币国际化新格局①

2009 年 7 月，以中国人民银行与相关部委联合发布《跨境贸易人民币结算试点管理办法实施细则》为标志，人民币国际化的大幕正式开启。试点 5 年来，经常账户的人民币输出推升了人民币国际化水平，"贸易结算 + 离岸市场"的发展主线逐步成形，人民币国际化取得不少具有标志意义的重要进展。

在当前推进以"一带一路"建设为代表的区域经济合作背景下，资本账户输出人民币的前景正变得愈加清晰，"企业'走出去' + 人民币资本输出"可能成为人民币国际化深入推进的新主线，下一个 5 年，人民币国际化将进入两条主线交替推进的发展新格局。

一、经常项目的跨境人民币收付推动人民币国际化水平不断提升

人民币国际化历程起始于经常账户项下的跨境贸易人民币结算试点，发展于经常账户项下货物贸易、服务贸易、收益和各种转移收付活动中人民币使用比例的不断提高，收效于经常账户下人民币资金持续净流出推动离岸市场不断扩容。5 年来，"贸易结算 + 离岸市场"的发展模式逐步成形，人民币国际化

---

① 本文发表于《中国金融》2014 年第 24 期，文字略有修改。

取得显著成效。

跨境结算使用水平明显提升。人民币在跨境交易中的使用规模迅速扩大，2014 年 1—9 月，全国累计办理经常项目下跨境人民币结算 4.82 万亿元，已超过 2013 年全年业务量，是 2010 年业务量的近 10 倍；同期货物贸易人民币结算金额在海关进出口总额中的占比提升到 15.6%，人民币已成为中国对外经贸往来中使用的第二大结算货币。

离岸人民币市场规模不断扩大。人民币在"出、转、回"的跨境循环过程中向境外净输出资金，2014 年 1—9 月，经常项目下的人民币净输出破万亿元，有力地推动了境外人民币资产规模不断扩容。中国银行跨境人民币指数（CRI）8 月数据显示，当前离岸市场的人民币存款总量已超过 2.54 万亿元，中国香港、新加坡、伦敦等覆盖欧亚地区的多个离岸人民币市场稳步发展，促进了人民币在境外的流转和使用，人民币已成为全球第七大支付结算货币和第九大外汇交易货币。

人民币国际化水平明显提高。2014 年以来中国银行发布的各期人民币国际化指数显示，人民币在跨境交易中的使用活跃度较 2011 年提升了一倍多；人民币在离岸金融市场上的规模比 2011 年提升了两倍多；人民币在境外存贷款市场、债券市场、外汇市场、权益投资市场以及外汇储备等方面的存量规模和使用份额明显提升，被越来越多的国家和地区所接纳。

二、深入推进人民币国际化仍面临不少艰巨的任务

"贸易结算＋离岸市场"发展模式为人民币国际化奠定了良好开局，但是深入扎实推进人民币国际化仍面临艰巨任务。

人民币在跨境贸易结算中的使用水平有待进一步提升。中国外贸进出口中使用人民币结算的比例从 2011 年的 6.6% 提升至 15.6%，增长明显。但应注意的是，首先与其他国际化程度较高的货币相比，这一比例的绝对水平并不高，还有进一步提升空间。其次，这一比例不能完全代表中国外贸进出口中使用人民币结算的实际水平。由于中国内地与香港之间的跨境人民币往来在整体

跨境人民币结算中的比例高达53%，事实上，与香港以外地区贸易往来中使用人民币结算的比例要明显低于15.6%，全方位提升人民币跨境流通使用仍有广阔的市场空间。

人民币国际化三阶段中的区域化有待进一步夯实做强。区域化是人民币国际化的重要一环。欧元国际化的成功，在较大程度上得益于区域化的成功。欧元在欧盟以及部分北非及地中海国家较高的使用水平，为欧元国际化奠定了较为牢固的基础。相比之下，虽然近几年来人民币国际化在远离中国的欧洲、澳洲甚至非洲地区都取得了积极进展，但在中国周边如韩国、东盟等国家和地区，人民币的结算使用水平还不高。做实区域化，须着力于在中国周边国家和地区打牢人民币跨境使用的基础。

人民币资金输出的渠道和模式亟待进一步拓宽。我国目前人民币跨境收支的特点是经常账户人民币收支为逆差，资本账户人民币跨境收支为顺差。在人民币国际化的初期，经常项下的逆差是向境外市场输出人民币资金的重要通道，但随着人民币跨境使用涵盖的国家越来越广泛，经常账户的人民币跨境收支状况将逐渐与我国整体跨境收支状况趋同，最终有可能呈现收大于支、总体顺差的局面。这意味着未来经常账户输出人民币资金的能力有可能随着人民币跨境使用水平的提升而逐步下降。在离岸人民币市场总体规模有限的情况下，有必要未雨绸缪，摸索新的人民币资金输出模式，在经常账户人民币资金净输出可能减少的情况下，接力承担起输出人民币资金的职能。

人民币与境外实体经济的融合程度还需大力提升。深化人民币跨境使用的市场基础，需要培育和增强以人民币资金引导资源要素的跨境流动、参与境外实体经济循环的能力。从目前离岸人民币市场的发展状况看，人民币参与境外实体经济循环的能力还显不足。

首先，以离岸人民币债券资金的运用为例，在2014年上半年约1600亿元的人民币债券发行额及约4400亿元的人民币债券余额中，中资企业的发行额和余额占比均超过七成，这些资金通过不同形式、在一定程度上往往会回流境内市场，参与境外实体经济循环的人民币资金规模较为有限。其次，从离岸人民币市场自身结构看，离岸人民币存款的发展较为突出，存量已超2.5万亿元；而贷款的发展相对滞后，保守估计其总体规模不足万亿元，其中，境内银行为"走出去"企业各类境外投资合作项目发放的人民币贷款余额尚不足 400亿元，说明人民币为境外实体经济担当融资货币的职能还有待增强。

离岸人民币市场的发展现状与人民币在境外实体经济的运用具有表里关系。目前存在的不足，一定程度上折射出人民币与境外实体经济结合尚不够紧密的现实。推及人民币国际化，还需要从强化离岸人民币市场对实体经济的资源配置能力入手，大力扶持离岸人民币金融市场的发展和繁荣，促使人民币更深入地融入境外实体经济和生活。

三、人民币对外直接投资输出将为人民币国际化增添新动力

2006—2013 年，我国对外投资的年均增速达 23%，明显高于外商直接投资 9% 的年均增速。2013 年，中国非金融类对外直接投资上升至 902 亿美元，与当年吸收外资金额 1176 亿美元相比，差距缩小为 200 多亿美元。如果保持上述增速水平，2016 年我国对外直接投资即可超过外商直接投资，届时对外直接投资有可能成为净输出人民币的重要渠道，"企业'走出去'＋人民币资本输出"可能成为引领人民币国际化深化发展的新主线。

第一，人民币对外直接投资有助于提升人民币的计价结算职能。不少研究发现，对外直接投资对所使用货币的计价结算职能有重要支持作用。为对冲汇率风险，对外直接投资项目往往会带来以投资货币计价的销售收入，这将直接提升该货币在贸易计价结算中的使用水平。

此外，直接投资还对全球供应链的计价结算有着重要影响。中国银行在 2014 年对境内外 3100 多家公司企业进行人民币跨境使用状况调查中发现，由于上下游客户均采用外币报价，不少企业进出口中面临货币错配的顾虑，而未能实现人民币计价结算。这也是人民币计价难以进入全球供应链计价环节的一个重要原因。这一调查结果说明，想要掌握人民币计价结算的主动权，需要构建以中国企业为核心的全球供应链条，中国企业"走出去"并参与全球资源

采购、中间商品分包到最终商品销售的完整供应链，是必然选择。在此过程中，推动企业带资"走出去"，依靠对外投资输出人民币资本，并通过投资项目的销售收入实现人民币回流，有助于从微观层面夯实人民币计价结算职能的基础。

第二，对外直接投资输出人民币有助于推动人民币货币区的形成。人民币货币区，是指进出口贸易中使用人民币结算的比例较高、其货币与人民币汇率挂钩态势较为明显、人民币承担"锚货币"角色的区域。国内外学者的研究表明，一国货币要成为所在区域的锚货币，除要求该国经济规模和贸易份额达到一定体量、金融市场发达、币值基本稳定等之外，所在区域资本、劳动力等要素流动较为自由，经贸投资联系紧密，发展趋向协同也是必不可少的外部条件。

人民币具有成为区域锚货币的条件。中国与周边经济体，如东盟国家的经济和贸易往来具有较强的互补性，能够为周边国家提供巨大市场，但亚洲区域内各国经济发展水平还存在较大差异。中国企业积极"走出去"，参与周边国家的经济发展和建设，促进周边国家的互联互通，正是从产业层面提升中国与周边国家经济发展的协同性，对于人民币货币区的逐步形成具有基础性的推动作用。

第三，直接投资输出人民币有助于优化人民币跨境循环模式。一国货币国际地位的巩固和提升，往往伴随着持续的经常账户顺差和对外净资本输出的历程。美国的经常账户顺差和对外净资本输出从第二次世界大战以前一直持续到20世纪70年代中期，这一期间也是美元的国际货币地位不断巩固的重要时期。德国马克的国际化同样伴随着德国从1971年开始的长期经常账户顺差和对外净投资。

以对外直接投资输出人民币，以经常账户回流人民币，可避免"特里芬难题"带来的困扰，这对于货币国际化推进初期，亟须进一步提升国际支付地位的人民币而言，无疑是更加可行的选择。

货币跨境使用活跃度的差距与这些国家对外直接投资存量规模的差距大体上较为匹配，这可能说明两者之间存在某种内在联系，即一国对外直接投资存量奠定了境外实体经济对该国货币需求的基础，从而进一步支撑该国货币跨境使用的活跃程度。

同时这也说明，以境外直接投资项目为载体是打开人民币资金进入境外实体经济循环通道的重要手段，随着境外实体经济对人民币资金需求的逐步培育和扩大，离岸人民币市场引导境外资源配置功能也将得到进一步强化，形成与境外实体经济之间的良性互动，从而有效推动人民币境外使用水平的提高。

四、扩大直接投资的人民币输出，开启人民币国际化新格局

通过直接投资输出人民币资金，需要以跨境投资能力和全球化经营水平为基础，这需要从企业自身、经济合作氛围和金融合作环境三个方面作出努力。

企业加快"走出去"步伐，打造以人民币计价的全球供应链。一是推进人民币在能源和大宗商品的计价和使用，通过对能源资源类企业的投资或参股、"走出去"资源开发等，使人民币成为计量能源和大宗商品生产成本的价值尺度，在供应链的源头为人民币成为计价货币打下基础；二是提升企业的跨国经营水平，通过积极"走出去"，增强中国跨国企业在全球范围内引导和利用各种生产要素、组织生产分工的能力，逐步扩大人民币在全球供应链中的定价话语权；三是要推进技术升级和进步，增加制造业的技术含量和附加值，向供应链的高端迁移，逐步提升在全球供应链的主导地位，提升人民币在全球供应链的定价主动权。

加强经济合作，为人民币"走出去"创造合作共赢环境。推进以"一带一路"建设为代表的国际经济合作，使惠及相关国家和区域的经济合作成为推动人民币国际化的有效载体。一是将人民币嵌入东盟、中亚等国基础设施建设，通过人民币项目贷款、银团贷款等方式为这些国家改善基础设施提供融资，在促进中国与东盟、中亚等国家互联互通的进程中，打造境外"人民币走廊"；二是以人民币"直接投资＋对外援助"形式加强与非洲经贸合作，使人民币走进非洲成为促进非洲经济开发建设的重要机遇；三是以"直接投资

＋金融投资"推动人民币进入欧美国家，借鉴和吸收欧美国家的先进技术推进国内产业升级；四是以促进实体经济稳定、为人民币国际化创造良好的离岸金融市场环境为目的，不失时机地参与欧美国际金融市场，逐步扩大人民币在国际金融市场的使用份额。

加强金融合作，为企业"走出去"和资本输出提供切实保障。一是积极推进中国银行业的国际化经营步伐，强化与国外银行业在人民币支付清算、资金拆放、报价做市等方面的业务合作，为企业"走出去"和人民币资本输出提供更加完善的配套银行服务；二是积极推进以设立亚洲基础设施投资银行、金砖国家新开发银行和上合组织开发银行为代表的区域金融合作，为企业"走出去"和人民币资本输出提供可靠的金融组织保障；三是继续扩大在央行层面的货币互换合作，使人民币在补充国际金融市场流动性、参与国际贸易融资等方面发挥更加积极的作用，以人民币"走出去"为企业"走出去"提供更加有力的金融保障。

总体而言，5年来人民币国际化成就斐然，未来发展也同样任重道远，需要在企业层面、金融合作层面以及国家经济合作层面开展大量扎实细致的工作。从这个意义上看，企业"走出去"和人民币对外直接投资，其作用类似于人民币国际化的播种机、宣传队和宣言书，一旦企业"走出去"有效带动人民币"走出去"并形成自发的良性循环，人民币国际化将开启崭新格局。

发挥沪港合作优势
加快推进人民币国际化^①

近年来，改革国际货币体系的呼声日益高涨，为人民币国际化提供了良好的机遇；上海自贸区的建设和"一带一路"倡议的实施，为人民币国际化增添了新的动力。与此同时，从中国银行在香港和上海的实践来看，香港是最大的离岸人民币市场，上海是离岸人民币返回境内的重要枢纽，加强两地合作对于推进人民币国际化具有重要作用。

一、人民币国际化进入新的发展阶段

人民币国际化是中国经济在全球地位提升的必然结果，也是推动当今国际货币体系改革的重要选择。因此，人民币国际化显示出强大的生命力。

尽管人民币国际化起步时间不长，但进展很快。目前人民币已经是全球第二大贸易融资货币、第五大国际支付货币、第六大交易货币和第七大储备货币。截至今年第一季度末，中国银行编制的跨境人民币指数是 2011 年末的 2.5 倍，离岸人民币指数是 2011 年末的 4 倍。特别是，人民币已经成为亚太地区与中国内地和香港开展交易最主要的支付货币，占比达到 31%。

---

① 作者于 2015 年 6 月 29 日在"2015 陆家嘴论坛"的演讲。

当前，随着中国经济实力的持续增强以及全面深化改革的稳步推进，人民币正在向国际交易货币、投资媒介货币、全球储备货币等"高层次"职能演进，人民币国际化进入新的发展阶段，具体体现在四个方面：

第一，离岸人民币市场范围进一步扩大。目前，人民币离岸市场正在从亚太和欧洲向中东、非洲和美洲扩展，登陆越来越多的国际金融中心。欧洲已经形成伦敦、法兰克福、巴黎、卢森堡、苏黎世五个离岸人民币中心。北美、南美、非洲等地区人民币清算安排已经确立，形成了 7×24 小时的全球清算和交易网络。人民币资金在离岸中心之间流通，并被第三方广泛使用，显示出人民币得到越来越多的认可和接受。

第二，离岸人民币衍生品进一步丰富。随着人民币与其他货币直接交易范围扩大，人民币衍生品不断涌现。2014 年国家外汇管理局颁布了人民币外汇衍生品新规，推动相关产品规范发展。新加坡交易所和香港交易所联合开发了人民币衍生品，伦敦等地区大力发展人民币衍生品交易业务，上海清算所积极开发人民币衍生品，中欧国际交易所在法兰克福成立后，将更有利于研发和交易以人民币计价的证券和衍生品。随着离岸人民币产品体系逐步完善，人民币将成为各离岸金融市场的活跃交易货币。

第三，人民币国际化基础设施进一步完善。中国人民银行与主要贸易伙伴国开展合作，已在英国、德国和我国港澳台等 15 个国家和地区指定了人民币清算行。统一的人民币跨境支付系统也将于今年上线。该系统连接境内外所有直接参与者，处理人民币贸易类、投资类等跨境支付业务，将满足全球主要时区的人民币结算需求，为人民币国际化提供坚实基础。

第四，人民币国际化政策体系进一步健全。当前中国在加大资本账户开放的力度，今年将进一步推出合格境内个人投资者和"深港通"等举措。这些措施将形成一个完整的政策体系，有利于提高国际社会对人民币的信任度、使用度和依赖度，推动人民币国际化持续稳健发展。

二、深化沪港合作推进人民币国际化

人民币国际化的程度受制于离岸市场的发展深度。香港作为重要的国际金融中心，也是最大的离岸人民币中心，形成了完善的基础设施、制度体系和人才储备，这些条件是人民币国际化的强大推动力。根据当前的发展趋势，沪港两地可以从三个方面共同推进人民币国际化。

一是合作建立更加顺畅的人民币资金通道。香港是全世界最发达的金融市场之一，离岸清算和市场辐射能力强，拥有离岸人民币业务领先优势。上海是全国改革开放的排头兵和先行者，上海自贸区建设意味着人民币资金进出更加便利，自贸区和离岸人民币市场将有机会连成一体。香港与上海应进一步拓宽互联互通平台，包括债券市场、基金互认等，丰富人民币计价投资标的，吸纳更多客户群，不断扩大市场规模。同时加强与伦敦、卢森堡、法兰克福、悉尼等离岸人民币中心的合作，共同推出人民币债券，推动人民币合格境外投资者额度的使用，增强人民币国际投资货币功能。

二是共同服务"一带一路"倡议。"一带一路"倡议对于中国的持续发展具有重大的现实意义和深远的历史影响。沪港两地金融界应围绕"一带一路"建设需求，进一步加强与各主要国际金融中心的合作，为"一带一路"建设提供项目融资、供应链融资、并购贷款、债券发行、股票融资等金融服务。在这个过程中，尽可能提高人民币的使用份额，扩大人民币的使用规模。

三是共同支持中国企业"走出去"。中国企业正在加速"走出去"，在全球范围内配置资源、平衡产能，预计未来5年中国对外投资将达到5000亿美元。香港是中国内地对外直接投资最多的地区，也是中国内地企业"走出去"的重要平台。上海作为中国最大的经济中心城市，是长三角地区的经济龙头，也是中国企业国际化发展的"出海口"。上海与香港应在信息咨询、客户推介、资金融通、风险防范等各方面加强合作，为中国企业"走出去"提供全方位的境外人民币金融服务，进一步扩大离岸人民币市场的资金来源。

三、中国银行全力支持人民币国际化与沪港金融合作

在人民币国际化进程中，中国银行始终是积极的践行者和推动者。目前，中国银行在香港、澳门、台北、法兰克福、巴黎、悉尼、吉隆坡担任人民币清

算行，建立起了覆盖全球的人民币清算网络和支付体系，形成了比较完善的人民币存款、贷款、结算、投资和交易产品线，能够为全球客户提供全方位的人民币服务。2014 年，中国银行集团跨境人民币清算量达到 240 万亿元，跨境人民币结算量超过 5 万亿元，列全球银行业首位。

在沪港两地金融发展中，中国银行也始终是积极的践行者和推动者。中国银行诞生于上海，并且从上海走向世界。中国银行是第一家在上海建立业务总部的商业银行，并在上海拥有多元化经营平台。在上海自贸区建设中，中国银行办理了所有自贸区金融业务的"第一单"，并在市场份额上保持领先。中银香港成立已近百年，是香港最大的银行集团之一，是香港三家发钞行之一，并独家担任香港人民币清算行。多年来，中国银行一直积极支持沪港金融合作，并在连通沪港方面具有领先优势。目前，中国银行获得了"沪港通"全部业务资格，是"沪股通"独家结算银行和"港股通"结算银行及独家指定银行。

未来，中国银行将进一步发挥国际化、多元化优势，持续完善全球人民币清算网络，加快创新离岸人民币资金产品，加强与各类清算所的业务合作，不断提升人民币在跨境贸易和投资活动中的地位。同时将在集团框架下充分发挥上海、香港两地机构的作用，突出重点，优势互补，增强合力，紧紧围绕两地金融需求，加强金融创新，改进金融服务，在人民币国际化进程中发挥更大的作用。

构筑金融通道：让梦想照进现实[①]

2015 年，中国银行将向"一带一路"建设提供相关授信支持不低于 200 亿美元，未来 3 年将达到 1000 亿美元——随着国家"一带一路"倡议梦想一步步走进现实，中国银行正励精图治，积极为梦想实现发挥金融大动脉的作用。

未来几年，仅亚洲基础设施投资每年就可达 8000 亿美元，预计到 2025 年，中国与"一带一路"沿线国家和地区的年贸易额将突破 2.5 万亿美元。面对如此巨大的金融需求，中国银行行长陈四清近日在接受《金融时报》记者专访时表示："一带一路"建设给中国银行带来重大发展机遇，中行有责任助推国家蓝图落地，把理念变成行动，尽快取得实实在在的成果。

记者："一带一路"建设的金融需求有哪些特点？在提供金融服务过程中，商业银行会遇到哪些挑战？如何才能有效满足对外开放和企业"走出去"的需求？

陈四清："一带一路"建设除了需要大量的项目融资支持外，经贸合作还将产生大量的多元化金融服务需求，这对银行业提出了新的挑战。

首先，"一带一路"建设不仅投资规模大、周期长，而且涉及众多国家和地区，金融需求跨地区、跨文化的差异性特征明显。目前来看，中国金融业在

---

① 作者于 2015 年 6 月 29 日接受《金融时报》专访。

融资结构和服务方式上的多元化程度还难以完全适应这一需求——一方面，参与主体不够丰富，主要依靠政策性银行，多元平衡的参与主体格局还有待完善；另一方面，金融服务模式还比较单一，有针对性的服务和产品体系仍需进一步完善。

其次，由于地理位置和时差的原因，"走出去"客户的金融需求可能随时随地发生，金融业要为之提供服务，就必须做到全天候、全方位的覆盖。虽然近年来中国银行业海外机构拓展步伐不断加快，但在"一带一路"沿线国家的布局还有待完善，物理渠道和电子渠道没有很好地互补，无法充分满足企业在"一带一路"沿线各个国家的服务需求。

此外，近年来，人民币在"一带一路"沿线国家与我国的经贸往来、国际合作中的使用日益频繁，但人民币支付清算体系效率仍有待提升，跨境投融资渠道还不多，境外运营环境存在较大的改善空间，这些因素在一定程度上制约了人民币国际化的进一步深入以及相关金融需求的满足。

要更好地满足"一带一路"建设的相关金融服务需求，中国银行业应努力提升国际化水平和服务能力。当前应重点抓好三个方面：

一是转变思路，重构金融机构全球网络布局。要加大对"一带一路"沿线重要战略支点地区的机构布局，提升网点覆盖密度，争取成为当地主流机构，加强深度参与的能力。同时，通过完善信息系统、发展网络金融等方式，实现物理渠道和电子渠道的互补、互动和协同，力争国际化平台可以在跨时区、跨国家、跨币种的维度上实现 7×24 小时无缝隙持续服务，全天候满足"走出去"客户的需求。这是一项重要而持久的战略任务，需要久久为功。

二是创新服务，加大对重点建设项目的支持。要加大对"一带一路"沿线基础设施重点项目的全方位授信支持，重点支持核电、轨道交通等具有较高技术水平的装备制造业"走出去"，支持农业、轻工业等民生消费产业向沿线国家延伸，积极参与六大经济走廊和产业园区战略节点建设。

为了适应这些项目涉及国家多、金额大、结构复杂等特点，中国金融机构要在尊重东道国的文化、发展道路和模式的前提下，创新产品和服务模式，用好海内海外两个市场、两种资源，综合使用银团贷款、项目融资、股权融资、投资银行、融资保函、保理、跨境现金管理、订单融资、大宗商品融资等多种产品，为客户提供综合化金融解决方案。

三是着眼大局，加快推动人民币国际化进程。要推进人民币清算渠道建设，加强对人民币清算、支付、结算的服务支持，改善人民币国际化运作环境。与此同时，构建全面的全球人民币业务产品体系，丰富人民币交易工具及衍生品，着力开放离岸人民币兑换、资金交易、债券发行与承销等产品和服务，充分满足人民币跨境运营和投融资的需求。

记者： "一带一路"倡议涉及 65 个国家以及国内多个省份和地区，如何才能做到统筹国内外两个市场、提升全球一体化经营能力？

陈四清： "一带一路"倡议涉及区域广阔、业务广泛，要做好相关金融服务，应该坚持全球一体化服务模式，努力做到"境内业务境外做，境外业务境内做"，打通境内外渠道，不断提升业务撮合能力与一体化穿透能力。

一方面，要坚持集约化管理，提升经营效率。强化集团的统筹和牵头职能，做实全球客户经理制以及全球客户关系管理体系，统筹客户全球范围的业务需求，不断完善全球统一授信，提高客户服务效率。同时建设一体化风险防控体系，确保经营安全。

另一方面，坚持专业化经营，形成核心竞争力。完善全球客户营销服务平台和产品创新平台，打造全球一体化产品体系。建设海外交易银行、银团贷款、投资银行等业务中心，优化区域中心布局，提升专业化经营能力。

与此同时，坚持多元化联动，突出业务优势。在加强融资合作的同时，鼓励商业银行与投行、直接投资、租赁、保险等非银行子公司之间，境内外分支机构之间在客户推荐、市场调研、财务顾问、代客等非息服务方面的创新协作。不断提升产品和服务能力，通过多元化联动为大型客户提供综合金融解决方案。

记者： 在支持"一带一路"建设中，可能遇到的新风险有哪些？如何应对？

陈四清： "一带一路"建设沿线国家众多，各国的政治、经济、文化差异较大，特别是部分国家的地缘政治风险不容忽视，对战略实施过程中的金融风险防控提出了很高要求。同时海外金融监管环境差异很大，有的发展中国家的保护主义色彩浓厚，对合规与反洗钱、流动性管控、资本充足率的要求更加严格。因此，中国金融业应该进一步加强全球风险管控，为实现"一带一路"蓝图保驾护航。

第一，完善适应"一带一路"特点的统一风险管理框架。建立集团统一的风险监测和管控体系，根据各国、各地区的国别风险、信用风险、操作风险和反洗钱风险构建全球一体化的风险防控机制。同时，适应"一带一路"跨境投融资特点，探索建立内保外贷、全球授信额度等全球统一授信管理框架。

第二，利用多种手段缓释风险。利用中信保以及世界银行等多边组织的担保增信工具，缓释和化解部分国家较高的国别风险。积极推动设立跨境担保机构，如境外贸易合作园区担保基金，为重点项目和重点企业实施增信，支持企业"走出去"。

第三，重视操作风险和合规风险管理。建立全面、完备的海外机构内控评价体系和集团操作风险监控分析平台，实现对主要业务操作风险的有效监控，做好跨境联动业务合规审查，强化对反洗钱检查的评估和管理。

记者：具体到中行而言，打造"一带一路"建设"金融大动脉"的具体构想是什么？

陈四清：未来，中行将从以下四个方面着手布局：

第一，完善在沿线国家的机构布局，实现对"一带一路"相关区域的业务全覆盖。进一步增加在南亚、中亚、中东欧、西亚、北非的机构设置，构建"金融大动脉"，实现"一带一路"沿线国家机构覆盖率达到50%以上。

第二，紧盯重大项目和重点业务。密切跟进我国高铁、核电等重点行业"走出去"进程，支持优质企业进行全球产业链布局，全力推动出口信贷及项目融资、船舶融资、飞机融资和租赁融资等结构化融资业务发展。

第三，加强境内外联动与多边合作，发挥一体化服务优势。全面落实全球客户经理制，为客户提供多元化、一体化的金融产品和服务。加强沟通，强化与亚投行、丝路基金、金砖国家新开发银行等境内外金融机构以及我国有关政策性银行和开发性金融机构的合作。

第四，积极推动人民币"走出去"。在"一带一路"相关区域和离岸金融中心，中行将大力推动人民币的广泛应用。大力拓展人民币账户，推进人民币清算渠道建设。推动人民币在"走出去"及当地重大项目中的运用，扩大跨境人民币贷款规模。继续做好海外人民币债券发行业务，拓展投资业务。

中行在加强服务"一带一路"倡议的过程中，除了努力发挥自身国际化优势，还会注重做好三个结合：一是把支持和服务国家战略同市场化运作有机地结合起来，确保商业可持续性；二是把发挥中行的独特优势同中国金融业的整体对外开放有机地结合起来，积极和政策性银行联动，做到优势互补、功能互助；三是把中行全球网络布局与全球代理行网络优势有机地结合起来，形成互联互通金融网络体系，为"一带一路"建设作出应有的贡献。

中行倡港新角色　打造金融枢纽①

内地加速推进人民币国际化，忧虑香港作为国际金融中心优势渐失的讨论不绝于耳。不过，中行行长陈四清则依然看好香港独特优势，惟时移世易，人民币国际化阶段已变，香港角色也应调整应变，可从四方面发力，打造"金融枢纽"。

陈四清接受本报专访时表示，经过十余年发展，香港已成为全球人民币流通量最大、产品最集中、投融资最活跃的人民币离岸中心。香港市场在打通人民币循环渠道、推进人民币国际化方面发挥重要作用，而离岸人民币业务也增加香港国际金融中心的发展活力。

事实上，随着过去两年人民币国际化步伐加快，特别是去年底人民币被纳入国际货币基金组织（IMF）特别提款权（Special Drawing Right，SDR）货币篮子，标志人民币国际化已完成初级阶段，向更高级迈进。而在内地金融开放程度提升、海外离岸市场后发直追两面夹击下，香港先发优势正面对愈加严峻的挑战。

抓机遇　强化离岸人民币中心

"货币国际化离不开离岸市场的发展，'十三五'规划（2016—2020年）已

---

① 作者于2016年5月17日接受《香港经济日报》专访。

进一步强调香港的独特优势，也提出支持香港强化全球离岸人民币业务枢纽地位。"陈四清强调，在"十三五"时期，香港可从四方面巩固优势、发挥作用。

随着内地金融开放程度加深，人民币汇率波动明显加大，这在陈四清看来却是香港金融业的机遇，可进一步夯实全球最大的离岸人民币中心地位。

提供海外资产配置

陈四清认为，香港已形成离岸支付清算体系，也先后推出人民币外汇交易、银行间资金拆借、人民币合格境外机构投资者（RQFII）、沪港通等多种产品，市场运作机制顺畅。"未来随着内地市场开放、汇率双向波动加大，及人民币纳入 SDR，香港可加大人民币产品创新力度，开发更多风险对冲、财富管理产品。同时，进一步完善流动性支持机制，优化结算交收平台。"

其次，配合内地资本账户开放进程，香港可继续担当内地经济金融双向开放的重要"滩头"，成为中资企业和居民海外资产配置中心。

"一带一路"构建资金供应中心

陈四清表示，一方面，香港已累积充足发展经验，拥有丰富的人民币产品体系，搭建贯通全球的人民币实时支付结算系统，未来可有序拓宽人民币资金流动渠道，对接相关自贸区、金改试验区，服务企业和个人的海外资产配置需求。

另一方面，随着"一带一路"倡议推进，香港还可发挥金融、航运、贸易"三位一体"优势，挖掘"一带一路"倡议需求，在贸易融资、项目投资、跨境贷款、融资租赁等领域扩大人民币使用，构建"一带一路"倡议资金供应中心。

海外人民币对接平台 加强合作

陈四清还特别强调，虽然海外人民币离岸中心较过去有所增加，但香港仍有"枢纽"功能可发挥。他认为，香港可打造海外人民币业务对接平台，充分利用完善高效的清算网络与流动性管理功能，强化与支持其他离岸人民币市场合作，提供全球范围人民币资金协调与产品创新的支持。

中行借"一带一路"建金融大动脉

内地经济疲软，海外业务成为中国银行业发展新机遇。中行借"一带一路"倡议搭建金融大动脉，以四板斧力拓海外版图。

中行年报显示，2015 年海外机构实现利润 87.75 亿美元，对该行利润总额贡献度为 23.64%；而其他大行也有相似表现。中国银行业协会近期发布的《中国银行业人民币国际化业务发展报告》认为，随着内地资本项目不断开放、人民币国际化路径逐步明晰，商业银行将迎来新的发展机遇，人民币衍生品交易、企业跨境资金集中管理、境外发行人民币债券等领域都将成为中国银行业新的业务增长点。

中行行长陈四清表示，自"一带一路"倡议提出后，中行即制定打造"一带一路"金融大动脉战略，截至去年年末，中行已在 18 个沿线国家设立分支机构，累计向沿线国家新投放授信约 286 亿美元。他强调，未来几年机构覆盖率将逾 50%，明年授信额也将达到 1000 亿美元。为达此目标，陈四清也为中行划定发展海外业务的"四板斧"。

"中行将围绕重点项目和领域，加大金融支持。"他指出，除加大对基础设施重点项目授信外，还将重点支持具有自主知识产权和较高技术水平的装备制造业"走出去"，支持能源、资源"引进来"。

另外，陈四清表示，在中行协助中资企业"走出去"过程中，发现多元化需求日益突出，金融需求的差异性非常明显，故中行将进一步集中商行、投行、保险、直投、基金管理、航空租赁等多元化平台和整合境内外优质资源，为中资企业提供信息咨询、客户撮合、业务推广、资金支持、风险防范一揽子金融产品服务。

此外，"一带一路"也将是中行大力推动人民币广泛应用的主战场。陈四清指出，未来中行将大力拓展人民币账户，推动人民币在"走出去"及当地重大项目的使用，扩大跨境人民币贷款规模；继续做好海外人民币债券发行，拓展投资业务。

至于机构覆盖上，陈四清强调，要充分发挥设在国际金融中心或发达地区成熟机构的业务辐射能力，进一步在南亚、中亚、中东欧、西亚、北非的机构设置，尽快将"金融大动脉"构建完毕。

内银不良贷款率升　唯风险可控

内地经济进入探底时期，外界关注能否在近期成功筑底。中行行长陈四清对内地经济抱有信心，认为中国宏观调控能力强，长期向好基础未改变。

陈四清表示，今年以来内地经济总体呈现企稳向好态势，首季度多项指标都有所改善，企业效益也明显改善。同时，经济结构也获得优化，服务业比重进一步升级，这些积极变化都给人以信心。

陈四清：对内地经济抱有信心

"对于未来中国经济，我抱有信心，认为长期向好基础依然未变。"陈四清认为，内地已形成比较强的宏观调控能力，也积累不少经验，这些在经济转型阶段都会发挥重要作用。

此外，他也指出制造能力不断提升、人民日益富裕、消费潜力巨大，这些因素孕育广阔市场空间，中国经济仍有好的发展基础。同时，"一带一路"、京津冀一体化、新城镇化等战略也会形成经济新动力，"基于这些因素，相信'十三五'实现GDP（国内生产总值）总量和人均GDP较2010年翻一番的目标能够实现。"

对于外界关注的经济放缓导致内地银行业不良贷款率增高和利润降低，陈四清认为："在中国经济由高速到中高速转变下，是一种正常和必然现象。随着不良贷款率上升，资产质量进一步承压，市场对当前中国金融风险的担忧在增加。"

结构多元　风险分散提高

中国银行业与国际同业相比，不良率仍处于较低水平，"首季商业银行不良率为1.75%，远低于欧美发达国家3%左右的水平，更低于国际通行的5%界限。"此外，中国银行业利润基础也较雄厚，去年中国商业银行平均年化资产报酬率（ROA）、股东权益报酬率（ROE）分别为1.1%和14.98%，而同期欧元区和美国的商业银行分别为0.5%和8%，资本充足率和拨备覆盖率也远高于国际同业。"特别是中国银行业近年为应对利率市场化挑战，积极进行业务转型，收入结构日趋多元化，风险分散能力也不断提高，可以说中国银行业风险总体可控，不会引发系统性金融风险。"

"十三五"金改　中行三大转型任务

内地金融改革已进入深水区，对于传统商业银行也提出转型任务。

"十三五"期间，中行将积极帮助企业降低杠杆率、提高金融服务实体经济效率；以"互联网＋"加大创新，抢占移动互联时代竞争的制高点；全力化解风险完善风控体系。

有扶有控　助企业降杠杆率

"由于历史原因和发展环境限制，中国企业发展过度依赖银行间接融资，导致较高的杠杆率。"陈四清指出，在化解企业高杠杆过程中，银行要"有扶有控"，如对工业、能源、材料等面临较大杠杆压力行业，集中支持优质企业；加大对医疗保健、信息技术等低杠杆行业的资金支持。此外，除了传统间接融资渠道，银行也可发挥多元化平台优势，帮助企业通过海外资本市场进行股权和债权融资，优化融资结构、降低融资成本，提供全方位金融支持。

事实上，内地经济放缓大趋势下，在加快海外业务同时，内地银行业面临利率市场化及互联网金融挑战。

"互联网＋"加大创新　完善管控

中行在"十三五"时期要积极运用现金技术和行业经验，加大技术和商业模式创新，抢占移动互联时代竞争的制高点。同时，也要继续深化业务转型，从区域上以海外和境内重点区域为主、业务结构上以个人金融为主、收入结构上以非利息收入的轻资本业务为发力重点。

随着经济进入新常态，银行也将面临不良贷款上升、资产质量进一步承压的现实，必须加快完善风险管理体系，使之与全球系统重要性银行的管理要求相适应。

建立健全外汇市场自律机制[①]

为深入探讨外汇市场自律机制对外汇市场发展的意义与影响，《中国货币市场》特邀外汇市场自律机制主任委员、中国银行行长陈四清先生进行专访，请其就外汇市场自律机制的市场定位、工作职能、运行特色及对人民币国际化的作用等相关重要问题发表看法。

记者： 陈行长您好，感谢您接受我们的采访，首先请您介绍一下，外汇市场自律机制成立的背景是什么？

陈四清： 关于外汇市场自律机制成立的背景，可以从以下几个方面来理解：

一是我国外汇市场发展迅速，但也存在一些问题。近年来，在人民银行和外汇局的领导下，我国外汇市场发展迅速，参与者日益广泛，产品品种更加丰富，交易规模不断增加，国际地位逐年提高。与此同时，由于国际金融危机的影响仍在持续，外汇市场发展所面临的环境也更加错综复杂，不规范的交易行为也一定程度存在。在这样的市场大背景下，建立外汇市场自律机制具有重大的意义，必将对我国外汇市场的持续健康发展产生深远的影响。

二是人民币汇率形成机制市场化改革进入新的阶段，市场发挥越来越大的作用。近年来，随着人民币汇率形成机制市场化改革进入新的阶段，人民币汇

[①] 作者于 2016 年 10 月接受《中国货币市场》采访。

率形成机制，特别是中间价形成机制的完善和规则的透明，使市场在汇率形成中发挥了更大作用，"收盘汇率＋一篮子货币汇率变化"的中间价形成机制起到了"锚"的作用，稳定了市场预期。在市场化改革方向中，建立外汇市场自律机制有助于以更低的社会成本、更有效的管理方式维护市场秩序。

三是在市场自律体系建设方面，国内外均有较为成熟的经验。从国际上看，英国、美国、新加坡、中国香港、日本、法国、瑞士、澳大利亚八大主要外汇市场都有比较成熟的外汇市场自律机制实践，负责市场参与者行为规范、投资者教育保护和市场研究等工作，成效显著。BIS 也下设了全球层面的市场委员会，对全球外汇市场行为进行规范。从国内看，为有序推进利率市场化改革，对金融机构自主确定的货币市场、信贷市场等金融市场利率进行自律管理，维护市场正当竞争秩序，促进市场规范健康发展，2013 年由交易中心推动建立了利率定价自律机制。从过去 3 年的运行情况看，利率定价自律机制成效显著，在推动利率市场化，激励金融机构强化财务约束，实现合理定价，规范同业业务，维护公平有序的市场竞争秩序方面发挥了重要作用。因此，建立外汇市场自律机制是在国内外成熟经验基础上的发展和完善。

四是建立外汇市场自律机制是对我国现有政策资源的整合和全覆盖。过去，外汇市场的政策资源分别散落在不同监管部门，在人民银行和外汇局相关司局的牵头指导下外汇市场也正在或已经形成了一些工作机制，如银行间外汇市场职业操守和市场惯例专业委员会、银行代客外汇业务自律机制以及跨境人民币自律机制等。这些工作机制分别从不同角度对外汇市场行为准则和业务规范进行了有益的探索和研究，为建立统一的、全国性的外汇市场自律机制奠定了基础，提供了经验借鉴。但由于这些机制相对比较零散，尚没有形成他律和自律的政策合力，规则也不统一。建立外汇市场自律机制就是希望能够对既有政策资源进行整合，实现批发和零售、本币和外币业务的全覆盖，避免力量分散造成自律重叠或自律空白，也避免因为不同层面、不同币种业务规则的不一致而出现监管套利。

记者：2016 年 10 月 1 日，人民币正式加入 SDR，请您谈一谈成立外汇市场自律机制对推动人民币国际化的作用。

陈四清：我认为，建立外汇市场自律机制是进一步提升人民币国际化水平的必然要求。近年来，人民币国际化进程加速推进。2015 年，国际货币基金组织批准人民币纳入 SDR，2016 年 10 月 1 日，人民币正式加入 SDR 成为人民币国际化的重要里程碑。在人民币国际化发展的新阶段，一方面，我们必须承担更多的"市场化责任"，提供更加优质的金融基础设施，建立外汇市场自律机制。这些完善外汇市场体制机制建设的重要举措，必将进一步提升人民币作为交易货币、储备货币的职能和地位，持续推动人民币国际化向纵深发展。另一方面，在人民币国际化进一步向纵深迈进的同时，我们也需要以更低的社会成本、更有效的管理方式维护市场秩序、规范从业者行为。从这个意义上讲，外汇市场自律机制的建立正当其时。

此外，人民币正式加入 SDR 后，必将吸引更多的国际投资者投资人民币资产，外汇市场自律机制通过对外宣传、国际交流与合作等，可较大提升国际投资者对境内人民币市场的认知，从而进一步促进境内市场的开放，助推人民币国际化。

记者：外汇市场自律机制作为自律组织，在市场中扮演什么角色，其与监管机构的关系如何处理？

陈四清：外汇市场自律机制的定位是，在符合中国有关汇率政策和外汇管理规定的前提下，对人民币汇率中间价报价行为、银行间外汇市场和银行柜台结售汇与跨境人民币业务进行自律管理，维护市场正当竞争秩序，促进外汇市场有序运作和健康发展，其主要职责包括规范人民币汇率中间价报价行为，制定并督促落实银行间市场以及柜台结售汇与跨境人民币业务行为准则和业务规范，处理市场成员之间的交易纠纷以及开展国际合作等。

市场自律机制是完善的金融管理体系不可或缺的组成部分，历史经验表明，高度发达的金融市场离不开外部监管和市场自律高度结合的约束机制。与传统的监管模式相比，自律机制具有监管成本低、自主性高等优点，可作为政府监管的补充，辅助监管部门实施宏观审慎管理，规范市场行为，防范市场风险，维护市场运行秩序和公平竞争环境。当下作为高起点、较成熟的中国外汇市场，通过充分借鉴国内外的工作经验，并结合我国经济转型期的具体国情，建立外汇市场自律机制对于健全我国市场化汇率形成和调控机制、提高金融服务实体经济的效能具有重要的积极意义。国内外市场实践表明，做好外汇市场交易行业自律和协调工作，不仅有利于更好地保障我国外汇市场的有序运作和健康发展，以更低的社会成本维护市场秩序、规范从业者行为，也有助于央行宏观审慎管理和维护金融市场稳定的大局。

记者：中国银行作为外汇市场自律机制的核心成员及牵头行，从市场参与者角度，您认为自律机制成立的作用是什么？

陈四清：我认为，建立外汇市场自律机制，从长远讲，有利于推动人民币国际化的发展；有利于进一步完善外汇管理体系；有利于市场成员增强责任和加强市场交流，符合市场发展的脉络规划。从近处说，是进一步发扬市场成员自律责任的有效手段。随着我国外汇市场化程度的不断提高，包括银行在内的市场参与主体将发挥越来越重要的作用。根据经济学的俱乐部理论，在自律机制框架下，市场参与者如果不能遵守公约、规范经营、专业服务、有序竞争，就无法继续享受约定的权利，也就无法在这一市场中继续发展。外汇市场自律机制的建立，将有效促进市场成员他律与自律并重，外部约束与内部激励并重，通过增强内部控制、完善信息披露等一系列措施，提高外汇市场的规范化水平。

作为我国国际化程度、入选全球系统重要性银行的中资银行，中国银行参与并见证了中国外汇市场的成长壮大。此次当选全国外汇市场自律机制的核心成员及牵头行，既是我们的光荣，更是我们的责任。我们将在各兄弟单位的支持下，在带头自律的基础上，依托外汇交易中心平台，做好组织协调，加强同业沟通，发挥专业优势，科学制定标准，不断建立健全外汇市场自律机制，为我国外汇市场的持续健康发展和人民币国际化的深入推进作出新的更大贡献。

记者：您刚才介绍到，国际主要外汇市场都成立了自律组织，与其相比，我们外汇市场自律机制有哪些特点？我们在参与国际外汇市场自律规范合作方面有何设想？

陈四清：目前，英国、美国、新加坡、中国香港、日本、法国、瑞士、澳大利亚八大主要外汇市场都有比较成熟的外汇市场自律机制实践，一般称为外汇市场委员会（FX Committee）。一些新兴经济体，比如南非，也建立了外汇市场委员会。这些自律组织负责市场参与者行为规范、投资者教育保护和市场研究等工作，在机制建立和工作开展等方面都为我们提供了有益经验。我们外汇市场自律机制在定位、功能、机制等方面与这些国际外汇市场委员会有共通之处，可充分借鉴它们的经验和做法，但结合我国的特点，我们也有一些自己的特色：一是我们的外汇市场自律机制同时覆盖了批发市场（即银行间外汇市场）和零售市场（即柜台结售汇与跨境人民币业务），而国际外汇市场委员会基本都是管理批发市场；二是我们的零售市场自律管理，也就是第三工作组——外汇和跨境人民币展业工作组自律范围覆盖外汇和跨境人民币两项业务；三是我们的外汇市场自律机制分为全国自律机制和省级自律机制双层架构，省级自律机制作为本地外汇市场自律和协调机制，在符合国家有关政策法规前提下进行自律管理，更好地督促银行落实自律要求。目前，各省份都已完成省级自律机制的搭建，一个覆盖全国、涉及跨境资金全业务的自律管理体系已初步形成。

关于参与国际合作的设想，目前，BIS 外汇市场工作组正在推动制定全球外汇市场统一行为规范，预计将于明年完成全部工作。同时，各国外汇市场委员会也已形成定期联络机制，共同探讨和落实国际外汇市场规范等议题。我国外汇市场自律机制成立后，将积极通过有关途径建立与 BIS 以及各国外汇市场委员会的沟通联系，在增进各主要外汇市场对我国外汇市场了解并交易的同时，还可作为发展中国家的主要成员更多地参与全球外汇市场统一行为规范的制定，提升中国在国际外汇市场上的话语权。

记者：全国外汇市场自律机制的组织架构和工作机制是如何设定的？

陈四清：全国外汇市场自律机制的组织架构包括成员、工作组和秘书处。

自律机制成员分为核心成员、基础成员和观察成员三层，不同的成员享有不同的权利和义务。其中，核心成员是指在外汇市场上系统重要性程度高、市场影响力大、业务流程规范、内控机制完善、综合实力比较显著的金融机构。基础成员是指柜台结售汇业务或银行间外汇市场交易达到一定标准、业务流程较为规范、内控机制较为完善的全国性金融机构。观察成员是指除核心成员、基础成员外的其他银行间外汇市场会员。目前，核心成员共有 14 家。

自律机制成立初期，下设三个工作组，分别为汇率工作组、银行间外汇市场（批发市场）交易规范工作组、外汇和跨境人民币展业工作组。其中，汇率工作组由中国工商银行牵头，负责对人民币汇率中间价报价行为进行自律；银行间外汇市场（批发市场）交易规范工作组由中信银行牵头，负责对银行间外汇市场行为进行自律，制定银行间外汇市场交易行为准则和业务规范，并负责督促落实；外汇和跨境人民币展业工作组由中国银行牵头，负责对银行柜台结售汇与跨境人民币业务行为进行自律，制定银行柜台结售汇与跨境人民币业务行为准则和业务规范，并负责督促落实。未来根据履职需要，可增设其他工作组。

自律机制在中国外汇交易中心设立秘书处，负责自律机制的日常事务，执行自律机制决议，并向自律机制报告相关工作情况。

记者：外汇市场自律机制不同成员的权利义务有何区别？如何划分不同层级的成员？

陈四清：核心成员可参与自律机制工作会议并行使审议表决权，担任人民币兑美元汇率中间价报价行或尝试报价行，并享有优先获得外汇市场新产品、新交易方式以及其他市场创新先行先试的权利等。核心成员应委派一名代表出席工作会议并行使表决权，积极组织和参与相关专门工作小组工作，并模范遵守自律机制各项规章制度、严格执行自律机制有关决议、积极完成自律机制交办的工作任务。

基础成员享有自愿参与、自由退出自律机制的权利，有资格获得外汇市场新产品、新交易方式及其他市场创新先行先试的权利，并可适时赋予其参与人民币兑除美元外其他货币中间价报价的权利。基础成员应履行遵守自律机制各项规章制度、执行自律机制决议、完成自律机制交办的工作等义务。

关于自律机制成员的划分，秘书处正在起草外汇市场自律行为评估办法，将按照自愿参加的原则对一定范围内的金融机构进行自律行为评估，评估结果作为自律机制未来划分核心成员、基础成员、观察成员三个层次的重要依据。这一评估既会涉及金融机构外汇和人民币跨境业务的开展情况，也会涉及金融机构基本的财务状况、内控机制等。秘书处将按季开展自律行为评估，一些外汇和人民币跨境业务规模较大、业务开展比较规范、符合核心成员要求的金融机构，有可能会补充到核心成员中，而一些工作做得不好、业务开展不规范、不履行核心成员义务的银行，也可能会调整出核心成员范围。

记者：全国外汇市场自律机制秘书处的主要职责是什么？

陈四清：秘书处在自律机制的指导下，履行以下主要职责：一是协助自律机制主任委员、牵头行和各工作小组开展工作，协调牵头行、核心成员以及自律机制成员履职，协调地方外汇市场自律机制；二是根据自律机制安排，起草和修改自律机制工作指引及相关业务规则，提交自律机制审议；三是根据自律机制主任委员、牵头行和各工作小组的提议召集自律机制工作会议，拟定自律机制工作会议议题，协助各专门工作小组召开有关工作会议，组织召开自律机制秘书处工作会议，将相关会议形成的议题和文件提交自律机制审议；四是配合专门工作小组规范成员行为，开展自律评估工作，督促成员落实自律行为准则和规范；五是根据自律机制安排，协调组织开展成员教育培训、新闻宣传、国际交流；六是负责处理自律机制的日常事务，组织落实自律机制的有关决议，归档自律机制重要文件资料。

记者：您能否介绍一下外汇市场自律机制近期开展的重点工作？

陈四清：外汇市场自律机制今年6月底建立以来，在成员行、秘书处等多方积极努力下，已完成基本框架的搭建，理顺了工作流程，并取得了一些初步成果。一是审议通过了一系列自律规范，构建自律管理的制度框架。截至目前，全国自律机制分别在上海、北京召开了三次工作会议，审议通过了9个重要规范。这些规范既有涉及工作机制方面，如《外汇市场自律机制工作指引》；也有涉及人民币汇率和外汇市场管理规范方面和针对管理规范制定的实施细则。这一系列文件，涉及中间价形成、银行间外汇市场交易以及外汇和跨境人民币展业，覆盖外汇市场主要业务，构成了外汇市场自律管理的基本框架。二是齐头推进自律机制各方面机制建设，丰富自律机制功能。教育培训机制方面，由自律机制秘书处牵头起草了《自律机制培训工作规划》并征求核心成员行意见，探讨落实方式；国际交流方面，正研究拟定相关工作制度和流程，并积极准备通过有关途径尽快与国际市场外汇市场委员会建立联系，参与相关机制；市场监测机制和评估体系建设方面，研究中间价报价规范等有关要求，在借鉴利率自律机制做法基础上完成了相关监测评估体系框架的搭建；新闻宣传方面，正研究拟定相关工作制度和流程，探讨开辟互联网、微信和杂志等多维媒体宣传渠道。

下一步，自律机制将进一步完善制度建设，理顺工作机制，积极推进有关工作的落实，发挥好自律机制的作用。

围绕国家战略
推动中国航企全球化发展①

一、中国航运业正在迎来历史性的发展机遇

刚才大家都讲了航运业面临的困难。确实，2008 年以来，由于受全球贸易增长乏力、造船产能放大等因素的影响，全球航运业发展遇到很大的挑战。2016 年 9 月，全球第七大、韩国第一大海运公司——韩进海运向法院申请破产，成为全球航运史上最大的破产案，表明航运业的冬天还没有过去。但是，越是困难的时候，越要坚定信心。冬天来了，春天也就不远了！作为金融机构，我们不仅看一个行业的周期性波动，更加看重它的长远发展。我们看到，随着中国经济全球化程度不断加深，特别是"一带一路"建设的深入推进，全球航运业特别是中国航运业迎来了难得的发展机遇，我们对航运业的未来充满信心。

一是"一带一路"建设带来的新机遇。我国建设"一带一路"的倡议得到了沿线国家的积极响应，国际基础设施和产能合作正在深入推进。今年前 9 个月，我国企业在"一带一路"沿线国家新签对外承包工程合同达到 746 亿

① 作者于 2016 年 11 月 4 日在"2016 国际海运年会"的演讲。

美元，同比增长达 26.1%，占同期我国新签对外承包合同的 50.4%。"一带一路"建设的深入推进，将进一步拓宽产能全球配置的范围，创造出巨大的海运贸易需求。

二是我国对外经贸投资稳定发展的机遇。我国正在大力推进更高层次的对外开放，预计到 2020 年，中国对外贸易总额将超过 5 万亿美元，对外直接投资将超过 2000 亿美元。航运是全球贸易和投资的重要载体。中国经济不断融入全球产业链，必将惠及全球航运业发展，特别是为中国航运企业全球化发展注入强劲动力。

三是航运业调整中的并购重组机遇。当前，国际航运业仍然处于调整周期，部分航运企业经营出现困难。为形成规模效应、实现集约化发展、低成本运营，航运行业内部存在结构性调整需求。这给我国航运企业带来了通过并购重组快速拓展海外港口、航线和业务的机会。

二、金融业是航运业天然的支持者和好伙伴

金融业和航运业都是有关"融通"的行业。航运兴，则贸易兴；贸易兴，则金融兴。长期以来，金融业一直与航运业风雨同舟、携手同行，积极以金融力量更好地支持航运企业发展。

一是积极支持航运企业更好地实现财务稳健。从这轮航运行业调整的经验看，在长期波动的市场中，航运企业保持竞争力的关键在于较低的运营成本和充沛的现金流。金融机构与航企加强合作，科学选择资金来源，合理规划融资结构，建立高效稳定的财务体系，有利于航运企业行稳致远，不断拓宽发展空间。据不完全统计，2015 年全球商业银行为航运业提供了超过 3500 亿美元的授信支持，近几年这一数据保持稳定，为航运企业提供了可靠的资金来源。同时，债券、租赁、基金等渠道的快速发展，也为航运企业提供了多样化的融资选择。

二是积极支持航运企业接轨国际资本市场。如何实现全球范围内的高效经营，是航运企业全球化发展面临的首要问题。其中，建立顺畅的融资通道，实

现全球资金实时调配是关键。金融机构充分利用境内外两个市场、两种资源，帮助中国航运企业参与国际资本市场，降低融资成本，增强在全球市场的竞争力。据不完全统计，近几年，在国内金融业的大力支持下，中国航运企业在国际资本市场发行债券的步伐加快，累计融资金额超过 80 亿美元。中国航运企业的实力正在被境外投资者所认可。

三是积极支持航运企业更好地提升产业链价值。加强造船、航运、码头、物流等资源整合，是未来航运业发展的必由之路。金融机构通过发挥全球化、多元化平台优势，支持航运企业整合全球优势资源，提升整体收益水平，实现产业链价值最大化。以并购码头为例，截至目前，中国航运企业对希腊、土耳其等国家的码头投资总额已经超过 50 亿美元。这些码头不仅在当地成为中国投资的典范，也为建设境外航线提供了支撑，有效提升了航运企业经营效益。这些并购投资的背后，都离不开中国金融业的有力支持。

三、中国银行将持续为航企全球化发展提供优质高效服务

一直以来，中国银行与我国航运业相伴相随、共生共荣。早在 20 世纪 60 年代，国务院就决定使用中国银行的外汇贷款购买远洋运输船舶，建成了我国第一支远洋船队。改革开放前，中国银行累计发放买船贷款超过 9 亿美元，支持购买、订造了 232 艘、428 万吨远洋轮船，为我国远洋运输事业的发展作出了重大的贡献。半个世纪以来，中国银行陪伴航运企业度过了数次起起落落，从没有失去过对航运业的信心。目前，中国银行在航运行业的信贷余额保持全球前十、中国第一。

今年是"十三五"规划的开局之年，也是推进供给侧结构性改革的关键之年。中国银行将坚持"担当社会责任，做最好的银行"的发展战略，继续支持航运企业转型升级，为航运企业全球化发展提供优质的金融服务。

一是以遍布全球的服务网络为基础，以资金流动性管理为核心，以全球现金管理、人民币业务为重要抓手，为航运企业搭建全球资金管理体系、进入国

际资本市场和发掘产业链价值提供全方位支持。

二是打造"一带一路"金融大动脉，以并购融资、船舶融资、银团贷款等产品为纽带，全面满足航运企业市场拓展、国际合作和航线布局等需求，促进航运企业全球化发展。

三是充分发挥中国银行在投行、证券、基金、保险、租赁领域的多元化金融服务优势，加快创新多层次的航运资本服务模式，结合金融衍生工具的运用，降低航运企业成本，为航运企业稳健经营提供更好的资本结构和避险工具。

完善"一带一路"
金融服务体系[①]

2013 年，习近平总书记提出"一带一路"倡议。3 年多来，"一带一路"建设从愿景走向落地实施，成果正在显现。"一带一路"为中国金融业的发展创造了新机遇，而打造"一带一路"金融大动脉是实现"一带一路"建设目标的重要保障。

一、"一带一路"建设是重大理论突破和创新实践，为全球化注入新的活力

近年来，全球经济增长乏力，地区冲突频繁发生，恐怖主义、难民潮等挑战此起彼伏，世界面临的不确定性上升，"去全球化"态势有所凸显。

实际上，"去全球化"仅仅是表面性的、暂时性的，并不能影响全球化的大趋势。全球化为世界经济增长提供了强劲动力，促进生产、资本的国际化，提高了世界生产力水平，并为各国促进经济增长创造了机会。特别是近十多年来，国际分工不断深化、细化，逐渐由产业间分工、产业内分工，演进为以产品内分工为主的"全球价值链分工"体系。各国在国际分工中合作密切，形

---

① 本文发表于《中国金融》2017 年第 8 期，文字略有修改。

成"你中有我、我中有你"的深度融合。例如，虽然受此次国际金融危机影响，全球贸易金额增速大幅下降，2008—2016 年平均增速不到 3%，仅为之前 10 年即 1998—2007 年三分之一左右的水平。但是，全球贸易依存度有所提升，以全球贸易规模占 GDP 的比例计，2008—2016 年平均为 48% 左右，高于之前 10 年 43% 的平均水平。

从历史来看，区域一体化是全球化的重要表现和推动因素。多个成员结合成更大范围的经济区，可以优势互补、风险共担，形成合力，从而更有利于成员国融入世界经济。区域一体化涉及主体较少、关系相对简单，也可以成为优化全球化体制的"试验场"。据 WTO 统计，20 世纪 90 年代以来，区域贸易安排（Regional Trade Agreements，RTAs）数量快速上升，由不到 100 个迅速上升到目前的 600 多个。从近几十年的理论和实践来看，区域一体化的形式不断演进，按贸易、要素、政策等方面的融合程度从低到高，已形成了特惠关税区、自由贸易区、关税同盟、共同市场、经济同盟、完全经济一体化六种类型，世界绝大多数国家和地区普遍结合自身特点选择合适模式参与其中。据统计，全球每个国家和地区平均参加了 3 个以上的 RTAs，最多达到 30 个。

不过，区域一体化发展并非一帆风顺，有些区域一体化也面临着困难和问题，进而影响合作进程，甚至对全球化发展产生负面影响。首先，成员经济体在经济、政治制度方面存在差异，会影响区域合作政策的制定和实施效率；其次，成员经济体在经济发展水平、资源禀赋等方面存在差异，话语权也有所不同，可能会导致"强者越强、弱者越弱"的现象；最后，区域一体化主要关注商品、资源自由流动，较少触及制约各国生产能力的形成问题，如基础设施建设、产能基础等。特别是在全球经济下行时，由于全球经济"蛋糕"不容易做大，各国倾向于采取保护主义，进一步影响区域合作和凝聚力。例如，英国"脱欧"暴露了欧盟一体化过程中存在的问题，成为近年来"去全球化"风潮的一个典型。

正是在这种背景下，"一带一路"建设成为当今推动全球化深入发展的重要力量，在相当程度上，弥补和克服了现有一体化合作存在的不足。

第一，从基础设施做起。"一带一路"沿线国家基础设施发展相对滞后，交通、电力、通信等均处于全球较低水平。"一带一路"建设将基础设施互联互通作为优先领域，助力沿线各国突破生产能力提升的瓶颈。

第二，加强产能合作。"一带一路"建设坚持互补式的产能合作框架，中国向沿线国家提供优势产能、先进技术和管理经验，沿线国家则可以充分释放农业、能源、矿产品等方面的能力与潜力。这种产能合作，有助于发挥各国的比较优势、实现共赢，提升区域整体生产能力以及均衡发展水平。

第三，加强人文交流、夯实合作根基。"一带一路"横跨亚、非、欧三大洲，涵盖60多个国家和地区，政治、文化差异显著。"一带一路"建设强调政策沟通、民心相通，深化各国利益融合，促进政治互信、文化互敬，为务实合作提供保障。

二、"一带一路"建设进展顺利，有望进入腾飞阶段

3年多来，"一带一路"海陆推进，在促进区域合作和全球化发展方面成绩斐然，造福各国人民。

第一，"朋友圈"不断扩大，国际认同感增强。目前，"一带一路"已得到了100多个国家（地区）和国际组织的积极响应，40多个国家和国际组织同中国签署合作协议。联合国高度评价"一带一路"建设，2016年11月，第71届联合国大会首次将"一带一路"倡议写进了决议，转化为国际共识。

第二，基础设施互联互通取得实质性进展，夯实共同发展基础。一大批标志性工程相继落地：中巴经济走廊已经取得重大进展，喀喇昆仑公路二期、白沙瓦至卡拉奇高速公路开工建设，拉合尔轨道交通橙线等重点项目完成融资，恰希玛和卡拉奇核电项目进展顺利；中国—中亚—西亚经济走廊建设全面推进，乌兹别克斯坦"安格连—帕普"铁路隧道通车，塔吉克斯坦"瓦赫达特—亚湾"铁路建成通车；中国—中南半岛经济走廊正在加快建设，雅万高铁、中老铁路、中泰铁路、中缅皎漂港等项目有序推进。2016年9月，《建设中蒙俄经济走廊规划纲要》公布，标志着"一带一路"框架下第一个多边合

作规划纲要正式启动实施。

第三，经贸合作"开花结果"，助力区域和全球经济增长。2016 年，中国与沿线国家贸易总额约为 9535.9 亿美元，新签对外承包工程项目合同 1260.3 亿美元，中国企业对沿线 53 个国家直接投资达 145.3 亿美元。各类双边、多边产能合作基金规模已超过 1000 亿美元。中国企业已经在"一带一路"沿线 20 多个国家建设了 56 个经贸合作区，累计投资超过 180 亿美元，为东道国和地区创造了超过 10 亿美元的税收和近 20 万个就业岗位，给沿线人民带来了实实在在的"获得感"。

第四，民心相通工程配套稳步推进。截至 2016 年 6 月末，已与沿线国家先后举办了 19 次"国家年"活动，设立 20 多个海外中国文化中心。丝绸之路（敦煌）国际文化博览会、丝绸之路电影节和图书展每年定期举办，成为文化交流的重要平台。今年 5 月，中国还将在北京主办"一带一路"国际合作高峰论坛，进一步加强全方位交流。此外，在旅游、卫生医疗、科技、青年交流、党政合作、智库合作等方面都取得了突出成效。

虽然"一带一路"在合作机制完善、共同市场建设、政治文化互信等方面仍有大量的工作要做，但在总体目标、合作框架、基础建设方面均已取得实质性进展，基础得到夯实。未来，"一带一路"建设有望实现历史性跨越，推动区域合作和包容性发展。

三、金融支持"一带一路"建设扎实推进，但也有一些问题和障碍亟须破解

金融是经济的核心，发挥着聚集资本、配置资源的关键作用。截至目前，我国已初步构建了多层次的金融服务体系，有效拓宽了境内外融资渠道，完善了跨境金融服务，为企业参与"一带一路"建设提供了多元化的金融支持和服务。

目前，中国人民银行已与"一带一路"沿线 20 多个国家和地区央行签署了双边本币互换协议，在 7 个国家设立了人民币清算行。开发性及政策性金融

机构、各类投资基金和商业银行等支持力度不断加大。例如，国家开发银行、中国进出口银行等政策性银行贷款余额已达到2000亿美元左右；中国出口信保公司为相关企业提供出口信用保险和海外投资保险；以新开发银行、亚投行为代表的多边金融机构和丝路基金、中国—中东欧投资合作基金等先后成立并开始运营；共有10家左右商业银行在沿线近30个国家和地区设立一级分支机构，其中，中国银行已在20个"一带一路"沿线国家设立了分支机构。截至2016年底，中国银行在"一带一路"沿线国家共跟进境外重大项目约420个，提供各类授信支持约600亿美元。

从目前"一带一路"建设的实践来看，在金融支持方面依然存在一些问题和障碍，需要破解。

第一，资金供求缺口及期限匹配问题。基础设施互联互通是"一带一路"建设的优先领域，其资金需求量巨大。据估计，未来几年，仅亚洲基础设施投资每年就可达8000亿美元。但基础设施建设普遍期限长，资金回收周期则更长，短则10年、长则30年。相对而言，项目融资的资金来源一般期限较短，传统的银行贷款、保险资金、债券以及融资租赁等期限通常为5~10年。

同时，沿线部分国家经济发展水平较低、金融体系尚不完善，资金外流现象突出。此外，区内不同国家在资金供需关系上也存在巨大差异：东亚国家储蓄率普遍较高，有些国家甚至超过40%，在寻找更为有利的投资领域；中欧、北非等国家储蓄率较低，往往不到20%，难以满足投资的需求。

第二，区内货币支持问题。"一带一路"沿线国家之间投资、贸易规模巨大，但是由于区内货币在国际货币体系中的地位不高，交易中仍主要使用美元、欧元等第三方货币进行计价和结算。根据2017年1月SWIFT的全球货币国际支付份额排行，人民币等六种区内货币已跻身前20名，但总份额不到6%。如果第三方货币在流动性方面出现问题，将严重影响区内正常经贸往来。但是使用区内货币，则面临着兑换成本和汇率风险较高等问题。

第三，金融业服务能力问题。"一带一路"建设涉及60多个国家和地区以及相关周边市场，金融服务的一个突出特点就是跨境。此外，"一带一路"建设涵盖政府、企业、个人等多个层次以及投资、消费等多个领域，金融需求复杂，相对而言，区内金融业国际化程度不高、综合化服务能力不足。目前，金融业服务格局仍然比较单一：中国金融业参与多，国际金融业参与相对较少；政策性金融向纵深拓展，商业性金融积极性有待提高；传统性金融产品丰富，创新性金融供给不足。

第四，风险管理与化解问题。部分国家自身实力不足，资金投入、运营管理、履约还款等能力存在较大不确定性，多边合作项目特别是基础设施互联互通建设推进难度较大。同时，沿线国家经济、金融、社会环境差异明显，部分国家地缘政治风险不容忽视，风险防控难度较大。此外，中国企业、金融机构"走出去"经验不足，相关风险管理能力不够，风险问题更加突出。

四、完善金融服务体系，谱写支持"一带一路"创新实践新篇章

中国金融业一直在支持国家重大战略中扮演着重要角色。在"一带一路"建设中，中国金融业理应勇于担当，发挥更大的作用，提升金融大动脉的供血能力。总体而言，完善的"一带一路"金融服务体系应该坚持多元、立体以及市场化的要求：将多边金融机构、政策性金融机构、商业性金融机构和国内外投资者都纳入进来；充分利用各层面资金来源和各类型投融资产品及工具，构建完整的金融服务体系；资金价格、运作机制和经营管理要坚持市场化原则，提升可持续性。

第一，项目贷款与创新金融产品"双管齐下"，化解期限匹配问题。充分发挥国际金融机构、政府性基金、政策性银行等公共资金的引导与示范作用，撬动长期性商业性资金参与。金融紧盯沿线重点项目，发挥项目贷款期限长、贷款条件灵活等优势，为基础设施互联互通等核心项目提供稳定资金。同时，创新金融工具，将长期红利转化为短期可见、易得的投资收益，吸引各类资金。例如，通过商业银行吸收存款和发行债券、外汇理财计划等方式，将私人资本纳入"一带一路"项目建设。

第二，推进人民币国际化和小币种交易，"长短结合"提高货币支持效

率。推进人民币清算渠道建设，为客户提供完整安全、优质高效、简便经济的全球支付清算服务，改善人民币国际化运作环境。积极推动人民币在"走出去"重大项目中的运用，拓宽海外人民币运营和投资渠道，鼓励在沿线国家和地区使用筹措的人民币资金。同时，拓展区内小币种交易业务，降低汇率风险和交易成本：稳步增加可报价货币数量，实现对"一带一路"重点区域的覆盖；积极开展小币种的现钞、现汇结售汇业务，拓展远期结售汇报价业务。

第三，加强同业合作和业务创新，全面提升跨境、多元化金融服务能力。加强区内、区外金融机构以及政策性金融、商业性金融的合作，充分发挥各自在网点覆盖、市场熟悉程度、资金来源、金融技术等方面的比较优势。针对"一带一路"金融需求特点，以传统业务为基础，积极开展金融产品及服务模式创新，提升全方位服务能力。同时，加大对沿线重要战略支点地区的网点布局，充分发挥已有机构的业务辐射能力，提升全面覆盖能力；在重点区域积极整合网点资源，提升服务效能。例如，2016年，中国银行将马来西亚、菲律宾等东南亚国家和地区的机构整合进中银香港，整合后第一年，上述地区的新增授信就较上年增长202%。此外，为破解中小企业金融服务的全球性难题，中国银行创新推出跨境撮合服务。2013年以来，以沿线国家为重点成功举办30场跨境撮合活动，现场达成合作意向5000多项，目前已形成2000多项实质性合作。

第四，强化风险控制，构筑完善的风险管理"堤坝"。建立全球一体化的风险管理模式以及全球额度管控系统，实现境内外、多业务风险全覆盖。积极开发货币互换、掉期等各类金融衍生工具，对冲利率、汇率等风险。推动风险对冲与交易机构，信用调查与评级机构、保险机构等各领域机构的协调配合。特别的，秉承风险收益相匹配的市场原则，吸引风险承受能力强的机构参与进来。例如，引进各类国际信用担保机构，促进国际银团贷款、资产证券化等市场发展，提升风险分散效能。此外，引进各类中介服务机构，促进信息共享。在支持企业"走出去"过程中，针对部分国家的外汇管制，帮助设计解决方案，化解收汇难题；参与对外谈判，帮助企业规避合同中的不利条款，最大限度保障企业的利益。

第五，引导国际资本向"一带一路"聚集，满足建设资金需求。持续提升金融业在国际金融中心的资金运作能力，调动全球资源支持"一带一路"建设。加大在境外债券市场的筹资力度，增加发行规模、打造一批标志性的、有影响力的项目，吸引更多国家和企业参与"一带一路"建设，改变欧美银行业主导的局面。例如，继 2015 年 6 月在国际市场上发行 40 亿美元债券支持"一带一路"建设后，今年 4 月 11 日中国银行再次组织 5 家海外分支机构成功发行折合约 30 亿美元的债券，国际投资者认购活跃。

国家战略机遇就是金融业的发展机遇，国家的战略要求就是金融业的重要工作目标。未来，中国金融业需继续以服务国家战略为己任，全力打造"一带一路"资金融通方面的主干线、主渠道、主动脉，助力"一带一路"建设再上新台阶。

用金融创新推动
"一带一路"建设[①]

近年来，发达国家主导的"逆全球化"风潮制约了世界经济复苏步伐，"一带一路"倡议成为应对"逆全球化"趋势的重要力量，也为沿线各国发展和世界经济增长作出了实实在在的贡献。展望未来，"一带一路"合作前景广阔，特别是基础设施建设存在巨大的融资需求。然而，由于基础设施投入大、周期长等特点，其融资一直存在难点，尤其在"一带一路"沿线，大多数发展中国家存在政府资金实力不足、专业能力有待提高、项目盈利前景不确定等问题。要突破上述瓶颈，需要金融业加强制度、服务、产品等方面的创新，推动建立长期、稳定、可持续、风险可控的金融保障体系，为促进"一带一路"行稳致远提供更好的支撑。

一、"逆全球化"趋势下"一带一路"建设的重要意义

2008 年国际金融危机对世界经济产生了巨大冲击，引发国际政治经济格局的深刻调整。尽管危机爆发至今已近 10 年，但世界经济复苏仍不稳固，各

---

① 本文发表于《中国金融》2017 年第 19 期，文字略有修改。

种不确定因素仍在增加。特别是，当前的"逆全球化"风潮正在成为影响多边规则的绊脚石，制约了世界经济复苏步伐。作为"逆全球化"的典型表现，英国"脱欧"一度让全世界惊恐。欧洲政坛选举过程中，一些政党所倡导的民粹主义理念大受欢迎。特朗普在竞选美国总统时提出"美国优先"的口号，正式就任总统后一步步兑现其竞选承诺，美国先后退出《跨太平洋伙伴关系协定》（TPP）和《巴黎协定》，又针对中国发起"301调查"，试图以单边主义维护美国霸权，挑战世界贸易组织（WTO）的多边贸易规则。英国《金融时报》首席评论员马丁·沃尔夫（Martin Wolf）最近指出，在他有生之年看不到发达国家推进贸易自由化的动力。

针对"逆全球化"趋势下全球贸易保护主义的抬头，国际货币基金组织（IMF）指出，一旦这种情况加剧，必将放缓甚至逆转国际政策协调和经济全球化进程，阻碍贸易自由化、资本和劳动力流动，并可能引发不可持续的政策，拖累全球生产率和经济增长，加剧金融市场动荡。国际清算银行（BIS）进一步指出，在当前全球高杠杆率的环境下，保护主义政策还可能恶化企业与家庭的利润和收入，破坏其本已脆弱的资产负债表，酝酿新的金融风险。

正是在这样的国际背景下，习近平主席提出的"一带一路"倡议，具有特殊重大的意义。从历史上看，全球化有力地促进了国际分工，加快了资金、技术、产品的跨国流动，带动了各国的深度融合，为世界经济增长提供了强劲动力。第二次世界大战后到2008年国际金融危机前，欧洲经济的重建（20世纪50—60年代），亚洲"四小龙"的崛起（20世纪80—90年代），中国近40年的高速发展（20世纪80年代以来），始终以开放合作为主线，引领了全球经济的三轮大发展。当前，尽管全球化遭遇一些挑战，但大多数国家仍愿意加强合作，使全球化进程更加有活力、更加包容、更加可持续。正因为如此，"一带一路"伟大倡议一经提出，就得到了世界上大多数国家的认可和响应。

二、"一带一路"基础设施建设的重要作用及融资难点

"一带一路"是一条互联互通之路，基础设施建设是重要基石。当前，

"一带一路"沿线很多发展中国家的基础设施不完善，制约了经济增长的潜力。即使是发达国家，也面临设施老化和更新的问题。据估算，未来 5 年，"一带一路"基础设施融资需求将达到 10.6 万亿美元。

三、基础设施建设对经济增长和社会发展的重要作用

目前，无论是学术界还是实务界，都把基础设施建设作为推动一国经济增长和社会发展的重要组成部分。早在 18 世纪，亚当·斯密就在《国富论》中指出："分工水平由市场大小决定，而市场大小及商业发展程度取决于道路、桥梁、运河、港口等公共设施建设水平。"此后，保罗·罗森斯坦·罗丹（Paul Rosenstein – Rodan）、罗格纳·纳克斯（Ragnar Nurkse）、阿尔伯特·赫希曼（Albert Hirschman）等发展经济学家均对基础设施促进经济增长的作用进行了分析。

在总结前人研究成果的基础上，世界银行于 1994 年对基础设施的概念进行了界定，将基础设施区分为经济基础设施和社会基础设施。其中，经济基础设施被定义为"永久性的工程构造、设备、设施和它们所提供的为居民所用和用于经济生产的服务，这些基础设施包括公用事业（电力、管道煤气、电信、供水、环境卫生设施和排污系统、固体废弃物的收集和处理系统），公共工程（大坝、灌渠和道路）以及其他交通部门（铁路、城市交通、海港、水运和机场）"。经济基础设施之外的其他基础设施被定义为"社会基础设施"，通常包括文教、医疗保健等方面。目前这一定义已被经济学者广为接受。根据 2015 年国家发展改革委、外交部和商务部共同发布的《推动共建丝绸之路经济带和 21 世纪海上丝绸之路的愿景与行动》，"一带一路"基础设施建设主要包括铁路、公路、港口、电力、信息通信等领域。可见，"一带一路"基础设施属于经济基础设施范畴。

世界银行指出，基础设施建设有助于产品的多样化，有利于扩大贸易范围，从而可以提高劳动生产率，降低生产成本。尽管基础设施与经济增长之间的精确关系值得进一步讨论，但定量分析表明，基础设施存量每增加 1%，

GDP 也会同步增长 1%。一些研究还发现，不同的基础设施对一国经济增长的贡献程度有所不同。例如，2010 年亚洲开发银行（ADB）对 1975—2006 年 102 个发展中国家和地区的数据进行了回归分析，发现电力、通信和交通行业对东南亚国家的经济增长具有显著的促进作用，而其他基础设施的作用则不显著。2017 年 ADB 进一步指出，铁路、公路等交通基础设施建设有助于人员、商品等要素的自由流动，推动产业集聚，提高分工合作水平；电力是进行现代化生产、提高人们生活水平的必备条件；信息通信，特别是数字化、网络化通信设施对于信息的及时传输至关重要。

四、基础设施行业特点及其融资实践

发展经济学认为，基础设施的共同特征是高额的初始固定成本和相对较低的可变运营成本。由于初始的固定成本很高而增加服务所需投入的边际成本很低，所以基础设施提供的产品和服务的平均成本随产品和服务量的增加逐渐下降。此外，基础设施服务的外部性较强，有些服务是非竞争性或非排他性的，具有公共产品特征。

基于上述原因，过去学者们普遍认为基础设施行业是自然垄断行业，必须由政府或公共部门进行投资，导致各国在发展基础设施方面都存在资金供给不足、政府投入不断下降等问题。但随着研究的不断深入，人们发现，在技术进步、居民消费水平提高或进行新的制度设计的情况下，一些基础设施的排他性会逐渐增强。很多基础设施虽然具有一定的公共性，但已经不是纯公共产品（既非竞争又非排他）。例如，公用工程特许权（Utility concession）的出现使私人投资兴建的公共设施可以合法地对使用者收费，从纯公共产品变成价格排他的公共产品。在这种情况下，政府不必包揽基础设施投资，从而为吸引私人资本参与提供了可能。

从实践经验来看，商业贷款、开发性贷款、政策性优惠贷款是常见的基础设施融资方式。对于规模较大特别是跨国的基础设施项目，很少有金融机构能够独立提供足够的金融支持，因而往往由多家大型银行组成银团贷款加以支持。一些发展中国家（如肯尼亚、巴西）则成立了基础设施专业开发银行，筹集低成本的建设资金。同时，基于很多基础设施所具有的公共产品特征，政府（国家或地方）直接投资或参股项目、以政府信用作为担保发行项目债券等也较为普遍。例如，美国、加拿大等国家和地区通过发行市政债券来筹集资金。

近年来，随着各国不断推进电力、交通、公用事业等领域的改革，政府直接投资或担保等传统模式逐步从商业项目中退出，商业模式成熟或自身经济性较强的电站、收费公路、商业港口、水处理等行业越来越多地采用结构化融资（主要是项目融资）。私人资本在基础设施建设中的介入程度也日益提高，公私合营（Public – Private Partnership，PPP）成为国际上普遍的运作模式，且技术日趋成熟。同时，各种利率和汇率掉期工具也被大量引入，以管理相应的宏观经济风险。

总的来说，尽管债券、股权、金融衍生品的运用不断增加，基础设施建设的主要资金仍然来源于贷款。根据经合组织（OECD）2016 年的统计，全球基础设施建设60%～70% 的资金来源于贷款。不过，由于欧美国家的金融深化程度更高、直接融资市场更加发达、大型银行介入金融市场的经验更加丰富，欧美国家运用债券等融资工具更加熟练和频繁，而"一带一路"等发展中国家直接融资的比例还有待提高。

五、"一带一路"基础设施融资难点

对于"一带一路"国家而言，除了上述金融市场因素外，基础设施融资还面临特殊难点。

第一，政府资金实力不足。"一带一路"沿线大多数国家属于发展中经济体，有些正处于工业化、城市化的初期。这些国家基础设施融资缺口较大，但自身财政能力有限，有些国家甚至存在严重的财政赤字和债务违约风险。如何充分动员私营资本或利用资本市场等融资手段成为解决基础设施融资难题的关键。

第二，专业能力有待提高。在国际上，项目融资、PPP 作为新兴的基础设施融资方式广受关注。这些融资模式尽管产品结构复杂，但融资技术已相对成熟，在发达国家积累了丰富的经验，而在"一带一路"沿线国家仍处于发展的早期，对投资人、贷款银行、信用保险机构、当地政府的专业性要求较高。

第三，项目盈利前景具有不确定性。很多"一带一路"基础设施项目的盈利模式不清晰，使投资者难以区别可投资的项目。ADB 指出，基础设施融资最主要的还款来源是政府当期或未来的税收收入，同时还包括用户对基础设施服务的付费以及土地价值捕获（Land Value Capture）。前者取决于政府财力，后两者则取决于项目的未来盈利前景。一个基础设施项目要可持续，很大程度上取决于政府对项目的未来需求预测和总体规划是否合理、是否有完善的后续配套能力，这样才能让投资者形成可靠的收入预期，吸引投资者参与基础设施的投资、建设和运营。但对于很多"一带一路"沿线国家来说，其政府规划能力和相关配套能力都不完善。在没有形成网络效应之前，单个项目的经济效益不一定很高，从而制约了投资者的参与热情。

六、通过金融创新推动"一带一路"建设

当前，尽管我国已建立了层次清晰、初具规模的"一带一路"金融合作网络，但相关机制还不完善，提供的金融支持离现实需求还有较大差距。尤其在基础设施融资领域，上述难点亟待突破。

习近平总书记在第五次全国金融工作会议上强调，要推进"一带一路"建设金融创新，搞好相关制度设计。这是金融界必须要落实好的新的重大任务。新任务要有新思路，必须跳出旧思维的定式，用发展的眼光看待问题，用全新的思维考虑问题，妥善处理全局与局部、长期与短期的关系，积极促进当期投入与长期产出、社会效益与经济效益之间的良性转换。新任务要有新机制，必须突破旧机制的束缚，针对"一带一路"建设的规律和特征，从项目准入、项目审批、后续管理、考核激励、风险防范和化解等重点环节着手，探索设计新的流程和机制。新任务要有新模式，打破旧模式的惯性，积极探索新

的金融服务模式，既要以我为主，广泛吸收国际先进经验，又要敢为人先，大胆尝试新的方法。总之，金融业要紧紧结合"一带一路"建设的实际需求，多种措施"齐头并进"，各方力量"同频共振"，推动建立长期、稳定、可持续、风险可控的金融保障体系，为"一带一路"建设注入源源不断的动力。

创新整合金融资源，完善金融支持体系。"一带一路"涉及贸易投资、基础设施、能源资源开发等多个领域，既有短期的融资需求，也需要长期的金融安排。金融机构要跳出传统的"拿着产品找客户"的思维模式，立足"一带一路"融资的复杂性，结合各种金融产品和工具的特点，合理安排金融资源，既要满足企业贸易结算、贸易融资、信用担保、避险保值等短期需求，又要综合运用双边贷款、项目融资、并购贷款等金融服务，为企业提供长期解决方案，真正形成多层次的金融支持体系。

创新运用金融产品，提供合适金融工具。多项研究表明，发展基础设施的主要障碍并不在于资金，而在于让资金得到可持续的投资回报。金融机构如果能够创新运用合适的金融工具，将"一带一路"建设的远期红利转化为近期可见并且可持续的投资收益，将有助于吸引国际资本。为此，可以通过发行"一带一路"债券，引导保险公司、养老基金、主权财富基金、对冲基金、慈善和大学基金等参与投资，共同建设"一带一路"。还可以通过结构化的融资模式，共担风险、共享收益，有效增强投资者的信心。

创新设计融资架构，灵活安排融资模式。"一带一路"沿线大多属于发展中经济体，处于不同的历史发展阶段，其宏观经济政策和金融资源配置面临种种的限制。金融机构在配置金融产品和金融工具时，需要充分考虑当地实际条件，创新融资架构设计，以经济效益为导向，兼顾社会效益，提供灵活多样的融资模式。对于一些经济发展落后、急需上马相关项目打破发展瓶颈的国家，适合采用直接、便捷的融资模式，提升融资效率、实现早期收益。而有的国家经过多年经济发展，能源、电力和基础设施取得了长足进步，有条件实现更高的金融治理水平和要素配置效率。在这些国家就应探索完善项目融资的法律和监管环境，鼓励各种类型的社会资本在规范有序的市场环境下自由流动、适度竞争，引导金融资源配置更加精细和专业。

创新推动人民币"出海",充分发挥人民币作用。货币流通是"一带一路"沿线国家合作的血液和润滑剂。提高人民币在"一带一路"建设中的使用程度,既能降低沿线国家汇率风险,也是深化区域金融合作的应有之义。金融机构应多措并举,创新推动人民币稳步出海。要积极推进人民币与沿线国家货币的报价和直接交易,进一步扩大人民币在贸易、投资中的使用范围,充分利用双边本币互换机制,降低使用第三国货币对贸易往来的不利影响。加快开发人民币跨境融资产品,推出大宗商品人民币计价、结算、清算、融资、套期保值等综合服务方案。针对主权机构研发人民币投资产品,推动人民币进一步发挥国际储备货币的职能。

创新风险分担方式,健全风险应对机制。"一带一路"国家风险各异,多边合作项目特别是基础设施建设领域面临较大风险。部分国家自身实力不足,资金持续投入能力、实际运营管理能力、宏观债务管理能力等还有较大提升空间。金融机构要始终牢固树立风险意识,改变单打独斗、大包大揽的传统思维,创新运用风险分担理念,完善风险抵补和危机应对机制。要充分运用国际银团贷款、资产证券化等手段,在更大市场范围内分散和管理风险。积极开发各类金融衍生品,帮助企业规避交易中的各类汇率和利率风险,提升资金安全性。在叙做大型项目时,积极利用国际金融组织担保、出口信用保险、国际商业保险等手段缓释风险。在某些国别风险较高的市场,可以通过引入多边投资担保机构,拓展风险管理渠道。

创新打通内外市场,汇聚国际金融资源。在"一带一路"建设中要充分利用不同类型金融机构的特点,创新打通国内国际两个市场,积极引导政策性金融、开发性金融与商业性金融的协同并进,增强"一带一路"建设和重大项目融资的合力,形成"众人拾柴火焰高"的局面。中资金融机构一方面要善于与有影响力的国际金融机构合作,积极对接亚投行、丝路基金、世界银行、亚洲开发银行等机构;另一方面,也要善于借助东道国的金融网络和调动本土金融资源,共同支持"一带一路"建设。商业银行还可以借助自身代理行资源,为"一带一路"项目提供有力支持。

共建"一带一路"
共促地中海繁荣^①

  刚刚结束的中国共产党第十九次全国代表大会，描绘了中国发展的新蓝图，开启了中国前进的新征程。会议强调要以"一带一路"建设为重点，推动形成全面开放的新格局。要坚持和平发展道路，推动构建人类命运共同体。"一带一路"是一条和平之路、繁荣之路。2013 年习近平主席提出共建"一带一路"倡议以来，中国坚持"共商、共建、共享"的合作理念，积极推进沿线国家和地区政策沟通、设施联通、贸易畅通、资金融通、民心相通，取得了丰硕的成果。中国与沿线国家贸易总额超过 3 万亿美元，累计投资超过 500 亿美元，提供就业岗位 18 万个，有力地促进了沿线国家的发展与进步。实践证明，"一带一路"建设打造了国际合作新平台，增添了共同发展新动力，为拉动全球经济增长、构建人类命运共同体贡献了东方智慧和中国方案。

  地中海地区连接欧、亚、非三个大陆，在"一带一路"建设中具有重要的战略地位。这里自古以来就是连通东西方商贸、加强各民族交流的重要纽带，早在东汉时期，中国的丝绸和瓷器就经由古"丝绸之路"抵达地中海，进而输送到周边地区。随着"一带一路"建设深入推进，地中海地区的重要作用更加凸显。

---

① 作者于 2017 年 12 月 8 日在 2017 年地中海对话论坛的演讲。

这里是"一带一路"设施联通的关键节点。地中海处于陆上丝绸之路和海上丝绸之路的交汇地带，地理位置特殊，战略地位重要。2014 年，中国和地中海四国一致同意建设中欧陆海快线。目前中欧班列已成为国际物流陆路运输的骨干方式。中国参与建设的希腊比雷埃夫斯港，是地中海地区重要的国际物流中心。未来，应继续加大地中海地区基础设施建设力度，推进匈塞铁路等重大工程建设，加快形成连接欧亚非、涵盖海陆空的立体化物流运输网络。

这里是"一带一路"贸易畅通的重要枢纽。地中海地区是中国人最喜欢的旅游目的地之一，这里的葡萄酒、橄榄油、皮革纺织等产品在中国广受欢迎。"一带一路"为中国与地中海地区贸易投资交流架设了高速路，越来越多的商品从地中海源源不断地流向中国。2016 年，中国与地中海地区进出口贸易额超过 1500 亿美元。未来，双方应加快实现贸易和投资自由化便利化，扩大经贸往来，为区域发展提供新动能。

这里是"一带一路"产能合作的新兴市场。地中海地区资源丰富，相关国家产业互补性很强，具有开展国际产能合作的巨大潜力。中国与地中海国家已建成了一批标志性项目。中埃·泰达苏伊士经贸合作区发展良好，成为涵盖商业、金融、物流、技术研发等产业的现代化新城，被誉为"中埃合作桥梁"。未来，应进一步发挥地中海国家的比较优势，加快推动与"一带一路"沿线国家的产能合作，促进地区经济发展，实现民众安居乐业。

中国银行作为全球系统重要性银行，一直是"一带一路"倡议的积极践行者，正在努力构建支持"一带一路"建设的金融大动脉。我们在沿线 21 个国家和地区设立了机构，是覆盖"一带一路"国家和地区最多的中资银行；累计跟进沿线重大项目 470 个，提供融资支持超过 800 亿美元；推出中小企业跨境撮合服务平台，为全球 80 多个国家和地区的 2 万余家企业搭建了交流合作的平台。

目前，中国银行在意大利、法国、土耳其、摩洛哥、葡萄牙设有机构，初步形成了辐射地中海地区的服务网络。未来，中国银行将继续发挥自身优势，为各国企业参与"一带一路"建设提供全方位的支持。具体有四个方面：

第一，汇聚金融资源，促进资金融通。中国银行将加强与政策性金融、开发性金融的协同，为地中海地区能源、金融、环保、航运物流等领域的合作提供金融支持。大力推进产品服务创新，优化融资结构安排，创新融资交易模式，全力做好银团贷款、项目融资等金融服务，积极吸引全球的证券、基金、保险等机构。中国银行作为人民币国际化业务的领军者，还将大力支持地中海国家发行人民币债券，为地中海地区的发展提供更多的金融资源。

第二，依托全球网络，促进贸易畅通。中国银行在海外52个国家和地区设有机构，形成了覆盖全球的服务网络，可为企业提供贸易结算、贸易融资、信用担保、避险保值、财务管理等全流程的跨境金融服务，为企业开展经贸合作提供金融解决方案。中国银行还将充分用好中外企业跨境撮合平台，积极为地中海地区企业与中国企业以及全球企业的合作提供对接撮合服务，推动互利共赢，实现共同发展。

第三，创新金融工具，促进设施联通。未来5年"一带一路"基础设施投资需求将达到10.6万亿美元。基础设施建设具有准入门槛高、涉及国家多、规模大、周期长、风险高等特点，需要金融机构创新运用金融工具，将基础设施建设的远期红利转化为近期可见并且可持续的投资收益，从而增强各方的投资信心。中国银行将通过发行"一带一路"债券等方式，引导保险公司、养老基金、主权财富基金、对冲基金等参与投资，同时通过结构化的融资模式，共担风险、共享收益，满足投资者的投资需求。

第四，增进人员交流，促进民心相通。国之交在于民相亲。中国银行在海外拥有600多家机构和2.2万名员工，我们将充分发挥他们的作用，积极服务当地经济发展和民生建设，积极融入当地文化、当地社区。我们还将面对地中海地区，适时举办"一带一路"国际金融交流合作研修班，邀请相关国家的政府官员和企业家到中国考察，通过深化人员交流，增强双方的了解和互信。

汇聚多方资源　破解融资瓶颈
支持"一带一路"建设^①

　　党的十九大报告提出，要以"一带一路"建设为重点，推动形成全面开放新格局。"一带一路"是一条互联互通之路，基础设施建设是重要基石。但由于基础设施具有准入门槛高、涉及国家多、规模大、周期长、风险高等特点，特别是在没有形成网络效应之前，单个项目的经济效益不一定很高，很少有金融机构能够独立提供足够的金融支持。目前，金融业为"一带一路"基础设施提供的金融支持离现实需求还有很大差距。

　　破解"一带一路"基础设施融资瓶颈，重点要解决"资金从哪来、收益怎么分、风险怎么防"的问题，需要我们大力拓宽资金来源，创新设计融资结构，灵活运用金融产品，有效降低投资风险。在此过程中，内地和香港有很大的合作空间。

　　第一，加强金融机构合作，拓宽融资来源。全球基础设施 60%～70% 的资金来源于贷款，商业银行（特别是国际大型银行）是主要的资金提供者。"一带一路"资金需求庞大，需要更多金融机构参与。香港拥有亚太区实力最强的银团贷款市场，2017 年规模达到 1163 亿美元，还有数量众多的投资银行、基金公司等机构。香港作为国际金融中心，既可以有效对接亚投行等国际

<hr>

　　① 作者于 2018 年 2 月 3 日在"国家所需　香港所长——共拓'一带一路'策略机遇"论坛的演讲。

金融机构，又能调动全球金融资源，增强"一带一路"重大项目融资的合力。

第二，用好直接融资工具，吸引私人投资。近年来，各国政府在基础设施投资中的比例有所降低，私人资本参与的趋势不断加强，优先股、基建债、次级债、可转债等金融产品的运用越来越多。"一带一路"建设中商业模式成熟、未来现金流稳定的项目，具备上市或发债融资的基础。两地金融机构可利用香港投资者众多的优势，共同引导主权国家、标志性项目、境内外优质企业到香港市场融资。近年来，中国银行协助匈牙利政府在香港发行人民币点心债，同时为新加坡、印度尼西亚等5国企业的发债业务提供了支持。我们还专门发行了"一带一路"主题债券，全球近千名主要投资者踊跃投资。

第三，灵活设计融资结构，匹配多方需求。"一带一路"沿线国家处于不同的发展阶段，其宏观环境和金融市场还有待完善。金融机构需要借鉴国内外成熟经验，结合当地实际情况，积极商讨各国财税资金介入的方式，综合开发土地矿产等资源，探索基于风险共担的项目分拆模式和基于杠杆效应的投资基金等模式。香港金融业有丰富的结构化融资经验，可以与内地金融业一起，根据"一带一路"基础设施的不同特点，匹配项目的投资主体和融资需求，设计出灵活多样的融资模式。

第四，强化风险分担机制，降低投资风险。"一带一路"项目周期长、不确定性高，利率汇率与大宗商品价格波动等风险将给投资者带来巨大挑战。金融机构既要积极开发各类金融衍生品，为客户提供货币对冲、利率掉期、现金管理等服务，还要改变单打独斗、大包大揽的传统思维，强化风险分担机制，积极利用国际金融组织担保、出口信用保险、国际商业险等手段缓释风险。例如，中国银行已通过在港设立的中银保险为俄罗斯、哈萨克斯坦、越南、缅甸、印度尼西亚等20个"一带一路"沿线国家的项目提供服务。2017年中银保险承保的境外业务中，超过50%的项目位于"一带一路"沿线国家。

携手推进"一带一路"
与人民币国际化新发展[①]

    "一带一路"与人民币国际化兼容契合，存在相互促进的内在逻辑。一方面，"一带一路"沿线经贸合作夯实了人民币计价结算的市场基础，项目建设开辟了人民币国际投融资的用武之地，区域货币合作扩大了人民币国际交易与储备功能，可以说，"一带一路"建设为人民币国际化增添了新动力。另一方面，在"一带一路"建设中使用人民币，有利于扩大资金来源、降低交易成本、防范金融风险、深化区域合作，有利于实现"一带一路"沿线的资金融通，对于"一带一路"建设将起到重大的推动作用。

    金融机构在推动"一带一路"建设和人民币国际化中肩负着重要使命。习近平主席在 2017 年"一带一路"国际合作高峰论坛上指出，要建立稳定、可持续、风险可控的金融保障体系。为此，金融机构要多措并举，发挥更为积极的作用。我概括为两个关键词：合作与创新。

    要扩大合作空间，汇聚全球金融资源。"一带一路"倡导"共商、共建、共享"的理念，合作是金融支持体系的基础。要调动商业银行、投资银行、保险、基金等多类型机构参与，建设多元化、多层次融资体系，完善风险分担机制。加强与项目所在地政府、商业性金融机构、政策性金融机构的合作，积

---

① 作者于 2018 年 4 月 10 日在博鳌亚洲论坛 2018 年年会的演讲。

极推广 PPP 模式，引入社会资本。打造开放平台，吸引全球金融机构、多边金融组织加入。在这个过程中，中外金融机构可以合作开发人民币金融产品，设立人民币海外基金及各类专项基金，扩大"一带一路"建设的资金来源。

要坚持创新思维，打造特色金融服务体系。要适应"一带一路"建设特点，充分运用国际银团贷款、股本融资等工具，拓展传统融资渠道。打造跨境人民币特色产品，创新债务融资工具，积极推进熊猫债、人民币绿色债及各类专项债券发行。开发各类金融衍生品，创新人民币资金类产品，管理各类融资风险。积极运用金融科技，提高金融服务覆盖范围和服务效率。就在今天，中国银行成功发行了第四期"一带一路"主题债券，累计发行量已达到 106 亿美元，计价货币包括美元、人民币等 7 种货币。对此，国际金融市场反响热烈，反映出全球资金参与"一带一路"建设的热情与信心。

第五篇
担当社会责任　面向未来

提高政治站位　强化责任担当
举全行之力做好定点扶贫工作^①

精准脱贫是党的十九大确定的三大攻坚战之一，对如期全面建成小康社会、实现我们党的第一个百年奋斗目标具有十分重要的意义。中国银行党委坚持以习近平新时代中国特色社会主义思想为指导，坚决贯彻落实党中央、国务院关于脱贫攻坚的决策部署，把定点扶贫作为一项重大政治任务扛在肩上，加大资金投入，加大帮扶力度，用实际行动履行中央金融企业的政治担当和社会责任。

一、主要做法

中国银行遵循精准扶贫、精准脱贫的工作思路，举全行之力、聚全行之智，扎扎实实推动定点扶贫各项工作。目前，中国银行全辖共派出 270 支扶贫工作队，在全国 1043 个贫困村开展定点扶贫工作。根据中央单位定点扶贫工作的部署，陕西咸阳永寿、长武、旬邑、淳化四个县（以下简称北四县）为中国银行总行定点扶贫县。围绕北四县贫困群众脱贫致富，中国银行采取了一

---

① 本文写于 2018 年 9 月，文字略有修改。

系列帮扶措施，取得了实实在在的成效。

围绕"一个目标"。中国银行将帮助贫困群众精准脱贫作为定点扶贫工作的目标，围绕目标定思路、对照目标定举措、聚焦目标求实效，根据扶贫县脱贫攻坚形势变化制订年度定点扶贫工作方案，科学规划工作。2017 年初，咸阳北四县确定了 2.18 万人脱贫、86 个贫困村退出的目标，中国银行紧盯目标精准发力、综合施策，协助当地政府脱贫 2.45 万人、退出 88 个贫困村，超额完成当年任务。

依靠"两方合力"。地方党委政府履行脱贫攻坚的主体责任，在脱贫攻坚中发挥主导作用；贫困群众既是脱贫攻坚的对象，也是脱贫致富的主体。中国银行充分依靠地方党委政府和贫困群众两方合力，形成党委政府带动脱贫、贫困群众自主脱贫和社会力量帮扶脱贫的良好局面。一方面，成立中国银行定点扶贫工作领导小组，与地方党委政府建立有效的沟通协调机制；另一方面，注重扶志与扶智，对贫困群众授之以渔，提高贫困人口自我发展能力。2017 年在北四县组织各类培训 21 次，培训村党支部书记、大学生村官、创业致富带头人等 1700 余人次。

聚焦"三个领域"。产业是脱贫之基、致富之源、发展之本，民生领域是脱贫攻坚的短板，深度贫困地区是脱贫攻坚的重中之重。因此，中国银行确定了聚焦产业扶贫、聚焦教育健康养老民生领域扶贫、聚焦深度贫困村的工作思路。中行建立了扶贫项目库，成熟一个推进一个，每年投入无偿资金，支持种植、养殖、光伏和其他重点产业发展。中行还加大民生扶贫力度，2017 年投入 700 余万元资助北四县因学致贫的 1404 名在校大学生和 6724 名中小学生；拨付 305 万元建设永寿县永平镇卫生院，解决全镇 1337 户 4700 多人的生病就医、疾病预防和医疗保健问题。向北四县 3 个深度贫困村投入专项资金，帮助发展村级集体经济，扩建党组织活动场所，提升贫困村党组织的组织力。

发挥"四种力量"。中国银行发挥全球化、综合化经营优势，充分调动"四种力量"，形成定点扶贫的强大合力。一是充分发挥银行力量。逐年加大定点扶贫支持力度，2016 年向北四县投入无偿扶贫资金 1128 万元，2017 年超过 5500 万元，支持项目涵盖产业扶贫、移民搬迁、人畜饮水、乡村路桥、幸福院建设、教育培训、健康医疗、基层党组织阵地建设等各领域。2015—2017年向北四县累计投放信贷资金 48 亿元。二是积极调动员工力量。中行充分调动各级机构、员工参与脱贫攻坚，通过集中采购、个人购买等方式开展消费扶贫，2016 年以来累计购买北四县农特产品超过 9000 万元，帮助贫困县农产品卖向了城市，促进了电商经济发展，缓解了农产品销售难题。三是有效发动客户力量。举办精准扶贫跨境撮合会、产业扶贫项目推介会、招商会等，把贫困地区群众、政府、企业等不同主体的需求和银行客户资源有效对接，推动多家企业在贫困地区投资建厂。四是广泛动员国际力量。借助分支机构遍布全球的优势，面向海内外中高端客户和慈善组织募集善款 3000 余万元，专项用于定点扶贫。

推进"十个一批"。中国银行在定点扶贫的实践中，提出"十个一批"工作措施：安排投放一批信贷资金，推动落地一批金融政策，帮助引进一批企业，协助销售一批优质产品，建立一批村镇银行，用好一批慈善基金，引入一批国际慈善基金，帮助培训一批地方干部，增派一批扶贫干部，推荐一批就业岗位，取得了良好的效果。例如，在推荐一批就业岗位方面，贫困家庭一人实现就业，全家就能稳定脱贫。为此，中国银行制订专项招聘计划，2016 年以来累计招收品学兼优的贫困大学生近 300 人，带动了近 300 个家庭脱贫。在帮助培训一批地方干部方面，中国银行利用自身培训资源，连续多年举办咸阳市县领导干部金融研修班，对当地干部掌握现代金融理念、运用金融工具支持经济发展等方面起到了积极作用。

二、做好定点扶贫工作的几点体会

通过近年来的实践，我们对做好新时期定点扶贫工作有四点体会：

第一，提高站位是前提。脱贫攻坚关系亿万群众的民生福祉，是习近平总书记和党中央始终牵挂的大事。中国银行党委从讲政治的高度深刻理解脱贫攻坚工作的重要性和紧迫性，成立了定点扶贫工作领导小组，定期分析脱贫形势，总结工作经验，研究工作计划，推动工作落实。2016 年以来，总行党委班子成员赴北四县开展调研达 26 人次，与当地干部群众共商脱贫攻坚大计；各分行党委班子也深入扶贫一线走访调研，研究定点扶贫具体举措。

第二，健全制度是基础。中国银行先后研究制定了《定点扶贫工作管理办法》《定点扶贫工作经费预算及考核机制》《关于加强扶贫干部激励和管理的若干措施》，规范项目管理、专项经费、后勤保障、干部选派等事项，为定点扶贫工作有序推进、稳步实施提供了制度支撑。

第三，模式创新是动力。中国银行在扶贫工作中，结合贫困地区实际情况，不断探索工作新模式，切实提升扶贫质效。我们在工作中发现，因病致贫、因病返贫是贫困群众脱贫致富路上的最大"拦路虎"，中国银行针对这一情况，捐赠 200 万元意外保险产品，总保额达 15 亿元，覆盖北四县全部建档立卡贫困人口。2018 年投入 130 万元续保，受到贫困群众欢迎。

第四，作风建设是保障。中国银行在脱贫攻坚中把作风建设摆在突出位置，以严肃的态度、严格的标准、严明的纪律抓好扶贫工作。今年，我们启动对扶贫工作的专项巡视，重点围绕扶贫政策执行、项目审批、资金使用、工程推进等关键环节进行检查，提高资金使用效益，防范道德风险、操作风险，确保扶贫工作经得起时间和实践的检验。

三、以更大的决心和力度支持打赢脱贫攻坚战

当前，脱贫攻坚到了啃硬骨头、攻城拔寨的冲刺阶段。中国银行将认真贯彻落实习近平总书记关于扶贫工作的系列重要指示和要求，牢固树立"四个意识"，坚定"四个自信"，推动定点扶贫工作上水平、上台阶、上格局。

一是坚持精准施策。中国银行将认真落实党中央、国务院《关于打赢脱贫攻坚战三年行动的指导意见》，紧紧盯住制约贫困地区发展的薄弱环节和亟待解决的重点难点问题，着力抓好基础设施援建、富民产业发展及民生短板改善，扎扎实实地把各项工作做细做好，不断提高扶贫的针对性和有效性。

二是加大资源投入。中国银行将持续调动银行、员工、客户、国际四种力量，采取信贷支持、无偿捐赠、引入外部资金等多种方式支持脱贫攻坚，确保

全年投入资金更多、工作力度更大、受益群众更广。积极为政企沟通、区域协作、社会力量参与牵线搭桥，促进政府、市场和社会互动，推动行业扶贫、专项扶贫和社会扶贫联动，形成脱贫攻坚的强大合力。

三是激发内生动力。为了让贫困人口稳定脱贫不返贫，中行将把更多资源投入产业扶贫、教育扶贫、就业扶贫。我们将向扶贫地区政府及企业全面开放中行跨境撮合线上服务平台，为当地产业引资、引技打开市场。加快新型农牧产业化综合示范项目落地，帮助当地贫困人口建立土地流转增收、就业与创业增收等可持续性复合增收的长效机制。继续开展贫困学生精准资助，改善当地学校办学条件，开展基层干部和专业技术人才培训，帮助贫困人口实现就业脱贫。

四是用好金融工具。进一步完善中国银行普惠金融体系，在北四县开设中银富登村镇银行网点。积极发展"苹果贷""立业通宝"等特色业务，大力推广供应链产品，为贫困户提供便捷金融服务。发挥人才优势，举办咸阳市县处级干部金融研修班，开展金融大讲堂，普及金融知识和信用观念，提升贫困地区通过金融手段脱贫的能力。

不断开创新时代
国有商业银行党的建设新局面^①

习近平总书记反复强调，要把党的政治建设作为党的根本性建设，为党不断从胜利走向胜利提供重要保证。这为新时代国有企业加强党的建设提供了根本遵循。国有商业银行必须深入学习领会习近平新时代中国特色社会主义思想，更加自觉地以党的政治建设为统领，坚定不移地推进全面从严治党，不断开创新时代国有商业银行党的建设新局面。

一、提高政治站位，充分认识加强国有商业银行党的政治建设的极端重要性

旗帜鲜明讲政治是马克思主义政党的本质要求。坚持党的领导、加强党的建设，是国有企业的"根"和"魂"。国有企业是国民经济的重要支柱，当前正处于转型发展的重要机遇期，面对复杂的外部形势和繁重的改革发展任务，加强党的政治建设具有特殊重要性。

加强党的政治建设是国有商业银行承担历史使命的必然要求。国有企业是中国特色社会主义的重要物质基础和政治基础，是我们党执政兴国的重要支柱和依靠力量。国有商业银行作为重要的国有企业，政治性是第一属性，讲政治

---

① 本文发表于《求是》2018 年第 21 期。

是第一要求。在加强党的政治建设上，国有商业银行必须立场坚定、旗帜鲜明、知行合一，成为党和国家最可信赖的依靠力量，成为坚决执行党中央决策部署的重要力量，成为贯彻新发展理念、全面深化改革的重要力量，成为实施"走出去"战略、"一带一路"建设等重大战略的重要力量，成为壮大综合国力、促进经济社会发展、保障和改善民生的重要力量，成为我们党赢得具有许多新的历史特点的伟大斗争胜利的重要力量。

加强党的政治建设是国有商业银行实现高质量发展的根本保证。新中国成立以来特别是改革开放以来，国有商业银行发展取得重大成就，在我国经济社会发展进程中发挥了重要作用，最根本的原因就是始终坚持党的领导。中国特色社会主义进入新时代，经济发展已经由高速增长阶段转向高质量发展阶段，对国有商业银行而言，机遇前所未有，挑战也十分严峻。国有商业银行只有加强党的政治建设，始终坚持党对金融工作的领导，自觉服从服务于党和国家工作大局，不断增强各级党组织的政治领导力，增强党员干部的政治素质和政治能力，才能有效激发高质量发展的内生动力，推动持续健康发展，实现基业长青。

加强党的政治建设是国有商业银行提升治理能力的有效途径。国有商业银行机构数量庞大、点多面广、利益多元，管理层级多、链条长，治理结构相对复杂，迫切要求完善治理体系，提升治理能力，从而促进银行综合实力和竞争能力的提升。国有商业银行只有坚持把党的政治建设摆在首位，统筹推进党的各项建设，才能实现党的政治领导、思想领导、组织领导的有机统一；才能充分发挥政治优势，建立中国特色现代国有企业制度，全面优化资源配置，有效调动银行各个板块、各个方面的积极性，汇聚起干事创业的强大合力，为实现高质量发展提供有力支撑。

二、聚焦目标任务，扎实推进国有商业银行党的政治建设

国有商业银行加强党的政治建设，必须把党中央的部署要求与银行业的发展实际紧密结合起来，统筹谋划、突出重点，持续用力、扎实推进，确保各项

工作落实到位。

始终坚持正确政治方向。牢固树立"四个意识"，坚定"四个自信"，坚决维护习近平总书记的核心地位，坚决维护党中央权威和集中统一领导，始终在政治立场、政治方向、政治原则、政治道路上同党中央保持高度一致。做到党中央提倡的坚决响应、党中央决定的坚决执行、党中央禁止的坚决不做，以实际行动维护党中央定于一尊、一锤定音的权威，确保银行事业始终沿着正确政治方向前进。

坚决贯彻中央决策部署。自觉把讲政治要求落实到行动上，全面准确、不折不扣地贯彻落实党中央决策部署，认真贯彻创新、协调、绿色、开放、共享的发展理念。坚定不移服务供给侧结构性改革，坚持回归金融本源，大力提高服务现代化经济体系建设的能力和水平。把金融资源更多地投向国民经济关键领域和重要环节，聚力打赢三大攻坚战，大力发展普惠金融，全力以赴支持实体经济高质量发展。

充分发挥党委领导作用。党委要按照党章规定发挥好领导作用，把方向、管大局、保落实，严格按照党章规定讨论和决定银行党的建设和经营管理重大事项，发挥党总揽全局、协调各方的领导核心作用。将党委会研究讨论作为董事会决策重大问题的前置程序，完善"双向进入、交叉任职"领导体制，把加强党的领导与完善公司治理有机统一起来，形成党组织和其他治理主体各司其职、各负其责、协调运转、有效制衡的公司治理机制。

大力营造良好政治生态。严格遵守党章、贯彻党章、维护党章，严守党的政治纪律和政治规矩，坚决防止"七个有之"，切实做到"五个必须"，做政治上的明白人。严肃党内政治生活，加强党内政治文化建设，勇于坚持原则，勇于开展批评和自我批评，带头弘扬正气，抵制歪风邪气。大力弘扬忠诚老实、公道正派、实事求是、清正廉洁等价值观，以良好的政治文化，涵养风清气正的政治生态。

三、强化责任担当，不断开创新时代国有商业银行党的建设新局面

开创国有商业银行党的建设新局面，关键是牢牢抓住政治建设这个根本，

以政治建设统领党的建设各项工作，推进全面从严治党向纵深发展，不断提高党建工作水平。

坚定不移地加强党的思想建设，激发国有商业银行建设的内生动力。当前，国际国内环境发生深刻变化，各种社会思潮纷繁复杂。与此同时，银行干部员工的思维活跃性明显增强。对此，国有商业银行党委必须把思想政治工作作为一项经常性、基础性工作来抓，引导干部员工原原本本、反反复复学习习近平新时代中国特色社会主义思想，学习和运用马克思主义立场、观点、方法观察和解决问题，切实做到用远大的理想引导人、用科学的理论武装人。持续加强"两学一做"学习教育常态化制度化，教育引导银行系统党员同志不忘初心、牢记使命，时刻不忘自己第一身份是共产党员、第一职责是为党工作，在党言党、在党忧党、在党为党，自觉为实现新时代党的历史使命不懈奋斗。贯彻落实好全国宣传思想工作会议精神，坚持用社会主义核心价值观凝魂聚气、正风育人，守牢宣传思想阵地，唱响主旋律，传播正能量，使广大干部员工真正把思想和行动统一到党中央的决策部署上来，凝聚到推进银行改革发展的任务上来。

坚定不移地加强党的基层组织建设，夯实国有商业银行建设的组织基础。基层党组织是确保党的路线方针政策和决策部署贯彻落实的重要基础。国有商业银行基层网点多、覆盖范围广，必须大力发扬"支部建在连上"的光荣传统，切实加强基层网点党建工作，提高党组织和党员在网点的覆盖率，落实好"三会一课"、组织生活会、民主评议党员等基本制度，把银行基层党组织建设成为宣传党的主张、贯彻党的决定、团结动员群众、推动改革发展的坚强战斗堡垒。创新基层党组织活动方式，抓紧抓实党员日常教育管理基础性工作，让党员成为政治上的标杆、业务上的骨干、道德上的示范，平常时候看得出来、关键时刻站得出来、危急关头豁得出来，影响和带动全体员工干事创业。

坚定不移地加强干部队伍建设，加强国有商业银行建设的人才保障。国有商业银行肩负着经营管理国有资产、实现保值增值的重大责任，需要建设一支高素质专业化的干部人才队伍。必须坚决贯彻落实新时代党的组织路线，坚持党管干部原则，坚持德才兼备、以德为先，坚持五湖四海、任人唯贤，坚持事业为上、公道正派，把"好干部"标准、"五个过硬"要求和国企领导人员"20字"要求落到实处，匡正选人用人风气，突出政治标准，提拔重用忠诚干净担当的干部。鼓励干部员工到基层一线、到艰苦地区、到事业最需要的地方接受锻炼、增长才干，打造政治过硬、本领高强、实绩突出、作风优良、规模宏大的高素质专业化干部队伍，为金融事业发展提供强大的人才支撑。完善干部考核评价机制，建立健全激励约束机制和容错纠错机制，旗帜鲜明地为那些敢于担当、踏实做事、不谋私利的干部撑腰鼓劲，调动广大干部的积极性、主动性、创造性。高度重视员工工作，切实关心员工的生活、工作、成长和安全，真心实意为员工办实事、解难事、做好事，不断增强员工的获得感、幸福感、归属感、安全感，凝聚起推动改革发展的磅礴力量。

坚定不移地正风肃纪，营造国有商业银行建设的良好环境。国有商业银行必须始终牢记作风建设永远在路上，充分认清作风建设面临的复杂严峻形势，继续在常和长、严和实、深和细上下功夫，把中央八项规定精神落实到业务发展、队伍管理和作风建设各个方面，持之以恒地反对"四风"、改进作风。加大监督检查力度，形成持续抓落实的高压态势，对各类违反中央八项规定精神的问题坚持露头就打、严查重处、绝不姑息。严格实施执纪监督，督促引导各级领导班子成员带头做到有权必有责、有责要担当、用权受监督。完善权力运行制约和监督机制，重点关注违纪违规问题易发多发领域、资源配置权力比较集中部门、具有重大业务发起权的基层机构领导班子、极易诱发案件和道德风险的异常行为等。严查重处经济案件和重大违规事件，深入开展案例警示教育，加强廉洁文化建设，努力营造良好的企业文化和廉洁的从业环境。

面对新形势新任务，中国银行党委要坚持以习近平新时代中国特色社会主义思想为指引，忠实履行新时代党的建设总要求，更加自觉地把政治建设摆在首位。坚持以思想建设为灵魂，用习近平新时代中国特色社会主义思想武装党员干部头脑；以组织建设为重点，充分发挥海内外基层党组织战斗堡垒作用和共产党员先锋模范作用；以人才队伍建设为依托，努力建设适应新时代发展要求的高素质专业化干部队伍；以作风建设为抓手，营造良好政治生态和廉洁从业环境；以改革创新为动力，不断增强国有商业银行党建工作的时代性和感召力。我们要把党的政治优势、组织优势和群众工作优势，转化为全行的创新优势、发展优势和竞争优势，努力抓好经营管理工作和金融风险防范化解工作，加快建设新时代全球一流银行，为实现中华民族伟大复兴的中国梦再立新功！

发挥国有商业银行
在脱贫攻坚中的重要作用[①]

党的十八大以来，以习近平同志为核心的党中央围绕脱贫攻坚作出一系列重大部署和安排，全面打响脱贫攻坚战，脱贫攻坚力度之大、规模之广、影响之深，前所未有。党的十九大明确把精准脱贫作为决胜全面建成小康社会必须打好的三大攻坚战之一，作出新的部署。国有商业银行作为我国金融体系的支柱，必须深入学习贯彻习近平总书记关于扶贫工作的重要论述，坚决落实中央关于脱贫攻坚的决策部署，提高政治站位，强化责任担当，发挥金融优势，全力以赴支持打赢脱贫攻坚战。

一、提高政治站位，充分认识国有商业银行参与脱贫攻坚的重大意义

参与脱贫攻坚是国有商业银行服务国家战略的政治使命。党中央把脱贫攻坚工作纳入"五位一体"总体布局和"四个全面"战略布局，作为实现第一个百年奋斗目标的重点任务。国有商业银行作为我们党执政兴国的重要支柱和依靠力量，政治性是第一属性，讲政治是第一要求。在脱贫攻坚的冲刺阶段，

---

① 本文发表于 2019 年 1 月 7 日《人民日报》，文字略有修改。

国有商业银行必须立场坚定、旗帜鲜明，始终把脱贫攻坚作为重大政治任务和头等大事来抓，用心用情用力推进脱贫攻坚，以实干实效体现对党和人民的忠诚度、体现对中央决策部署的执行力。

参与脱贫攻坚是国有商业银行实现高质量发展的重要机遇。经济好才能金融好，百业兴才能银行兴。国有商业银行要贯彻落实习近平总书记"做好金融扶贫这篇文章"的重要指示，增强对贫困地区的金融资源投入，加快补齐经济社会发展短板。随着全面小康社会的实现和乡村振兴战略的推进，城乡差距不断缩小，区域协调发展更加均衡，广大农村特别是贫困地区金融服务需求将不断增长，国有商业银行将获得新的发展空间和机遇，实现高质量发展。

参与脱贫攻坚是国有商业银行履行社会责任的内在要求。国有商业银行作为保障人民共同利益的重要力量，不仅要在追求商业价值、创造社会财富中体现自身价值，更要在承担社会责任中体现自身价值。要把握好商业原则与履行社会责任之间的平衡点，增强服务社会需求的荣誉感和使命感，把更多的资金、技术、人才引导到贫困地区，用责任和担当增进民生福祉。

二、发挥国有商业银行优势，全力以赴支持打赢脱贫攻坚战

当前，我国还有3000万左右农村贫困人口尚未脱贫，任务十分艰巨。国有商业银行要充分发挥资金、市场、平台等多种优势，精准聚焦、精准发力，为打赢脱贫攻坚战作出更大贡献。

发挥资金优势，拓宽贫困地区融资渠道。贫困地区经济基础薄弱，金融资源贫乏，国有商业银行在丰富贫困地区金融资源方面大有可为。要充分利用设立在贫困地区的分支机构，通过信贷、债券、票据、基金、扶贫再贷款等多种金融手段，为贫困地区发展提供更加多样化的资金来源。

发挥市场优势，提升贫困地区自我发展能力。国有商业银行要利用熟悉市场的优势，发挥金融的资源配置效应，优化产业资本在贫困地区的配置结构，有效增强贫困地区发展的内生动力。要大力实施开发式扶贫，积极支持能吸收

贫困人口就业、带动贫困人口增收的绿色生态种养殖业、休闲农业、乡村旅游、农村电商等特色产业发展，促进贫困人口融入社会、融入市场、获得发展技能，从而实现持续增收。

发挥服务优势，推动贫困地区普惠金融发展。国有商业银行网点分布广泛，要发挥服务优势，下沉金融服务重心，大力发展普惠金融，全力推动贫困地区金融服务到村到户到人。针对贫困户种养殖业的资金流动性需求和缺少权证的特点，设计推广符合农村市场需求、适销对路的金融产品和服务模式。在金融机构空白乡、村布放电子机具，提高金融服务的覆盖率、可得性。运用移动互联技术，打造手机银行、网上银行、电商金融等金融服务平台，提高金融服务的便利性。

发挥平台优势，架起贫困地区与外部对接桥梁。贫困地区尽管经济欠发达，但有生态优势、资源优势、后发优势，发展潜力巨大。国有商业银行要发挥平台优势，吸引优质客户企业到贫困地区投资兴业，帮助贫困地区产业、企业和产品"走出去"。通过搭建合作帮扶平台、产销对接平台，将发达地区资金、技术、经验优势，与贫困地区资源、环境、生态优势精准对接，建立多层次、多形式、全方位扶贫协作关系，努力推动优势互补、长期合作。

发挥专业优势，推动贫困地区金融生态建设。国有商业银行要发挥专业优势，将合规理念和创新服务引入贫困地区，不断推动当地金融生态建设，以良好的金融生态助力脱贫攻坚。协助地方政府，加强金融支持脱贫攻坚的舆论宣传，增强运用金融工具的意识和能力。开展金融培训、金融知识下乡等活动，帮助脱贫带头人和贫困农户了解金融、接受金融、用好金融，改善农村信用环境，弘扬诚实守信的社会风气。

三、咬定脱贫攻坚目标，积极探索行之有效的精准扶贫新模式

在近几年的扶贫实践中，中国银行结合实际，探索出围绕"一个目标"、依靠"两方合力"、聚焦"三个领域"、发挥"四种力量"的扶贫工作模式，

全力推进脱贫攻坚取得新成效。

围绕"一个目标",科学规划扶贫工作。中国银行紧密对接贫困县、贫困村脱贫攻坚目标任务,认真制订年度扶贫工作方案,明确任务书和路线图,做到围绕目标定思路、对照目标定举措、聚焦目标求实效,推动实现"两不愁、三保障",确保扶贫工作扎实稳步推进,全力协助贫困县完成脱贫摘帽目标。

依靠"两方合力",形成扶贫联动机制。中国银行充分依靠地方党委政府和贫困群众两方合力,形成党委政府带动脱贫、贫困群众自主脱贫和社会力量帮扶脱贫的联动机制。与贫困地区政府建立有效的沟通协调机制,督促当地政府履行好脱贫攻坚主体责任。同时注重扶志与扶智,积极开展贫困村党支部书记、创业致富带头人、实用科技人才培训等,激发贫困群众改变贫困落后面貌的干劲和决心,提高自我发展能力。

聚焦"三个领域",突出扶贫工作重点。一是聚焦产业扶贫。产业是脱贫之基、致富之源、发展之本。中国银行以产业链核心企业为着力点,加大精准扶贫贷款投放,支持区域优势产业发展,培育贫困地区造血能力。建立扶贫项目库,成熟一个推进一个,每年无偿援助资金的50%以上投入到产业项目。二是聚焦民生领域扶贫。积极推动教育扶贫、健康扶贫、养老扶贫,保障学有所教、病有所医、老有所养。连续14年承办中央部属高校国家助学贷款,累计发放助学贷款超过230亿元,帮助180万贫困学子完成学业。三是聚焦深度贫困地区。加强深度贫困地区网点建设,在"三区三州"共设立机构86家,提升金融服务能力水平。同时加大无偿资金投入,用于改扩建深度贫困村党组织活动场所,发展壮大村级集体经济。

发挥"四种力量",凝聚扶贫工作合力。一是发挥银行力量。优先投放贫困地区信贷资金,对扶贫信贷规模予以特殊安排,保障优先投放。中银富登村镇银行设立法人机构100家,在乡镇设立支行网点127家,构建多层次、广覆盖、可持续的农村普惠金融体系。每年安排资金无偿投入定点扶贫县,近两年资金投入年均增长超过30%。全行共派出1550名挂职扶贫干部,帮助贫困地区提升利用金融手段脱贫的能力。二是发挥员工力量。运用互联网发展助农惠农平台,充分激发员工参与扶贫的热情,通过消费扶贫、公益众筹等方式,积极参与扶贫工作。三是发挥客户力量。中国银行通过举办精准扶贫撮合会、产业扶贫项目推介会等,向扶贫地区政府及企业开放跨境撮合线上服务平台,推动一批企业在贫困县投资建厂。四是发挥国际力量。中国银行利用全球网络拓宽资金来源,同时将国外先进医疗、养殖等技术带到贫困地区,汇聚全球资金、技术、人才助力脱贫攻坚。

提高政治站位　深化政治巡视^①

经营可以有特点，但在坚持党的领导、加强党的建设、全面从严治党上，绝不能有任何例外。

要始终坚持以政治建设为统领深化政治巡视，把"两个维护"作为深化政治巡视的根本任务，确保党的路线方针政策和党中央重大决策部署在全行的贯彻落实。

中国银行把践行"两个维护"作为根本政治任务，自觉履行巡视巡察工作主体责任，坚持党委对全行巡视巡察工作的全面领导，推动中国银行全面从严治党向纵深发展。

一、提高政治站位，切实加强党委对巡视巡察工作全面领导

中国银行党委始终坚持从把握政治方向、分析研判形势、建立健全制度、组织推动落实、强化监督检查和加强队伍建设等方面加强对巡视工作的全面领导。坚持学用结合，把中央要求和中国银行实际结合起来，全面分析研判中国银行全面从严治党面临的形势任务、存在的突出问题和薄弱环节，修订《中

---

① 本文发表于 2019 年 1 月 24 日《中国纪检监察报》，文字略有修改。

国银行党委巡视巡察工作实施办法》，制订《中国银行党委巡视工作规划（2018—2022 年)》，对全行的巡视巡察工作进行通盘考虑、整体谋划。年初在全行工作会议和党风廉政建设工作会议上对巡视巡察工作进行部署，制订并审议年度巡视计划，确保巡视工作稳妥有序开展。

在具体实施中，党委书记亲自抓，纪委书记直接抓，班子成员一起抓，充分形成合力，并贯穿巡视全过程。党委书记和纪委书记参加巡视动员部署会，共同听取巡视中期汇报，有针对性地加强对巡视的事前和事中指导。对每轮巡视情况，党委都专题听取汇报，对巡视发现的问题，当场点人点事，研究处理意见，提出整改要求，不走过场。为保证巡视反馈的权威性，2017 年下半年全体党委委员分别出席巡视反馈会议并提出整改要求；2018 年上半年对总行部门实施双反馈制，由纪委书记和分管行领导共同反馈；2018 年下半年实施多维度反馈，巡视期间涉及的班子成员尤其是"一把手"，即使已经调整岗位或退休，也要回原单位参加反馈，对涉及的问题进行认领、反思和整改。持续跟踪督促整改落实情况，对整改不力的，由行领导进行严肃约谈。

党委重视加强巡视干部队伍建设，充实巡视办人员，加强巡视组力量。党的十八大以来，党委每轮巡视都安排后备干部担任巡视组副组长。党的十九大以来，还有重点地安排年轻优秀干部担任组长，让他们参加巡视工作，进一步增强政治意识和抓党建、带队伍的能力，真正把巡视岗位作为发现、培养、锻炼干部的重要平台。

二、结合实际深化政治巡视，深入贯彻落实党的路线方针政策和党中央重大决策部署

中国银行党委始终坚持以政治建设为统领深化政治巡视，把"两个维护"作为深化政治巡视的根本任务，确保党的路线方针政策和党中央重大决策部署在全行的贯彻落实。党委反复强调，中国银行经营可以有特点，但在坚持党的领导、加强党的建设、全面从严治党上，绝不能有任何例外；中国银行必须掌握在听党话、跟党走的干部手中。要求巡视组要充分发挥巡视的政治监督和政

治导向作用，紧扣"六个围绕、一个加强"，监督检查下级党组织在党的政治建设、思想建设、组织建设、纪律建设、作风建设和巩固发展反腐败斗争压倒性胜利方面存在的问题，绝不允许做"两面人"，绝不允许有令不行、有禁不止。

中国银行党委在落实中央巡视"六个围绕、一个加强"的基础上，还结合贯彻落实中央重大决策部署和中国银行实际，进一步明确巡视监督重点。一是将扶贫领域腐败和作风问题作为巡视的重点工作。除了将扶贫领域腐败和作风问题作为常规巡视的重点工作之外，还选择对总行定点扶贫和金融扶贫负有牵头和组织实施职责的党务部（扶贫办）、公司金融部等5个部门开展扶贫领域专项巡视，重点检查是否存在政治站位不高，不履职不尽责等问题；是否存在贪污侵占、行贿受贿、截留挪用、挥霍浪费、吃拿卡要、优亲厚友等腐败问题；在扶贫对象精准识别、产业扶持、扶贫贷款审批发放、扶贫资金或物资分配中，是否存在违规操作、滥用职权、以权谋私等问题；是否存在形式主义、官僚主义、盲目决策、弄虚作假等作风问题，及时发现并加以纠正，为打赢精准脱贫攻坚战贡献力量。二是将信贷领域腐败和作风问题作为巡视的重点工作。要求巡视组选择重点或可疑的不良项目、高风险项目开展深入了解，紧盯资源配置权力比较集中的人、财、物三类部门，违规违纪易发多发的授信、中小企业、信用卡、信息科技和大额采购5个领域，具有重大业务发起权的地、县分支行两级班子和员工参与非法集资、民间借贷、违规担保、违规授信、私售"飞单""黄赌毒"6种异常行为，发现并督促查办信贷领域腐败问题和业务风险，坚决守住不发生系统性金融风险的底线。三是加强对中国银行党委《关于推进中国银行新时代全面从严治党的若干意见》《中国银行2018—2020年纪检监察工作实施意见》《中国银行发展战略》以及"两个创建"（创建最好的条线、创建最好的部门）执行情况的监督检查，切实保证党的路线方针政策和党中央重大决策部署落地生根。

作为国内国际化程度很高的国有商业银行，中国银行党委持续探索开展对海外机构的巡视，在深入研究海外政治法律制度的基础上，以"海外分行廉洁从业专项检查"为主题，围绕海外机构政治生态、党的建设工作、管理层

"三重一大"决策制度和廉洁从业执行情况、支持国家"一带一路"建设情况等内容进行监督检查,及时传导中央精神和要求。

三、坚持以下看上、标本兼治,全力做好巡视"后半篇文章"

中国银行党委把抓好巡视整改作为牢固树立"四个意识"、自觉践行"两个维护"的具体行动,始终在全行强化三个观念:一是对中央巡视反馈的问题,一定要整改落实到位,全力以赴向党中央交出一份合格的答卷,不做"两面人",不做"表态的巨人,落实的矮子";二是对下级党组织的巡视巡察一定要有"问题发生在下面,但根子在上面"的观念,要从集团层面,从体制机制制度上找到深层次的原因并加以解决,不能就事论事;三是对巡视整改情况一定要紧盯不放,要选择典型机构杀"回马枪",防止"闯关""过关"心态。

2015年下半年,中央巡视组对中国银行党委进行了专项巡视。3年来,中国银行党委在集中整改阶段即知即改、立行立改的基础上,持续推进自查自纠。2018年3月下旬以来,在全行部署开展了中央专项巡视整改情况"回头看",确保件件有着落、事事有回音。党委认真落实整改主体责任,自觉带头整改,全程指挥推动,及时研究部署、听取汇报、作出批示、协调督办。纪委落实对整改情况的督查督办职责,牵头组织实施并全程监督检查,纪委书记向班子成员逐一发送《中央专项巡视整改工作提醒函》,及时督促提示,向党委汇报工作进展并提出建议。班子成员落实"一岗双责",召集分管部门研究整改措施,了解整改进度,推动问题解决,对分管部门和条线的整改工作进行指导和把关。要求各部门各机构报送的自查材料必须由"一把手"签字背书,确保可检查、可验证。通过持续推动,中央巡视组指出的具体问题均得到纠正。巡视整改以来,总行共制定修订制度流程228项,其中2018年"回头看"开展以来制定修订制度68项,巩固深化了整改成效。

中国银行党委对巡视整改始终坚持动真碰硬、标本兼治、持续推动。对巡视发现的一级分行班子成员尤其是党委书记和纪委书记落实"两个责任"不力的，坚决予以调整，先后将 3 名一级机构主要负责人、1 名纪委书记调离领导岗位；对巡视发现的 7 家综合经营公司党的领导弱化问题，及时在 3 家公司成立党委，并督促修改公司章程，将党的领导融入公司治理机制；对巡视发现的一级机构班子成员的违规违纪行为，严格问责。党的十八大以来，共给予一级分行 9 名班子成员纪律处分，对 6 名分行主要负责人进行提醒谈话，在全行上下形成震慑。

后　记

　　本次结集出版的文章，是2014年以来我担任中国银行行长、董事长期间，对于全球和中国经济金融形势变化、金融业经营发展的体会、思考和认识。这6年多来，全球化进程遭遇到前所未有的挑战，世界经济增长动力减弱，地缘政治冲突不断，金融市场频繁波动，贸易、投资和技术等各种形式的保护主义持续蔓延给全球经济增添了新的不稳定因素。我国经济周期性和结构性问题叠加，经济转型和稳健发展面临不小挑战。在此大背景下，金融业经营环境随之出现了大变局（详见我主编的《大变局：全球与中国经济脉动》，中国金融出版社2018年出版），金融业转型发展的任务变得更加艰巨。这6年多来，我得以从更宏观的视角观察和思考国内外经济金融领域出现的一些重大问题。把这些文章结集成书，希望其中的一些观点能够为各界同仁认识国内外经济金融变化提供有益参考，为推进我国金融业改革发展提供一个新的视角。

　　2019年是我进入中国银行的第30个年头，也是我离别中行、进入新的工作岗位的一年。在本书付梓之际，心中充满感恩与不舍之情。感恩中国银行，她悠久的历史、厚重的文化、优良的传统、全球的视野，为我们追逐梦想、建功立业提供了广阔的平台，我有幸经历了中国银行发展最快的时期，其中的收获让我受益终身。借此机会，感谢许许多多帮助我成长和进步的领导、同事和朋友，浓浓的同事情、同志情、朋友情，是我最值得珍惜的宝贵财富，始终温暖我继续前行的步伐，也是时刻激励我不断前行的动力。感谢中国银行研究院

（国际金融研究所）相关同事为本书顺利出版付出的努力。也感谢中国金融出版社和本书编辑所做的大量细致工作。

国内外形势风云变幻，金融业发展日新月异。本书观点难免存在不足甚至错误和遗漏，欢迎广大读者批评指正。

陈四清
农历庚子年二月十六晨于北京